KB261878

열린 사회주의 닫힌 사회주의

안토니 라이트 저 / 임현진 · 정일준 · 이승협 공역

사회주의에 대한 열린 이해를 위하여

사회주의 체제 몰락 이후에 다시금 사회주의를 들여다보는 것은 무슨 까닭인가? 사회주의로의 기나긴 도정 끝에 구동구 사회주의권 국가들이 도달한 지점이 자본주의적 시장경제로의 역이행(逆移行)이라면, 그리고 아직 사회주의를 표방하고 있는 몇몇 국가들조차 '개혁·개방'이라는 기치 아래 시장기제의 도입을 통한 자본주의 따라잡기에 여념이 없는 것을 볼 때 도대체 사회주의란 무엇이었는지 되묻지 않을 수 없다. 1980년대 말의 사회주의권 붕괴에 따른 '대실패'를 볼 때 사회주의란 용어는 더이상 신뢰를 받기 어려워보인다. 하지만 21세기를 얼마 남겨놓지 않은 현시점에서 20세기를 반추해보면, 싫든 좋든 지난 세기는 1917년의 볼세비키혁명과 제2차 세계대전 후 미·소 양 대국을 축으로 하는 냉전체제에 의해 규정받아왔음을 부정할 수 없다. 사회주의는 현대사를 지탱해온 두 축 중의 하나였던 것이다.

사회주의는 '철의 장막'이 드리워진 사회주의체제와 휴전선 저편의 북한을 지배하는 통치이데올로기였기에 그것에 대한 접근은커녕 관심조차도 금기로 여겨져왔던 것이 한국전쟁 이후 한 세대에 걸친 우리 사회의 지적 분위기였다. 사회주의에 대한 연구는 극소수에게만 제한된 채 일반인은 오직 '공산주의 비판'이라는 이념교육 시간을 통해서만 그것을 접할 수 있었다. 18년에 걸친 군부 권위주의정권의 집권 이후 또다른 군부 권위주의정권이 들어선 1980년대 초반에는 이런 분위기가 급격히 바뀌어서 마치 사회주의야말로 우리를 둘러싼 숱한 모순들로부터 우리를 구원할 수 있는 묘방인 것처럼 각광받기 시작했다. 사회주의는 지식인, 학생들에게 마치 복음인 양 급작스러운 관심의 초점이 되기에 이르렀다. 그렇지만 회고해보건대 한국사회에서 사회주의가 제대로 된 지적 쟁점으로 부각된 적은 한번도 없었다고 해도 과언이 아니다. 그것은 항상 겉보기에만 먹음직스러운 열매인 양 사상적으로는 금단(禁斷)의 영역에 방치되어왔거나, 또는 호기로운 젊은 세대들에 의해 만병통치약인 양 남용되었을 뿐이다.

우리는 사회주의에 대한 이해가 결코 깊다고는 할 수 없지만, 사회주의의 실제 역사와 그것이 지금까지 우리에게 끼치고 있는 영향력은 결코 간단치 않다. 단적인 예가 아직도 사회주의를 공식적인 국가이념으로 삼고 있는 북한의 존재이다. 우리에게는 사회주의를 넘어서 통일을 이루기 위해서라도 그것의 역사와 실체에 대한 정확한 이해가 여전히 필수불가결한 형편이다.

그런데 사회주의권의 붕괴라고 하는 국제정치질서상의 격변은 사회주의에 대한 진지한 논구를 마치 철지난 유행처럼 치부해버리게 만들었다. 과열된 관심도 위험하지만 이처럼 하루아침에 사회주의를 관심권 밖으로 내던져버리는 것 또한 일종의 지적 파업사태로 여겨진다. 사회주의체제에 대한 무시 혹은 맹목적 추종과 사회주의 사상에 대한 과열된 운동적·정치적 관심이 어느 정도 잦아든 토대 위에서 역설적으로, 이제야말로 학문적으로 차분하게 사회주의의 허실과 공과를 저울질해볼 기회라고 사료된다. 지난 한 세대에 걸친 급격한 자본주의적 산업화가 가져온 수많은 사회악을 척결하기 위해서도 그러하거니와, 우리에게는 여전히 사회주의를 고집하는 북한이라는 상대방이 있기에 사회주의에 대한 이해는 필수불가결하고 절실하다고 할 것이다. 더욱이 이념간

대치의 국면을 넘어 '문명간 충돌'이라는 시나리오가 제시되는가 하면, 다른 한편으로는 '탈현대' 또는 '역사의 종말'이라는 세기말적인 온갖 회의주의가 횡행하고 있는 이때, 여전히 자본주의 남한과 사회주의 북한으로 나뉘어 통일된 국민국가의 완성과 시민권의 확립이라는 근대적 기회조차 완성시키지 못한 우리이기에 사회주의는 결코 철지난 노래가 아닌 것이다.

이 책은 오늘에 이르기까지의 다양한 주요 사회주의 경향들을 간명하면서도 설득력 있게 제시하고 있다. 따라서 사회주의의 과거와 현재를 일별해보고자 하는 독자들에게는 더할 나위없이 좋은 길잡이가 될 것이다.

저자는 단순히 사회주의를 개관만 하고 있는 것이 아니라 사회주의가 어디서 비롯되었으며 그것의 핵심은 무엇이고 변화된 세상에서 그것의 이상을 어떻게 실현시켜나갈 것인가에 대해 보기에 따라서는 상당히 논쟁적인 주장을 펼치고 있다. 저자는 '자유주의적 사회주의(liberal socialism)'를 이념형으로 설정하면서도 사상적·정치적으로 큰 영향을 끼친 제반 사회주의 조류들을 일목요연하게 정리하여 제시하고 있다. 저자는 20세기 중엽인 제2차 세계대전 직후 사회주의자들이 때이른 승리감에 도취해 있었다면, 20세기 말엽인 오늘날은 자본주의 진영에서 승리감에 도취해 있다고 본다. 사회주의와 자본주의 진영간의 싸움은 마침내 후자의 승리로 귀결되었다는 주장들 말이다. 사회주의의 종말, 역사의 종말 그리고 자유주의와 자본주의에 대한 모든 대안들의 '종언'이라는 사상이 20세기의 마지막 10년을 풍미하고 있다.

저자는 이러한 분석이 그럴듯해 보일지라도 명백하게 부적절하다고 지적한다. 사태는 훨씬 복합적이고 논란의 여지가 많다는 것이다. 도대체 누가 이기고 누가 졌다는 말인가? 이긴 것은 전투적 시장옹호론자와 신자유주의 사상으로 무장한 우익인가? 그렇지만 사회주의·공산주의에 맞섰던 것은 국가개입과 복지국가를 내세운 개량된 자본주의였지 결코 순수한 자본주의는 아니었다. 저자가 이 책을 통해 드러내 보여주고 있는 다양한 사회주의만큼이나 다양한 종류의 자본주의도 있는 것이다. 따라서 이제 명백한 것은 과거처럼 선명한 체제 사이의 선택이 아니라 단지 다양한 정책적 조합의 차이라고 주장한다. 저자는 기본적인 사회주의적 가치들을 명확히 하고 이것들을 변화된 세상에 적용하는 데는 지혜가 요구된다고 본다. 이런 의미에서 사회주의자들은 항상 근본주의자이면서 동시에 수정주의자여야 한다는 것이다. 즉 결코 변하지 않는 가치에 굳건히 기초하고 있으면서 이런 가치를 이 변화무쌍한 세상에서 어떻게 실현시킬 것인가에 대해 예민한 감각을 가지고 있어야 한다는 것이다.

저자는 구사회주의의 교조적 낙관주의가 더이상 유지될 수 없다고 본다. 예컨대 사회주의의 경제이론이라 할 수 있는 사회적 소유에 입각한 생산조직방식이 자본주의적 시장보다 일반적으로 더 효율적이라는 사고는 이미 시대착오가 되었다는 것이다. 또한 사회주의자로 하여금 사회동학의 법칙을 발견했다고 믿게 만들었던 과학주의와 역사주의도 무너졌다고 본다. 사회주의를 가져오리라 믿어오던 노동계급과의 전통적 연계관계도 사라졌다는 것이 저자의 진단이다. 이처럼 사회주의의 핵심이라고 믿어져 오던 여러 요소들을 제거한 이후에도 좌파를 특징짓는 어떤 내용이 여전히 남아있기는 한 것인가? 저자는 그것을 공동체윤리와 상호책임이라고 본다. 저자에 따르면, 사회주의란 개인과 개인 사이 그리고 개인과 사회 사이의 적절한 관계에 대한 사상인 것이다.

저자가 공동체윤리와 상호책임이 사회주의의 핵심이라고 주장하는 데는 다음과 같은 사회관·인간관이 깔려 있다. 저자는 도덕적 의미에서건 경험적 의미에서건, 사회를 단순히 분자화된 개인들의 소용돌이로만 보지 않는다. 대신에 사회적 관계와 책임이라는 바탕에 깊이 뿌리박은 도덕적 공동체로서 공통의 목표를 설정해나갈 수 있다고 본다. 여기서 이야기되는 목표, 도덕 그리고 공동체는 모두 다원적인 것이다. 바로 이로부터 공통된 이해가 자유롭게 협의되고 공공정책으로 전환될 수 있다는 것이다. 바로 이 점이 공동체의 목표를 위로부터 개인에게 부과하는 구집단주의 그리고 개인을 그들의 사회적 배경으로부터 추상하여 개인들의 목표 이외에는 다른 어떤 것도 부정하는 시장철학과 저자가 추구하는 자유주의적 사회주의가 구분되는 지점이다. 사회주의야말로 우리가 개인적으로는 성취할 수 없는 것들을 집단적으로 이룰 수 있게 해준다는 것이다.

저자는 국가를 개인과 대립적인 것으로 파악하는 신자유주의적 우익의 사고방식을 터무니없는 망상이라고 일축한다. 왜냐하면 권력이나 이해관계의 하중, 집단이나 결사체 같은 것들이 국가와 개인 양자에 공히 영향을 끼치면서 그 사이의 사회공간에서 실제로 세상을 움직여나가기 때문이다. 시장이야말로 바로 이와 같은 권력과 이해관계를 실어나르는 기제이다. 따라서 만약 정당한 힘을 공식적으로 독점하고 있는 것이 공권력으로서의 국가이며 그것에 대해 주의깊은 성찰과 견제가 필요하다고 한다면, 이러한 비공식적 영역, 즉 시장에 대해서도 또한 깊은 통찰과 개입이 있어야 한다는 것이다.

시장행위자들의 사적 합리성은 공적으로는 심각한 비합리성을 초래할 수 있다. 문제의 핵심은 만약 국가의 공권력으로부터 자유로워진다면 대부분의 개인들은 스스로를 조절하기보다 각기 자기가 지닌 사적 권력을 마음대로 휘두르고 싶어하리라는 점이다. 그리하여 공권력을 사회의 모든 영역으로부터 내몰면 내몰수록 역설적으로 개인들이 자기자신의 이해관계를 증진시키거나 목표를 추구하기가 더 어려워진다. 개인이 각기 자신의 방식대로 목표를 자유롭게 추구해나간다고 하는 자유주의의 전망은 진정 고상한 것이다. 잘못된 점은 개인의 자유가 집합행동이나 공적 목표와 양립할 수 없다고 믿는 것이다.

자유주의적 사회주의는 후자가 전자의 조건이 된다는 것을 알고 있다. 또한 자유주의가 권리를 강조한다면, 자유주의적 사회주의는 권리에는 책임이 따라야 한다는 점을 상기시킨다. 신우익이 그러는 것처럼 국가가 시민에게 단순히 책임만을 강조한다든가 또는 구자유주의 전통에서처럼 시민이 국가와의 관계에서 자신의 권리만을 주장한다든가 하는 것이 아니다. 국가와 시민의 관계는 쌍방적이라 할 수 있다. 수사적으로 이야기하자면 가난한 자, 무기력한 자의 도덕적 책임이 부자와 사회적 강자의 사회적 의무와 결합되어야 한다. 책임지는 사회는 사회성원 사이의 관계뿐만 아니라 국가와 시민 사이의 관계도 강화시킨다. 국가는 개인에게 권리를 보장해주지만 또한 의무를 다할 것을 요구한다.

저자는 20세기 역사를 통해 사회주의자들이 배워야 할 교훈이 있다면 그것은 국가와 시장 모두가 무능력한 부분이 있다는 점이라고 지적한다. 시장은 편리한 경제생활을 조직하는 데 역동적인 모든 장점들을 가지고 있지만, 때로는 그것이 발을 들여놓아서는 안되는 곳까지 가고자 하는 경향이 있고 그것의 작동결과에 대해 무감각한 몽매함이 있으며 공익에 대해서는 무지하다. 국가는 공익을 잘 대변해주기는 하지만, 자기 스스로의 사적 이해관계를 발전시켜나갈 수 있고 완고한 관료주의로부터 노골적 억압에 이르는 경향을 가질 수 있기 때문에 바르고 작은 국가를 유지하기 위해서는 일련의 수단들이 필요하다. 좌익의 시장비판은 필수불가결하다. 하지만 우익의 국가비판 또한 그러하다. 국가와 시장 둘 다 만약 자기 영역이 아닌 부분을 침범하게 되면 전체주의적이 될 수 있다. 따라서 국가와 시장 둘 다 공익에 맞게 작동시키기 위해서는 규제가 필요하다.

저자는 국가와 시장 혹은 공사(公私)가 서로 분리된 영역이 아니고 전통적인 혼합경제와 매우 달리 구체적인 정책의 영역에서도 함께 한다고 본다. 저자는 이런 상태를 묘사하는 개념으로 '사회적 시장', '시장사회주의' 또는 '자유주의적 공동체주의'보다 '자유주의적 사회주의'라는 개념을 선호한다. 그것은 사회주의를 공동체와 책임의 교리로서 특징지으면서 국가의 과도한 개입을 경계하는 한편, 개인이 자신의 목표에 따라 자기 길을 가는 것을 중요시한다. 국가/시장, 공/사, 공동체적/개인적 목표의 융합이 새로운 정책영역을 제시한다. 이것이 구국가주의와는 구분되면서도 사회적 목표를 달성하기 위해 집합행동을 한다고 하는 새로운 집단주의의 기초이다. 집단적 개인주의는 공공정책을 개인으로 하여금 각기 자신의 목표를 달성하는 데 이용할 수 있게 한다.

권리도 신장되지만 책임 또한 늘어난다. 소비자민주주의도 확산되지만 시민민주주의도 확장된다. 새로운 지구촌화 경향에 맞추어 민주주의가 상향조정되기도 하지만 새로운 지방주의와 연합주의의 형성에 따라 민주주의가 하향조정되기도 한다. 만약 자유주의적 사회주의가 새로운 집단주의를 가져오려면 보다 긴급한 선행조건은 시장개인주의의 전제(專制)를 끝장내는 일이다. 신보수주의적 시장자유주의자들조차 적나라한 시장의 폭압을 시민의 도덕으로 가리고자 노력하고 있다.

사실 '과학적' 사회주의를 주장하는 부류와 새로운 '시장'이데올로그 사이에는 놀랄 만한 유사성이 있다. 그것은 양자 모두 거역할 수 없는 사회법칙의 작동이라는 견지에서 자신들의 주장을 강변하고 있는 점이다. 과학적 사회주의의 진리를 실천한다고 하는 레닌주의 당간부와 탈

공산사회를 시장의 법칙에 따라 재조직한다고 하는 자본주의적 충격요법 치료사 사이에는 얼마나 긴밀한 유사성이 존재하는가, 저자는 묻고 있다. 요컨대 자유주의적 사회주의의 새로운 정치학은 낡은 집단주의도 새로운 시장주의도 아니다.

저자는 역동적인 경제를 품위있는 사회와 조화시키고자 한다. 자유주의적 사회주의의 경제적 과제는 일차적으로 자본주의를 성공적으로 작동시키는 것이지만, 다양한 종류의 자본주의가 존재한다는 점을 잊지않고 있다. 즉 시장의 미덕뿐만 아니라 악덕도 이해하고 있는 것이다. 국가는 지나치게 많은 일에 간섭할 수 있지만 다른 한편으로는 꼭 개입해야 할 곳을 그대로 지나칠 수도 있다. 자유주의적 사회주의는 다양성을 존중하지만 또한 사회적 통일성을 육성한다. 저자는 시장개인주의를 넘어서는 자유주의적 사회주의를 옹호한다. 사회적 책임의식이 결여된 시장경제는 지옥으로 향하는 길에 다름아니라고 본다. 결국 저자가 자유주의적 사회주의라는 개념을 통해 강조하고자 하는 점은 책임지는 사회를 건설해 나가자는 메시지인 것이다.

저자는 사회주의를 단지 교통정리하는 데 그치지 않는다. 자세히 들여다보면 나름대로 영국 사회주의의 진로에 대해 자못 논쟁적 자세로 개입해들어가고자 한 흔적을 엿볼 수 있다. 그 자신의 말처럼 정치가 도덕적 선택의 영역인 한, 그리고 그러한 선택이 결과를 가져오는 한, 사회주의자들은 마땅히 자신들의 선택을 추구해 나가야 하리라는 것이다. 그것은 사회주의자들이 공동체란 무엇이며, 우리의 공통된 노력과 협동적인 목표를 통해, 공동체가 무엇을 이룩할 수 있을지에 대한 특정한 견해를 가지고 있다는 점을 의미한다. 저자는 ‘새로운’ 사회주의를 만들어나가는 것이 정말로 가능한가라는 질문에 대해 단기적으로는 “모르겠다”고 답변한다. 그렇지만 노력해보지 않는 것은 “어리석다”고 본다. 물론 영국이라는 맥락을 일차적으로 염두에 두고 있는 것이기는 하지만, 어차피 사회주의가 하나가 아닌 다음에야 각기 자국의 역사석 전통과 문화적 환경에 맞추어 다양한 사회주의 경로를 개척해 나갈 수 있으리라는 것이다.

이 책은 Anthony Wright가 쓴 Socialisms : Theories and Practices(Oxford & New York : Oxford University Press, 1986)를 완역하고, 본문에 나오는 주요 인물, 사건, 단체 등에 대해 역주를 단 것이다. 이 책의 번역을 통해 역자들은 소략한 분량이기는 하지만, 사회주의가 한두 개의 봉우리나 작은 개천에 불과한 것이 아니라, 높고 낮은 숱한 봉우리들과 깊은 골짜기 그리고 강을 끼고 있는 거대한 산맥임을 대강의 윤곽이나마 드러내 보여주고자 했다. 사회주의는 단일한 것이 아니기에, 사회주의가 통째로 몰락하거나 폐기되는 일은 있을 수 없다. 그렇다고 모든 사회주의가 다 의미있고 전망있는 것도 아니다. 자본주의를 넘어서 대안적 체제를 꿈꾸었던 사회주의의 기획은 실패했다. 그렇다고 자본주의에 대한 가장 강력한 비판이자 견제세력이었던 사회주의의 이상과 역할이 쉽게 잊혀져서는 안될 것이며 또 그럴 수도 없으리라 사료된다. 모쪼록 이 책이 사회주의에 대한 열린 이해를 돕는 데 일조했으면 하는 바람이다.
  역자의 게으름으로 말미암아 초교가 나온 후 꽤 오랜 세월이 지나고서야 책이 나오게 되었다. 이 책의 출판을 오래도록 기다려준 역사비평사에 감사드린다.

1997년 2월 공역자 일동

열린 사회주의 닫힌 사회주의

서 문

이 책의 제목을 『사회주의 : 아론과 실제 *Socialisms : Theories and Practices*』라 한 것은 잘못 표기한 것도 독창적인 것도 아니다. 학생과 일반 독자 모두가 쉽게 접근할 수 있는 사회주의에 관한 입문서를 써나가고자 할 때, 사회주의의 다양성에 어울리는 접근법이 필요하다. 사회주의의 다양성은 조직적이고 이론적인 동시에 역사적이며 현재적인 것이다. 동지이건 비판자이건 또는 관찰자로서건 간에 사회주의와 관계된 거의 모든 사람들은 이 다양성을 여러가지 방식으로 인식해왔다. 그렇지만 이와 같은 인식에 대한 반응은 다르게 나타났다.

일부 사회주의자들은 사회주의에 대한 자신들의 특정한 견해는 옳고 다른 견해는 잘못되었다고 주장하는 그 순간, 사회주의의 다양성을 인식하게 된다. 일부 반(反)사회주의자들은 사회주의에 대한 더욱 변별력 있는 접근의 필요성으로부터 사람들의 주의를 돌려놓기 위해 (로즈베리 경의 문구에 의하면 "모든 것의 종말"인) "악몽과도 같은 사회주의"를 본질론적으로 묘사할 것을 주장하면서 발생하는 사회주의의 다양성을 인식한다. 또한 무질서한 자료들에 일정한 질서를 부여하려고 각종의 정의와 경계 표식으로 요술을 부리는 아카데믹한 사회주의 저술가들도 사회주의의 다양성을 인식한다. 다른 사람들은 이러한·모든 것들에 직면하게 되면, 노동당 집회에서 들을 수 있는 선언처럼 쉽게 포기해버리고 만다. "우리는 실용적인 정책을 원하지 않는다. 우리는 사회주의적 정책을 원한다!"

이런 여러 종류의 인식방법에도 불구하고, 이러한 모든 접근은 사회주의의 다양성을 한 문제로 간주하는 경향이 있다. 반면에 이 책에서 채택하고 있는 접근은 이러한 다양성을 사회주의란 무엇이며 이제까지는 무엇이었는가 하는 문제의 본질적 부분으로, 그리고 사회주의를 이해하는 중요한 실마리로 받아들인다. 이것은 사회주의 '전통'의 범위가 아주 넓어서 모든 특정한 전통들이 명백한 차이에도 불구하고 어떤 의미에서 같은 계보에 속하는데, 그러한 사회주의 전통의 경계를 구분짓는 것이 불가능함을 의미하는 것이 아니라, 그것이 어떤 종류의 계보를 갖고 있느냐, 말하자면 요세프 스탈린[1]과 조지 오웰[2] 양자를 그 구성원

---

1) Stalin, Joseph(1879~1953) : 본명은 요세프 비싸리오노비치 주가시 빌리(Josif Vissarionovich Dzhugashvili). 그루지아에서 출생. 티플리스 정교(正敎)학교에서 나로드니즘, 민주주의, 맑스주의 등의 혁명사상을 접했고, 1897년 맑스주의 써클의 지도자가 되었으며, 티플리스 사회민주당 지하조직과 접촉하여 철도노동자의 써클에서 강의도 했다. 그는 1898년 티플리스 사회민주당에 정식 가입하여 당활동을 시작하여, 1912년에는 러시아 사회민주노동당 중앙위원으로 선출되었다. 혁명활동 과정에서 수없이 많은 투옥과 추방을 겪어야 했고, 1913년 추방되어 1917년 2월혁명으로 석방되었다. 2월혁명 후 페트로그라드로 돌아와 당 기관지인『프라우다』의 편집을 맡았고, 그해 5월 당중앙의 정치국원이 되었다. 그는 10월혁명 후 당과 정부의 요직을 겸임했고, 1922년 레닌에 의해 당 서기로 지명되어 실질적으로 당을 지도하는 최고 실력자가 되었다. 그리고 이른 바 스탈린주의는 스탈린의 권력장악 이후 1953년 사망 때까지의 소련정권의 본질을 지칭하는 것으로, 그 사상적 내용으로는 '일국사회주의건설론'과 '농업의 집단화', '사회주의 국가 강화론' 등이 있다. 그에 대한 전기로는 로버트 터커가 쓴『스탈린 Ⅰ』(이웃, 1988)이 있고, 그가 쓴 문건들로는 윤시인 역, 『레닌주의의 기초·레닌주의의 제문제』,『사적유물론과 변증법적 유물론·마르크스주의와 언어학』(두레, 1989) 등이 있다.

2) Orwell, George(1903~1950) : 본명은 Eric Arthur Blair. 영국 소설가이자 정치·

으로 어떻게 포괄하고 있는가 하는 점이다. 간단히 말하자면 일반적으로 사회주의에 대한 공격으로 오해되곤 하는 오웰의 뛰어난 풍자에 깃든 핵심은 상이한 **여러 종류**의 사회주의가 존재한다는 것과 따라서 어떤 (민주적인) 사회주의 유형은 받아들여져야 되며 (권위주의적인) 사회주의 유형은 공격받아야 한다는 것이었다.

그러므로 단일한 '사회주의'를 상대적으로 조금 다루고 '사회주의'의 다원성을 더 많이 다루는 방식을 선호하는 것은 외고집이 아니다. 오히려 여기에서의 목표는 각각의 전통들을 분류하고 명칭을 붙이는 것, 또는 기성의 명칭을 채택하는 것이 아니라 상이한 사회주의 전통들에 소재를 제공해왔던 영역 중 일부를 탐색해보려는 것이다. 앞으로 여러 장(章)들은 이 영역의 모든 측면에 초점을 맞춘다. 첫째, 사회주의 전통의 다양성을 다양한 사회주의 논쟁에 따라 개략적으로 기술한다. 그 후에 네 가지 주요한 핵심적 문제들을 사회주의 논쟁의 지위(도덕적 가치인가 혹은 경험적 교의인가), 사회주의라는 목표를 달성하는 수단(개량인가 혹은 혁명인가), 사회주의의 구조적 형태(국가주의적인가[3] 혹은 연합체적인가[4]), 그리고 주도적인 사회주의의 행위자(계급들인가 혹은 정당들인가)

사회평론가. 암울했던 파시스트 시대인 1930년대 영국 문학계의 좌익운동에 가담했다. 하지만 가장 중요하고 논쟁의 여지가 있는 것은, 그의 맑스주의적 공산주의에 대한 좌익으로서의 비판이다. 하지만 그는 지속적으로 인간의 자유의 필요성과 진실한 민주적 사회주의에 대한 확고한 신념을 갖고 있었다고 평가된다. 그의 정치우화 소설 『동물농장』과 『1984년』이 유명하다(김희진 역, 『동물농장·1984년』, 범우사,. 1984).

3) **Statism** : 사적 자본의 정치적, 경제적 해악이 없지만, 대규모 산업의 존재라는 조건이 없을 때의 사회발전프로젝트 혹은 그러한 사회를 지칭한다. 달리 말해 국가권력은 장악되었는데 대규모 산업, 대규모의 정치, 대규모 문화 등이 건설되지 않은 조건에서, 사적 노동을 무시하고 국가계획에 의해 서로 다른 생산단위 사이의 노동분할과 잉여생산품의 배분을 가져온다. 하지만 이는 정치와 경제의 계속적 분리라는 맹점이 계속 유지된다.

4) **연합체 associationism** : 이는 존재하는 국가를 무시하고 직접생산자들의 조직을

와 관련하여 규명하고 논의한다.

이러한 문제들은 사회주의 사상과 운동의 역사 안에 위치지어져 있지만, 그 이전과 마찬가지로 적절한 문제로 남아 있다. 마지막으로 이러한 배경에 비추어 현재의 사회주의들을 검토하고 그것들이 미래에 겪게 될 곡절들에 대한 생각들을 과감히 제시해보겠다.

사회주의는 여태까지 우산과 같이 포괄적인 개념이라고 이해되어왔다. 그 옹호자들은 그 우산 밑에(서로 우산 손잡이를 잡으려 하거나 날카로운 우산 끝으로 서로를 찌르려 하면서) 편안히 숨어 있으려고 한다. 반면에 사회주의에 적대적인 사람들은 가능한 한 많은 수의 적의 머리를 두들길 수 있기를 바라면서 우산을 무차별하게 휘둘러댄다. 특정한 사상과 운동이 평가되고 판단될 수 있는 '진정한' 사회주의를 추구함으로써 이러한 상황으로부터 벗어날 수 있는 출구란 존재하지 않는다. "나는 맑스주의자가 아니다"[5]라는 유명한 말은 맑스가 그의 프랑스 추종자들에게 한 말이다. 반면에 토니[6]는 사회주의라는 말의 '현란한 모호성'에 대해 언급한 바 있다. 여기에서 이러한 불일치들과 긴장들은 사회주의의 주요 문제이자 다양한 전통들의 기초로 간주되고 있다. 이와 같은 불일치들과 긴장들은 솔직히 인정되어야 하며, 전체적인 통일성의 주변

중심으로 한 사회의 조직화를 목적으로 하는 사상적 경향을 지칭한다.

5) 이 말은 엥겔스가 편지를 통해 네 번 언급했다. 첫번째 편지는 「엥겔스가 베른슈타인에게 보내는 편지」(1882년 11월 2~3일)이고, 두번째 편지는 「엥겔스가 슈미트에게 보내는 편지」(1890년 8월 5일)이고, 세번째는 「엥겔스가 라파르크(맑스의 사위)에게 보내는 편지」(1890년 8월 27일)이며, 네번째는 「작센 노동자신문의 편집국에 보낸 회답」(1890년 9월 7일)이다. 이 말은 세간에서 맑스주의를 조야한 경제결정론으로 이해되는 데 대하여, 그러한 식의 이해방식은 맑스주의와는 무관하다는 의미를 지니고 있다(이에 대한 더 자세한 내용은 『계급과 혁명』, 사계절출판사, 15~17쪽을 참조).

6) Tawney, R. H.(1880~1962) : 영국 경제사가. 페이비안 사회주의자. 1928~1944년에는 노동자교육연합 의장을 역임했으나, 그의 저작은 동시대의 경제사와 도덕, 사회주의라는 개념에 지대한 영향을 미쳤다.

에 위치하는 문제로 여겨져서는 안된다.

이로부터 세 가지의 요점이 도출된다. 첫째, 여기에서 논의하는 불일치의 차원들은 항상 일목요연하게 사회주의 전통들 사이의 익숙한 구분으로(예를 들면, 개량적 사회민주주의[7] 대 혁명적 공산주의) 전치될 수 있는 것이 아니라는 사실은 분명하다. 그대신 달리 추가·제외되는 노선들이 따른다. 예를 들면 개량주의적 권위주의자들(웹 부부[8]가 소련을 좋아했음을 상기해야 할 것이다)이 있듯이, 혁명적 자유주의자들(로자 룩셈부르크[9])도 존재한다. 둘째로, 사회주의의 다원성을 인정하는 것이 차

---

7) Social Democracy : 본래의 사회민주주의는 1848년 이후 계속되어온 유럽 혁명기에 나타난 사회운동으로 자본주의 사회의 극복을 생산의 사회화와 사회 전체에서의 민주주의의 확장을 통해 달성하고자 하는 운동을 지칭하는 개념이었다. 따라서 19세기 중엽부터 이 용어는 사회주의 운동 일반을 의미했다. 그러나 제1차 세계대전이 발발하자 당시 유럽의 사회주의 운동을 지도하던 제2인터내셔널은 제1차 세계대전을 제국주의 전쟁이 아닌 조국방위전쟁으로 선포하고 자국정부에 협조함으로써 기회주의, 수정주의 나아가 사회배외주의로 전향한다. 이후 러시아 볼셰비키가 중심이 된 제3인터내셔널이 '공산주의'를 자신의 정체성으로 선언함으로써, 20세기 초엽 이후 사회민주주의는 기회주의, 수정주의를 의미하게 되었다. 이러한 사회민주주의는 첫째, 자본주의 국가의 폭력적 전복과 근본적인 자본주의 사회의 변화를 부정했고, 둘째로 사회주의 혁명은 의회민주주의의 틀 내에서 다수의 인민을 확보하는 선에서 가능하다고 주장해왔다(이성형 편역, 『사회민주주의연구 1 : 회고와 전망』, 새물결, 1991 ; 박호성 편역, 『사회민주주의와 민주사회주의』, 청람, 1991 참조).

8) the Webbs : Beatrice Webb(1858~1943)과 Sidney Webb(1859~1947)을 가리킨다. 이들 부부는 개량주의적 사회활동가로서 페이비안 협회의 중심 인물이었다. 이들은 영국 노동계급운동의 이론과 역사를 저술했고(『영국노동조합운동사』, 형성사), 자본주의 사회가 점차 혁명없이 사회주의 사회로 이행할 수 있다고 주장했다. 그들은 제1차 세계대전 시기에는 사회배외주의자였으나, 1932년 소련 방문을 통해 소련에서 새로운 문명이 활발하게 성장하고 있음을 발견하고 소련에 우호적인 인사가 되었다. 그들이 소련을 격찬한 것은 자신들의 집산주의적 사상과 일맥상통하는 부분이 있었기 때문이다.

9) Luxemburg, Rosa(1871~1919) : 폴란드 태생으로 1894년 레오 요기쉬와 함께 폴란드 사회당의 민족주의에 반대하여 폴란드 왕국 사회민주당 창당에 일익을

별화하고 판단해야 할 필요성마저도 회피하는 무색무취의 다원주의 같은 종류까지 포함하고 있는 것은 아니다. 반대로, 역사적으로 또는 이론적으로 '올바른' 사회주의의 개념을 거부함에 따라, 다소간 바람직하고 적절하고 또는 그럴듯한 다양한 사회주의들을 구분할 필요가 있다.

셋째로, 이 접근은 하나의 사회주의 전통(즉 '맑스주의')이 그러한 사회주의적 다원주의에 대해 단호히 반대하는 한편, 자신의 조직적·이론적인 면에서의 독점적인 위치를 보전하려고 얼마나 노력하는가에 주의를 기울인다. 여기서는 이러한 기획이 부당하고 기초에서부터 잘못되어 있고, 그 결과는 유해한 것이며, 따라서 그것을 해체하는 필수적일 뿐 아니라 환영받을 일로 간주되어야 한다는 것을 주장할 것이다. 이 주장을 밀고나가면 현재 사회주의적 기획의 일부는 버려져가고 있으며, 적어도 지금 우리가 배워야만 할 것은, 그동안 감추어져왔고 소홀히 취급되어왔던 소수파의 사회주의 전통들에서 발견할 수 있다는 점이다.

담당했다. 그리고 그녀는 1898년 더 넓은 혁명의 세계를 경험하기 위해 독일로 이주하여, 1899년 「개량인가 혁명인가」로 베른슈타인 등의 수정주의자들과의 논쟁으로 명성을 얻었는데, 그녀는 여기서 자본주의가 지속되는 한 그 위기와 모순은 제거될 수 없으며, 자본주의적 생산관계를 폐지하기 위해선 노동운동이 궁극적 목적인 혁명을 위해 권력을 장악해야 한다고 주장했다. 한편 그녀는 1904년 「러시아 사회민주노동당의 조직문제」라는 글로 레닌과 멘셰비키간의 논쟁에 개입하여, 레닌의 당 개념이 중앙집권주의적 전위정당이라고 비판했다. 한편 1906년 「대중파업과 당 그리고 노동조합」이라는 글에서 대중파업을 프롤레타리아 혁명의 특출한 수단이라고 주장하여, 1910년 카우츠키와 결별하는 계기가 되었다. 한편 제1차 세계대전에 반대하여 스파르타쿠스 연맹에 가담, 독일사회민주당의 애국적 자세를 배신행위라고 비난했으며, 제1차 세계대전 기간중 투옥되었다가 1918년 후반에 석방되어 독일혁명에 가담했으나, 베를린에서의 무산된 봉기가 진압된 후 우익 관리에 의해 무참하게 피살되었다. 현대에 와서 그녀는 '대중의 자발성'에 관한 탁월한 이론가로 부상하고 있다(토니 클리프·조효래 역, 『로자 룩셈부르크』, 책갈피, 1993 ; 파울 프뢸리히·최민영 역, 『로자 룩셈부르크의 사상과 실천』, 석탑, 1994 참조. 그녀가 쓴 문건으로는 박영옥 역, 『러시아혁명·레닌주의냐 마르크스주의냐』, 두레, 1989가 있다).

마지막으로 적절히 고려되어야 할 점이 있다. 그것은 단지 사회주의 운동과 사상들의 명백한 역사적 다양성뿐만이 아니라 20세기 말에 존재하는 사회주의의 지위를 고려하는 접근에 대한 필요이다. 이것은 사회주의라고 스스로를 묘사하는 정권 아래서 세 살 때부터 살아온 사람의 세계로서, 이러한 현실은 현대의 이데올로기로서 아마도 유일한 현대의 이데올로기라고까지 사회주의의 성공을 웅변하고 있는 것이다. 그렇지만 그것은 또한 사회주의 정권이 권력을 잡게 될 때마다, 또 잡은 곳에서마다 사회주의가 '사회주의'라고 이름지어지게 된 세계이다. 우리 시대에 사회주의는 좌파적이 되기를 그만두고 동쪽인 독일 쪽으로 옮아가게 되었다. '사회주의냐 야만이냐'[10]라는 옛 구호는 사회주의와 야만이라는 새로운 현실로 바뀌었다. 사회주의자들이 흔쾌히 사회주의라는 명칭을 부여하는 데 동의할 수 있는 '사회주의' 사회는 존재하지 않는다. 해방의 사회주의를 다시 주장하고자 하는 사회주의자들이라면 이와 같은 귀에 거슬리는 사실들을 직면해야만 할 것이다. 코울[11]이 한 세대 전에 말했듯이, 가장 중요한 사실은 "사회주의는 이제 더이상 단일한 방향으로 나아가는 단일한 운동이 아니다"라는 점이다.

---

10) 카스토리아시스, 르포르 등이 참여한 잡지 이름(1948~1966). 주로 소비에트 체제의 관료제를 비판한다.
11) Cole, G. D. H.(1889~1959) : 영국 경제학자이자 페이비안 사회주의자였으며 또한 길드사회주의자. 개인주의와 다원주의를 신봉한 로맨틱 사회주의자였고, 1915년 중공업의 공적 소유를 주장하는 국민길드연맹 창설에 참가했다.

1. 다양한 사회주의 전통들

스스로를 사회주의자라 부르는 많은 집단들과 조류들
사이에서 유래된 논쟁은 오래되고, 복잡하고,
고통스러운 것이었다. — 레이몬드 윌리엄스[1]

사회주의의 역사는 다양한 형태의 사회주의의 역사이다. 더구나 그것
은 형제적 우애가 있는 다원성이 아니라 경쟁적이고 적대적인 다원성
의 역사이다. 전선은 변화해왔으나(맑스주의자 대 무정부주의자,[2] 집산주

---

1) Williams, Raymond(1921~) : 영국 웰쉬 지방에서 출생. 영국 맑스주의자들 중
   문학분야에서 가장 두드러진 인물이다. 그의 명성을 확립시켜준 저서는 『문화
   와 사회』로서, 그의 관심은 글의 제목이 말해주듯이 문화와 사회의 발전양상,
   변화양상, 상호 관련성 등에 있으며, 문학이란 이것들과 능동적 관계를 맺고
   있는 것으로 보고 있다. 또한 그의 작품에는 노동계급의 문화가 사회민주주의
   가치의 진정한 담당자였으며, 지금도 진정한 담당자라는 견해가 함축되어 있
   다[이일환 역, 『이념과 문학』, 문학과지성사, 1982 ; 『문화사회학』, 까치 ; 나영
   균 역, 『문화와 사회』, 이화여대 출판부, 1988 등이 번역되어 있다].
2) anarchism : 정치적 권위의 일반 원리를 부정하면서, 그러한 권위없이도 사회질
   서가 이룩될 수 있고, 또 그렇게 되는 것이 바람직하다고 주장하는 이념과 운
   동. 무정부주의자들은 '자연상태의 사회', 즉 개인들과 자유의사로 결합된 집

의자[3] 대 노동조합지상주의자,[4] 개량주의자[5] 대 혁명가, 공산주의자 대 사

단들의 자율적 사회를 적극적으로 옹호한다. 무정부주의를 최초로 체계적인 견해로 확립한 사람은 윌리엄 고드윈(William Godwin, 1756~1836)이지만, 고전적 무정부주의는 원래 프루동의 공상주의적 및 연합체주의적인 견해에 의해 고무되었고, 이 흐름은 바쿠닌과 크로포트킨으로 이어졌다(Woodcock, G., Anarchism, Harmondsworth : Penguin, 1963 ; 하기락 역, 『아나키즘 : 사상론』, 형설출판사, 1981 ; 『아나키즘 : 운동론』, 1982 참조)

3) collectivism : 대규모 산업의 공장관계들이 거대하게 되고, 사회적으로 확장되고, 초국가적으로 되도록 하는 프로젝트 혹은 그러한 사회를 지칭한다. 여기서는 과학기술이 전제조건이고 생산의 감독자가 되며, 하급노동자가 지도부가 된다. 이러한 집산주의에서는 노동의 분할이 문제시되는 것이 아니라 오히려 환영받는데, 사회적 지위가 지식의 수준을 지배하고, 물질적 생산에서 그들이 차지하는 위치로부터 사적 소유가 아니라 제한된 경쟁과 시장 그리고 국가계획에 의해 새로운 사회를 구성하게 된다. 여기서는 생산수단의 사적 소유가 있을 수 없지만, 교육을 통해 '축적된' 노하우의 사적 소유는 인정되며, 전문가들이 가장 중요한 생산력이 된다. 또한 '이익'은 노동시장에서 독점적 기술의 개인적 판매를 통해 분배됨에 따라 개인적 임금, 기술의 소유, 제한된 고등교육이 집산주의의 특징이 된다. 그리고 사회의 잉여생산물은 부분적으로 집합적 기술집단에 의해 적절하게 분배된다.

4) syndicalism : 'syndica'는 프랑스 말로 조합이라는 뜻의 낱말이다. 따라서 생디칼리즘은 노동조합주의에 해당하는 프랑스 말의 영국식 번역이다. 하지만 일반적으로 노동조합주의는 경제주의적 실천이라는 의미로 영국의 웹부부의 노동조합적 실천의 어감이 강하고 생디칼리즘은 무정부주의적 어감이 강하다. 생디칼리즘적 교리는 명확성이나 정확성에 있어 완벽하지 못한데, 이는 이론보다 행동에 중점이 두어졌기 때문이다. 주요 주제는 일반 노동자의 주도권의 필요성, 사보타지를 포함하여 투쟁성의 가치, 순수한 산업조직과 투쟁에 의한 자본주의와 국가의 타도 등이 있었다. 1914년 이전의 혁명적 생디칼리즘은 주로 무정부주의적 전통과 실질적인 기술직공 기반이 있으면서 산업화된, 집단현상 경험이 거의 없는 나라에서 노동조합운동의 공식적 입장의 주요한 부분이었다. 그러나 1920년대 노동계급의 패배로 생디칼리즘은 사회민주주의자, 공산주의자 그리고 노동조합정통주의자에 대한 경쟁자적인 의미만이 남아 있다.

5) reformism : 일반적으로 개량주의는 사회주의로의 이행의 본질과 사회주의로의 이행에 가장 적합한 정치적 전략에 관해 이른바 혁명주의에 대립되는 개념이다. 예를 들어 사회주의로의 이행이 비폭력적으로 성취될 수 있는가, 그러한

회민주주의자, 트로츠키주의자[6] 대 다른 모든 사람들…), 경쟁과 적대의 역사는 항상 존재했다. 많은 사회주의자들은 다른 사회주의자들을 공격하기 위한 날카로운 공격용 화살을 준비해왔으며, 거의 모든 사회주의자들은 최소한 두 개의 전선에서 동시에 싸워야 한다는 것을 알고 있었다. 전장은 또한 시간이 지남에 따라 새로운 장소, 새로운 적대자 그리고 새로운 전통들로 변화되어갔다.

  이러한 광경은 맑스와 엥겔스가 19세기 초의 사람들(특히 생시몽[7]과

  이행이 발전하는 사회적 변화의 점진적이고 순탄한 과정인가. 또는 사회변화의 결정적인 순간에 절정에 달한 투쟁이나 위기로 특징된 과정인가 하는 것 등이다. 그리고 사회주의로의 이행이 기존 정치제도(의회 등)의 노동계급에 의한 활용에 의해서 가능한가 또는 새로운 사회주의적 투쟁방식이나 대중통치의 새로운 형태로 그러한 국가의 구조를 보완하거나 대체함으로써 가능한가이다. 이러한 논쟁은 1890년대 이후 계속되다가 제1차 세계대전을 기점으로 하여 코민테른과 다른 흐름인 사회민주주의 노선을 지칭하는 것으로 일반화되었고, 현재까지 지속되고 있다.

 6) troskyism : 트로츠키 실각 이후 극좌주의의 대명사처럼 쓰였으나 원래는 영구혁명론을 주된 내용으로 하는 러시아 공산주의의 일파였다. 트로츠키의 영구혁명론은 농민의 혁명적 잠재력을 부정함으로써 사실상 프롤레타리아트와 농민의 계급동맹을 부정하였다. 그리하여 일국사회주의의 가능성을 부인하게 되고, 일차적으로 서유럽의 주요 국가들에서 프롤레타리아 혁명이 승리하지 않고서는 러시아에서 사회주의의 승리는 불가능하다고 주장했다. 따라서 현재는 트로츠키즘을 신봉하는 여러 분파들이 있지만 그들은 공통적으로 일국사회주의 혁명의 성공이 불가능하고, 세계 동시혁명만이 가능하다고 주장한다(앨릭스 캘리니코스·배일룡 역, 『트로츠키의 역사』, 백의, 1994 참조).

 7) Saint-Simon, Claude-Henri de Rouuvroycomte de(1760~1825): 프랑스의 명문귀족 출신으로 사회주의 이론가. 19세기 초 프랑스에서는 전통적인 토지귀족계급이 몰락하고, 빈곤, 실업 등 여러 문제가 발생했다. 생시몽은 프랑스혁명을 귀족, 시민계급과 무산자 사이의 계급투쟁으로 보았으며, 인간에 대한 정치적 지배로부터 사물에 대한 관리로의 이행과 국가폐지론을 주장했으며, 또한 미래사회는 중앙의 계획적 관리에 의해 과학적으로 생산이 조직되는 사회가 이상적이며, 과학자와 산업자가 중요한 위치를 가진다고 보고, 산업사회를 산업자를 중심으로 재조직할 것을 주장했다(이문창 역, 『산업자의 정치적 교리문답』, 형

26

푸리에[8] 오웬[9]에게)이 '공상주의자'[10]라고 이름붙이며 공격을 개시하면서
시작되었다. "자신들의 사회과학에 대한 놀라운 노력 속에 열광적이고
미신적인 신념이 깃들어 있었던" 이들은 계급투쟁의 발전에 부적합한
것이었을 뿐만 아니라 객관적으로도 계급투쟁에 대해 반동적인 것으로
판단되었다. 같은 시기에 맑스는 '프랑스적 조류'(예를 들면 프루동[11])의

설출판사, 1991 참조).

8) Fourier, Froancois-More-Charles(1772~1837) : 프랑스의 공상적 사회주의자. 자
본주의 사회의 착취와 부르주아지의 탐욕을 비난하고, 사람들이 노동한 양에
따라 공평하게 분배받는 이상사회의 건설을 꿈꾸었는데, 유통부문의 협동체를
강조했고, 이상사회의 실현방법도 교양있는 계급의 자각으로 돌리고 푸리에
자신이 그들에게 호소했다. 한편 그의 추종자들은 그의 설교에 따라 미국에 건
너가서 많은 사회주의 이상촌을 건설하였으나 실패했다(이문창 역, 『산업자의
정치적 교리문답』, 형설출판사, 1991 참조).

9) Owen, Robert(1771~1858) : 영국의 노동운동가이자 산업혁명기의 공상적 사회
주의자. 뉴 라나크의 대방적공장의 소유자로 일찍부터 노동자의 참상을 깨달
았고, 환경이 인간의 성격을 결정하므로 사회환경의 개선을 위해 각종 입법과
정부사업을 제안하였고, 나아가 협동조합운동을 주도했다. 오웬은 그 자신이
평등사회의 건설을 꿈꾸고 사재를 털어 1825년 미국 인디애나 주에 공산촌(共
産村)인 "New Harmony"를 건설했으나 결국 실패했다(이문창 역, 『사회에 관한
새 견해』, 형설출판사, 1991 참조).

10) utopian : 이 말은 항상 '공상적 사회주의자'를 지칭한다. '공상적 사회주의'란
사회주의 역사의 최초의 단계인 나폴레옹 전쟁부터 1848년 혁명까지의 시기를
설명하기 위해 일반적으로 사용되지만, '사회주의자'란 말 그 자체와 같이 '공
상가'로서 이들을 함께 지칭하는 것은 영국과 프랑스에서 1830년대 후반에 처
음으로 일반화되었다. 그리고 이는 일반적으로 맑스 이전의 사회주의 사상의
주요 흐름을 이끌어온 것으로 간주되는 세 명의 사상가(즉 생시몽, 푸리에, 오
웬)와 특별한 관련이 있다. '공상적'이 강조되는 것은 특히 맑스의 '과학적 사
회주의'의 '과학성', 즉 잉여가치의 발견을 통한 자본주의 사회의 모순 규명과
계급투쟁의 필요성, 프롤레타리아트의 혁명적 역할에 대한 인식의 한계를 나
타내고자 하는 의도이다.

11) Proudhon, Pierre-Joseph(1809~1865) : 공상적 사회주의의 영향을 받은 경제이
론가이며, 무정부주의 정치이론가. 그는 인간에 의한 인간 착취의 철폐와 정부

‘아마추어주의’를 비난했고 모든 그러한 ‘이상주의’에 과학적 계급이론의 이름으로 투쟁을 시작했다. 1840년대 중반에 맑스가 답장을 요구했을 때, 무정부주의적 사회주의자인 프루동은 다음과 같이 답했다.

> 만약 당신이 원한다면 함께 사회의 법칙들, 이 법칙들이 현실화되는 방식, 우리가 그것들 찾아내는 데 성공할 수 있는 진행과정을 찾아봅시다. 그러나 제발 아무쪼록 모든 선험적 교조주의를 파괴하고, 사람들에게 우리의 학설을 주입시키려는 꿈은 꾸지 맙시다. 카톨릭 이데올로기를 전복시키고 그 즉시 파문되고 추방된 채로 개신교 이데올로기의 설립을 시작한 당신의 동포인 마르틴 루터가 빠졌던 모순에 빠지지 맙시다. 지난 3세기 동안에 독일은 주로 루터가 해놓은 엉터리 일을 원상태로 돌려놓는 데 전념해왔습니다. 우리 노력의 결과로 인간성이 청소되어야 할 혼란의 덩어리로 방치되지 않게 합시다.
>
> 나는 진심으로 모든 견해들을 폭로하려는 당신의 사상에 찬사를 보냅니다. 훌륭하고 충심어린 논쟁을 벌입시다. 전세계에 학식있고 폭넓은 시야를 갖춘 관용의 모범적인 예를 보여줍시다. 그러나 단지 우리가 한 운동의 우두머리라는 이유만으로 관용심 없는 새 지도자로 전락되지 맙시다. 비록 그것이 논리의 종교, 이성의 종교라 할지라도 새로운 종교의 사도처럼 행세하지는 맙시다.

이러한 프루동의 접근은 맑스 및 맑스주의 전통 일반에 좋은 인상을

의 폐지를 동일한 것이라고 믿고, 노동자들이 자신들의 노동력을 자발적으로 조직함으로써 독립적으로 생산한 생산물을 각자 투여한 노동의 양에 따라 교환하는 소생산자 사회를 이상화했다. 또한 이상사회의 실현수단을 정치적 수단이 아니라 경제적 수단에 의하여 노동자들 스스로가 해방될 수 있다고 주장했다. 맑스는 『신성가족』(제4, 5장)에서 프루동의 저서(『부란 무엇인가?』)를 최초로 “정치경제학을 과학화한” “위대한 과학적 진보”라고 높이 평가했으나, 『철학의 빈곤』(제2장)에서 헤겔적 변증법을 그대로 사용하려는 태도와 “부르주아적 지평”을 넘어서지 못했다고 비판받은 바 있다(박영환 역, 『소유란 무엇인가』, 형설출판사, 1989 참조).

28

갖고 있지 않았다(이는 사회주의 발전에서 맑스주의가 갖고 있던 중심적 위치에 비추어볼 때 어느 정도 중요성을 갖는다). 이러한 점에서 사회주의는 많은 방을 지닌 대저택이라기보다는 프루동이 경고했던 '파문과 추방'이라는 바로 그 정신하에서 경쟁중인 전통들을 문밖으로 쫓아냈던 이론과 실천의 집으로 보인다.

맑스는 단호하고 정확하게 다른 가용한 사회주의 전통들에 대한 공격과 그들의 패배를 자신의 원래 기획의 중요한 일부로 간주했다(또한 계속적으로 이러한 공격에 전념했다). 그래서 그는 당시 널리 퍼져 있던 사회주의라는 말이 유토피아적 함의를 갖는다는 이유로, 심지어는 '사회주의'란 말조차도 거부하기 시작했다. 사회주의란 말은 1820년대에 영국에서 오웬적인 맥락에서 처음 사용되었고, 그 후 1830년대에는 프랑스적인 맥락에서 사용되었다. 사회주의란 용어의 기원은 그 용어에 대한 반응을 짐작케 한다. 그 용어는 그 당시 오웬, 생시몽 그리고 다른 사람들이 영국과 프랑스에서 시작한 사회 재건설의 구도를 특징지어주며, 그러한 구도의 지지자들('사회주의자들')을 묘사한다.

이러한 이상주의에 대항하고자 했던 맑스는 자신의 입장과 당시 널리 퍼져 있던 여러 사회주의를 차별화시켜줄 수 있는 정치적 어휘가 필요했다. 그리하여 1848년에 사회주의 선언이 아닌 『공산당선언』[12]이 세상에 선을 보이게 되었다. 이 시기에 '공산주의자'란 말은 바뵈프[13]와 프랑스 혁명[14]의 좌파로 예증되는 더욱 격렬한 전통, 혁명가, 평등주의자

---

12) 남상일 역, 『공상당 선언』, 백산서당, 1989

13) Babeuf, Francois-Noel(1760~1797) : 프랑스의 초기 공산주의 혁명가. 프랑스대혁명 직후인 1796년에 '평등자단'을 조직하여, 소수의 음모자들에 의한 혁명적 봉기를 일으켜 공산주의 사회를 건설하려 하였다. '평등자단'의 계획은 봉기를 불과 수시간 앞두고 발각되어 바뵈프는 형장의 이슬로 사라졌다.

14) 프랑스혁명 : 프랑스의 1789년 혁명을 지칭하며, 프랑스대혁명이라고도 불린다. 이 혁명 이전 프랑스는 절대주의라 불리는 강력한 중앙집권적 지배체제의 말기에 있었는데, 이 당시 프랑스 국민은 제1신분인 성직자, 제2신분인 귀족

그리고 프롤레타리아트와 연계되었다.

맑스가 당시 널리 퍼져 있던 다양한 '사회주의'에 반대하면서 이끌어내고자 했던 것이 바로 이러한 혁명적 계급행위의 전통이었다. 40년이 지난 후 과거를 되돌아보면서 엥겔스는 다음과 같이 적고 있다. "우리는 그것을 사회주의 선언이라고 할 수 없었다. 1847년에 사회주의는 중간계급의 운동이었고, 공산주의는 노동계급의 운동이었다. 사회주의는 최소한 대륙에서는 존경받고 있었다. 공산주의는 정반대의 상태에 있었다." 심지어 시간이 흘러 그 사용방식이 변화되고 모호해졌을 때도, 맑스는 항상 용어로서뿐만이 아니라 개념으로서의 '사회주의'에 일정한 반감을 갖고 있었던 것 같다(여기에서 사회주의를 보통 프루동과 공상적 사회주의자들을 지칭하는 것으로 『자본론』[15]에서 아주 경멸적으로 사용하고 있다). 그러나 19세기가 지나면서 사회주의는 일반적인 용어로 확립되어 나갔고, 맑스주의도 점차 그에 대한 자신의 소유권을 확립해갔다.

이런 언어적 지뢰밭에 들어선 이상, 좀더 주의깊은 탐색이 필요하다. 여러 사회주의 전통의 다양성은 사회주의적 용어 사용방식의 다양성에

그리고 제3신분인 그외 국민절대 다수라는 엄격한 신분제하에 놓여 있었다. 따라서 제3신분은 신분적 제약과 경제적 부담의 중압에 고통받고 있었고, 절대군주는 전쟁 등으로 인한 정부의 과다한 전비지출을 귀족에게 부담시키려 했다. 이에 반발하여 1789년 6월 제3신분은 하급성직자와 귀족 일부와 함께 스스로를 '국민의회'라 칭하고, 국왕은 결국 이를 인정하게 되었다. 그 후 국왕은 6월 하순부터 군대를 동원하여 국민의회를 해산하려 했고, 민중은 봉기로써 이를 저지했다. 그리고 7월 바스티유 감옥 습격을 기화로 각지의 농민들도 봉기하였다. 이후 입헌군주제를 지향했으나, 의회는 여전히 부르주아와 부농에게 유리한 정책을 실시해나가고, 이에 반발해 민주주의적 당파들이 자코뱅 그룹을 중심으로 원외그룹을 형성하였다. 그러나 자코뱅파는 패배했고, 부르주아가 민중의 선거권을 제한한 '1795년 헌법'을 제정하고 국민공회를 해산했다. 이에 반기를 든 바뵈프를 중심으로 한 혁명운동이 사전에 발각되어 좌절되었고, 이후 혁명운동의 조류는 급속히 쇠퇴하였다.

15) 김수행 역, 『자본론』, 비봉출판사, 1989

그리고 시간의 흐름에 따른 용어법의 변화에 반영되어왔다. 심지어 '사회주의'라는 용어의 우월성이 확립되었던 때조차도, 사회주의라는 용어는 공상적 사회주의자들과 무정부주의자들로부터 맑스주의자들이 탈취하여, '공산주의'는 신구(新舊)의 다양한 용어들을 보유하게 되었다. 예를 들면 공산주의라는 용어가 공동의 자산을 보호하려는 혁명적 계급행위라는 전통적 의미를 지니고 있다는 이유로 윌리엄 모리스[16]는 공산주의라는 용어를 선호했다. 최소한 영국에서 이것은 1880년대와 1890년대의 '페이비언 사회주의'[17]와 공산주의를 구별하는 데 도움이 되었다. 그 용어는 또한 계급사회 이전의 원초적 또는 원시적 공산주의와도 관련된다. 동시에 그것은 계급사회의 직접적인 계승자로 믿어지는 사회주의를 넘어서는, 사회발전의 더 높은 단계인 미래의 의미로서 더 익숙해지고 더 진전되어갔다. 1918년 볼셰비키[18]가 타락한 유럽 사회주의와 자

---

16) Morris, Williams(1834~1896) : 런던 근교에서 출생. 시인이자 화가. 1879년 국민자유연맹 회계직을 맡은 것을 시작으로 사회주의 운동에 참여하기 시작하여, 1883년에는 힌드만에 의해 지도되는 사회민주연맹(SDF)에 결합했다. 그러나 1884년 사회주의자 동맹이 SDF에서 독립하자 여기에 참가하였다. 힌드만의 맑스주의가 물질적이었다면, 모리스의 맑스주의는 더 감정적이고 매혹적인 것이었다고 평가되는데, 그는 '더러운' 정치작업과 노동조합들, 일시적 개량을 불신하여 즉각적인 정치적 선동을 대신하여 '사회주의자들을 만드는' 교육에 열중했다.

17) Fabian Socialism : 1883년 설립된 페이비안 협회의 사상적 경향을 지칭한다. 페이비안 협회는 런던 및 여타의 산업중심지에서 연간 수천 회에 걸쳐 집산주의적 개혁의 실질적이고 입헌적인 정책을 추진하는 데 기여하였다. 페이비안 협회는 벤담의 공리주의를 중심으로 개인주의와 집산주의가 뒤섞인 단체로, 초기에는 어디까지나 중산계급적이었고, 회원 거의 전부가 중산계급 출신이었다. 이러한 성격으로 인해 페이비안 사회주의는 개량주의로 분류된다.

18) Bolshevik : 이 말은 1903년 러시아 사회민주노동당 제2차 당대회의 논쟁에서 생겨났는데, 당시 당원자격의 규정을 둘러싸고 논쟁이 일어나 "당강령을 승인하며 당을 재정적으로 지지하는 자"는 모두 당원이 될 수 있다고 주장하는 마르토프와 "당조직에의 참가"라는 요건까지 충족되어야 한다고 주장하는 레닌

신들의 차이점을 분명하게 구분하기 위해 공산주의란 용어를 독점하기 시작했을 때,[19] 그리고 진정한 역사적 계보를 주장하기 위해 공산주의란 용어를 전유했을 때, 새로운 생명력을 부여받았다. 바로 그 순간부터 보통명사로서의 일반적 공산주의는 고유명사로서 특수한 형태의 공산주의가 되었고, 그 후 일반명사로서의 공산주의는 그 용어가 갖는 다른 의미를 되찾는 것이 어렵게 되었다.

공산주의자가 되고 난 후에도 볼셰비키들과 그 위성 정당들은 자신들이 '사회주의자'라는 주장을 철회하지 않았고, 오히려 현재에도 유일하게 진정한 사회주의자라고 주장하고 있다는 사실 때문에 문제가 더욱 모호해졌다. 그들은 19세기 후반과 20세기 초반에 맑스주의 학설과 당 조직을 결합시킴으로써 스스로를 사회민주주의자라고 불러온 유럽의 사회주의 전통에서 유래한 모든 용어를 탈취하려고 시도해왔다. 유럽에서 1914년 이전에는 '사회민주주의'란 조직화된 맑스주의를 뜻했다. 그러나 1917년 이후 사회민주주의란 조직화된 개량주의를 뜻하게 되었다. 맑스를 독점하면서 공산주의자들은 사회민주주의로부터 사회주의적인 자격을 부인했을 뿐만 아니라 사회민주주의를 본질적으로 반동적이고 반혁명적이라고(어떤 때는 '사회파시즘'[20]이라고까지) 공격했다.

이 대립하였다. 레닌파는 1차 표결에서 마르토프에게 패배하여 소수파가 되었으나, '분트파(러시아 및 폴란드의 전유태인노동자동맹)'가 민족적 구성에 대한 불만으로 당에서 탈퇴하여 2차 표결에서는 다수파가 되었다. 이로써 러시아어로 '다수'라는 의미의 볼셰비키는 레닌파를 지칭하는 것으로 되었다. 그리고 이에 대항했던 마르토프라는 '소수'라는 의미의 멘셰비키가 되었다. 또한 볼셰비키라는 말이 당의 명칭(러시아사회민주노동당)으로 공식적으로 나타난 것은 1917년 4월의 제7차 당대회 이후부터이다.

19) 레닌은 1917년 <4월테제>를 통해 "전세계의 공식적 지도자들이 사회주의를 배신해버렸고, 부르주아지 편으로 넘어가버린('방위주의자들'과 '동요하는 카우츠키 추종자들') '사회민주주의' 대신에, 우리는 우리들을 공산당이라고 불러야 한다"고 주장했다. 그리고 1918년 3월 러시아 사회민주노동당(볼셰비키)은 러시아공산당(볼셰비키)으로 개칭한다.

일부 사회주의자들은 이러한 사태의 진행에 다음과 같은 식으로 대응했다. 그들은 비공산주의적이고, 볼셰비키가 실행하고 있는 비민주적 사회주의에 비판적이지만, 단순히 개량주의적이고 상태를 개선하는 것이 아니라 사회주의적 기초 위에서 사회를 재조직화하는 것에 헌신하는 입장에 대해 '민주적 사회주의'라는 용어를 사용했다. 이러한 용어 자체는 계속 유지되는 데 어려움이 많았지만, '민주적 사회주의'란 말 그 자체는 당시까지 전개된 사회주의가 파편화된 것을 반영하고 있었다. 어떤 의미에서 민주적 사회주의자들은 그러한 내용을 마음에 품고 있던 사회민주주의자들이기도 했다. 1980년대에 사회민주당원이 된 영국의 사회민주주의자들은 그 용어에 대해 좀더 상세한 설명을 덧붙였다. 이는 폭넓은 전통과의 관련성을 나타내기 위한 것이었으며, 또한 이러한 변화는 유럽 사회주의 내부의 전통으로부터 유래한 사회민주주의를 유럽 사회주의에 외적이고, 적대적인 것으로 전환시키려는 시도로 해석할 수 있다.

이렇듯 사회주의는 정치적 언어로 이탈되어가면서 나중에는 더 많은 논의를 필요로 하는 여러 문제들을 낳았다. 그렇지만 당분간은 사회주의의 다양성이 사회주의란 용어의 다양성에 충실히 반영되어 있다는 사실을 기억하는 것만으로 충분하다. 이러한 이탈은 또한 사회주의의 진화과정에 기여해온 발전들을 다시 생각하게 한다. 예를 들어 맑스가 초기에 '사회주의'에 대해 반감을 가졌다는 사실은, 맑스 이전에 사회주의가 존재했다는 것을 알려준다(맑스주의와의 접경지 및 외부에 여러 사회주의가 있어왔던 것처럼). 여기에서의 요점은 토마스 모어[21]에서 플라

---

20) Social Fascism : 코민테른의 제10차 집행위원회(1927. 7)에서 사회민주주의가 파시즘 독재의 수립을 기도하는 제국주의 대부르주아지의 도구라고 규정하면서 경멸적인 의미로 붙인 말.

21) More, Thomos(1847~1535) : 영국의 본원적 축적시기의 사상가이자 초기 공상적 사회주의자. 그는 『유토피아』(1516)라는 글을 통해 당시 영국 농민의 비참

톤까지, 그리고 그 이전에 존재하는 사회주의의 선임자들의 역사를 샅샅이 찾아내는 것이 아니라, 사회주의의 발전은 항상 맑스의 이론적 우월성과 맑스주의의 조직적 지배라는 투시경을 통해서 조명되어왔다는 사실을 상기하는 것이다.

이것은 특히 맑스와 엥겔스가 발전한 '과학적 사회주의'[22]보다 열등하다는 이유로 맑스주의적 전통에 의해 제거되어온 '공상적' 사회주의자들의 경우에 그렇다. 사실 이러한 제거라는 말은 공상적 사회주의자들의 역사적 기능이 맑스주의에 의해 대체되었음을 뜻한다. 그러나 이러한 초기 19세기 저술가들의 저작은 흥미롭고 의미있는 채로 남겨져 있으며, 이후의 사회주의적 전통에 기여하고 있다. 이것이 협동을 통한 사회적 조화에 대해 오웬이 가졌던 전망의 실제적인 내용이며, 개인성을 배제하기보다는 풍요롭게 하고자 하는 공동생산에 대해 푸리에가 가진 도식의 실제적 내용이며, 사회와 경제적 질서의 재조직에 대해 생시몽의 계획이 포함하고 있던 실제적 내용이며, 탈중심화된 생산자 민주주의 형태로 제시되었던 프루동의 상호주의[23]의 실제적 모습이다.

한 상태를 비판하고 그 근원을 사적 소유에 기인하는 것으로 파악하여 생산의 사회화에 따른 공동노동과 공동소유에 기초한 이상사회를 제시하였고, 이로써 학문, 예술에서 인간의 각 개성의 전면적 발전을 기대하였다.

22) Scientific Socialism : 과학적 사회주의는 넓은 의미로는 19세기 중반 이후 맑스와 엥겔스에 의해 수립된 사회주의 사상과 이후 레닌에 의해 발전된 사회주의 사상 및 역사적 변혁운동 일반을 통틀어 이르는 말이다. 좁은 의미로는 여러 사회주의 사상 및 운동 중 한 부분으로서 맑스와 엥겔스에 의해 수립된 이론과 사상체계 일반으로 이해되기도 하는데, 이때 과학적 사회주의란 하나의 논리체계로서 여타의 사회주의자들과는 달리, 합법칙적 필연성이라는 의미의 과학에 기초한 사회주의 또는 사회주의 운동이라는 의미이다. 과학적 사회주의의 체계는 크게 세계관으로서의 변증법적 유물론과 역사인식의 과학적 방법으로서의 역사적 유물론 그리고 자본주의 사회의 분석틀로서 정치경제학으로 구성되어 있다고 본다(엥겔스·나상민 역, 『공상에서 과학으로』, 새날, 1990 참조).

모든 일상적인 비판들(생시몽은 자본주의를 얘기하지 않는다. 푸리에는 약점투성이이고, 프루동은 모순으로 가득 찼다는 등등)이 제기될 때, 맑스의 관점에서 이들의 명백한 이론적 취약성이 인정된다고 할지라도(이를테면 맑스에 의해서), 그들이 산업자본주의 및 산업자본주의의 자유주의적 개인주의 이데올로기에 대해 처음으로 지적인 도전을 했다는 점과 그 이후의 사회주의 전통에 다리를 놓았다는 사실은 여전히 남는다.

그래서 프루동은 반집산주의적 전통을 풍부하게 했고, 오웬은 협동주의적 전통을, 푸리에는 자유주의적 전통을 그리고 생시몽은 기술적 전통을 풍요롭게 했다. 이것은 단순히 그들에게 '공상적'이라 딱지를 붙이고, 그것에 의해서 이러한 19세기 초반의 여러 사회주의의 다양성 대신에 단일성을 제시하는 것이 얼마나 그들을 잘못 해석하는 것인지를 지적해주고 있다. 그러나 맑스가 보기에 그들은 본질적으로 똑같았다. 항상 제시되는 것처럼 그들은 누가 사회적 변화를 가져올 수 있는가, 혹은 그들이 어떻게 그것을 할 수 있는가에 대해 말할 수 없기 때문에서가 아니라, 그들이 근본적으로 사회적 과정의 본질을 잘못 이해하고 있기 때문이었다. 도덕적인 호소에 몰입하고 공동체적 삶에서 실험을 수행코자 하는 것이 그들의 특성이기 때문에, 행위주체의 부재는 이것의 반영이라고 볼 수 있다.

이와는 달리 맑스는 이론과 실천이 통일되고 도덕성이 필요에 통합되는 사회과정에 대해 설명한다. 역사발전은 계급사회의 형태를 규정짓는 물적 힘들에 의해 설명되고 있다. 그것의 현상형태는 자본주의 또는 부

---

23) mutualism : 상호주의 혹은 상호부조주의. 노동자들 상호간의 경제적 부조를, 그들의 이익을 보전하기 위한 주요 수단으로 삼는 사회개량적 조류. 상호부조주의란 말은 1820년대에 프랑스에서 무수히 생겨났던 결사체들에서 유래한다. 이들 중 스스로를 상호부조주의자라 불렀던 가내 직조공들이 1827년 리용에서 설립한 결사체가 가장 유명하다. 그리고 프루동이 자신의 체계를 상호부조주의라고 불렀기 때문에 프랑스 운동 내의 프루동 추종자들은 상호부조주의자라고 불린다.

르주아 사회, 임금노동자들로부터 잉여가치[24]를 뽑아내는 것을 통해 작용하는 착취기제였다. 그러나 프롤레타리아트를 형성시킴으로써 자본주의는 또한 스스로를 뛰어넘을 행위주체를 창출해왔다. 특수한 계급이면서 동시에 일반적 해방의 담지자이기 때문에 '보편적' 계급이기도 한 착취받는 계급의 혁명적 승리는, 계급사회의 종결과 그 본질적인(그러나 이미 소외된) 유적 존재로서의 인간성 회복을 나타낸다. 그러므로 그러한 강령과는 달리 '공상적' 사회주의자들이 제시하는 것은 실제로 다소 시시한 것처럼 보일 것이다.

만약 맑스주의 이전에 사회주의 전통(또는 그러한 전통의 창시자)이 존재했다면, 19세기 동안 맑스주의와 동일한 시기에 여러 사회주의들이 또한 존재했을 것이다. 그러나 마지막 4반세기 동안에, 이러한 전통들은 또다시 유럽 사회주의에서 자신의 토대를 닦아온 맑스주의의 관점으로부터 조명되어왔다. 그래서 맑스주의의 진보는 라쌀레[25]에 대한 맑

---

24) 가치와 가격 그리고 잉여가치 : 가치란 상품의 두 측면을 나타내는데, 자본주의 사회의 부(富)는 기본적으로 상품형태를 취하며, 이때 상품은 먼저 인간의 욕망을 충족시키는 성질을 가지고, 다음으로 그것을 손에 넣기 위해서는 무엇인가를 지불하지 않으면 안된다. 여기서 전자를 사용가치라고 하고 후자, 즉 지불되어야 하는 그 무엇을 교환가치라고 한다. 또한 가치는 교환가치의 본질이며, 교환가치는 가치의 현상형태라고 한다. 그리고 가치의 화폐적 표현이 가격이다. 한편 잉여가치란 자본, 즉 자기증식하는 가치의 증식분을 말한다. 다시 말하면 생산활동의 시점에서 투하된 일정액의 가치량이 최종적으로 더 큰 가치량으로 실현될 때, 그 차이가 잉여가치이다. 이러한 잉여가치의 생산은 노동력의 상품화를 전제로 하고 생산과정 또한 상품형태에 의해 완전히 덮어 씌워진 자본주의적 상품생산 경제체제하에서의 특이한 경제현상이다.

25) Lassalle, Ferdinand(1825~1864) : 독일의 사회주의자. 독일의 노동자계급을 자유주의적인 부르주아지의 영향에서 벗어나게 하려 노력했고 1863년 전독일노동자연맹 창설을 주도했다. 그러나 그는 노동자계급에게 혁명적인 방향과 목표를 제시하지 못하고, 비스마르크 및 프러시아의 융커계급과 타협하여 그들의 통일정책('위로부터의' 통일)을 지지하였다. 그는 평화적으로 사회주의가 달성될 수 있다는 주장 - "프러시아 왕국의 국가사회주의" - 을 퍼뜨렸다.

스주의의 지적인 승리, 바쿠닌[26]에 대한 정치적 승리로 도식화될 수 있다. 그러나 이것은 참정권을 확대하는 상황하에서 나타났던 국가행위 중시의 사회주의 전통이(예를 들면, 프랑스에서는 루이 블랑[27]과 독일에서는 라쌀레와 연계되어 있다) 19세기 중반부터 어느 정도로 자신을 형성시켜갔는가를 모호하게 만든다. 이러한 흐름이 이후의 '수정주의'[28]를

---

26) **Bakunin, Michael(1814~1876)** : 프레뮤키노에서 출생. 국제 혁명운동으로서의 무정부주의 창시자. 인터내셔널 초기 주요한 맑스의 반대자였던 그는 유물론적 입장에서 상속권 폐지를 통한 사회경제적 평등을 주장했고, 그것은 절대적으로 자유로운 개인의 연합과 집산을 통해서 이룰 수 있다고 보았다. 그는 빌헬름 바이틀링과 프루동의 영향을 받았고, 1848~1849년 사이에 일어난 몇 차례의 폭동에서 확고부동한 혁명가로서의 명성을 획득했다. 그는 국제적 규모의 사회혁명을 조성하기 노력했고 사회민주주의 국제동맹을 창설했다. 그는 제1차 인터내셔널에서 운동의 중앙집권화를 주장한 맑스에 반대하여 자율적 부분에 기초하는 분권적 구조를 고집하였다. 또한 정치투쟁을 배제한 형태의 노동조합 운동과 파업투쟁을 주장했다(E. H. 카·박순식 역,『반역아 미하일 바쿠닌』, 종로서적, 1989 참조).

27) **Blanc, Louis(1811~1882)** : 스페인에서 프랑스 망명자였던 부친과 스페인계 모친 사이에서 출생. 변호사이자 언론인이기도 한 그는 1839년 프랑스에서 폭동이 실패한 이후 블랑키 등이 투옥되자 파리노동자들을 지도했다. 언론인으로서『올바른 판단』지와『진보』지의 편집을 맡기도 했고,『사회주의자들의 입문서』(1849),『프랑스혁명사』(1847~1862) 등을 저술하기도 했다. 1848년 혁명이 실패로 끝난 후 영국 망명생활을 했고, 1870년 프랑스에 돌아오자 파리꼬뮌에 반대하고 온건한 사회개혁 입장도 포기하며 급진적 사회주의자들과 함께 행동했다. 기본적으로는 온건론자였으며 폭력적 혁명의 효력을 강력히 부정했다. 그가 주장하는 사회주의는 공공소유, 산업에서 노동자에 의한 통제와의 조화 그리고 산업민주주의의 보호자 및 업무에 따른 상이한 능력보다는 인간의 욕구에 상응하는 사회적 생산의 분배에 관한 보호자로서의 민주적인 의회제도 등으로 요약된다. 한편 그는 현대의 민주적 사회주의의 선구자로 간주되기도 한다.

28) **revisionism** : 수정주의라는 개념과 개량주의라는 개념은 본질적 차이를 지닌다. 앞서 얘기한 개량주의란 개념은 이론적이라기보다는 오히려 실천적인 입장을 가리키는데, 이것은 사회질서 내부에 존재하는 제반 문제점들을 이 질서

탄생시키지는 않았다. 이와 비슷하게 제1인터내셔널[29]에서 전개되었던 무정부주의자 바쿠닌과 맑스의 투쟁은 정통 맑스주의자들에게 있어서는, (바쿠닌에 따르면 '우리 모두의 스승'인) 프루동에 연결되고 크로포트킨[30]과 같은 무정부주의적 공산주의자와 노동조합 지상주의자들에 의해 받아들여진 비집산주의적 전통에 대한 지속적인 호소의 증거가 아니라, '과학적 맑스주의'의 역사적 진보로부터의 달갑지 않은 이탈 정도로 받

속에서 해결하고자 시도한다. 따라서 개량주의는 기존 사회의 개량에 스스로를 한정시킨다. 그리고 개량주의 내부에서 맑스에 대해 비판적인 입장을 견지한다. 예를 들면 영국의 페이비언 사회주의 등이 그것이다. 하지만 수정주의는 맑스주의의 기초 위에서 사고한다. 다시 말해 수정주의란 맑스주의의 전제에서 출발하지만, 점차 그 교리의 다양한 요소들에, 특히 자본주의 발전과 사회주의 혁명의 불가피성에 관한 맑스의 예견에 의문을 제기하는 방향으로 나아가는 사상적 조류를 일컫는다. 이의 대표적인 예로는 베른슈타인을 들 수 있다.

29) 제1인터내셔널(1864~1876) : 국제노동자협회(International Working Men's Association). 노동운동이 1848~1849년 사이의 패배를 겪고 난 뒤에 다시 부활되었던 서부 및 중부유럽을 기반으로 조직된 국제적인 노동계급의 동맹. 맑스(1864~1872)와 엥겔스(1870~1872)가 지도부에서 중요한 역할을 담당하였다. 프루동이나 마찌니(Mazzini) 그리고 라쌀레와 그의 추종자들, 영국 노동조합의 자유주의적 지도자들과 협력하기 위해 맑스와 엥겔스는 자신의 입장을 유보하였다. 1871년 파리꼬뮌을 기점으로 그해 9월 런던총회에서 "노동계급의 정당으로의 조직"을 지지하였다. 이것은 1868년 가입한 사회민주주의 국제동맹의 지도자인 무정부주의자 바쿠닌과 그의 지지자들의 반대에 부딪친다. 결국 헤이그 대회에서 바쿠닌은 추방되고 협의회 본부를 런던에서 뉴욕으로 이전할 것을 결정하는데, 런던에 있는 한 프랑스 블랑키주의자들의 세력권 내에 포섭될 수 있다는 두려움과 패배한 바쿠닌주의자들이 그들과 동맹을 맺을 것을 우려했기 때문이었다. 국제노동자협회는 1876년 필라델피아 회의에서 해체되었다.

30) Kropotkin, Peter(1842~1921) : 러시아의 나로드니즘적 무정부주의자. 생물진화에서 생존경쟁을 반대하고 상호부조를 진화의 요인으로 봄으로써 인간의 합의와 연대를 통한 촌락공동체를 기반으로 하는 무정부사회의 건설을 주장했다(하기락 역, 『전원·공장·작업장』, 형설출판사, 1991 참조).

아들여진다. 여기에는 또한 혁명을 한 계급의 운동으로서가 아니라 직업적 혁명가들의 음모적 엘리트 활동으로 본 블랑키[31]의 이름과 연계되어 있는 반란의 전통이 존재한다. 레닌[32]은 이러한 전통을 상기시킨다.

이러한 복잡한 배경과는 달리 유럽 사회주의 내에서는 맑스주의가 우세했다. 이러한 우세는 1870년대부터 사회주의가 주로 유럽 국가들에서

---

31) Blanqui, Louis-Auguste(1805~1881) : 프랑스의 혁명가이자 공상적 공산주의자. 수많은 비밀결사와 폭동을 조직한 그는 1830년과 1848년의 혁명에 적극적으로 가담했다. 프랑스 프롤레타리아 운동의 가장 뛰어난 지도자 중의 한 사람이었고 일생 동안 총 36년을 감옥에서 보내기도 했다. 맑스와 레닌은 블랑키의 혁명에 대한 공헌을 높게 평가했으나, 그의 대중적 노동계급운동에 대한 고립주의와 음모적 전술을 비판했다. 그는 '혁명적 음모가 그룹'에 의한 권력찬탈을 목표했다.

30) Lenin, Vladimr Iliich Ul'ianov(1870~1924): 볼가강 중부의 심비르스크에서 출생. 그의 아버지는 수학과 물리학의 교사였으며 후에 장학관이 되었다. 어머니는 의사의 딸로서 그에게 글과 피아노를 가르쳤다. 그런 레닌에게 17세 되던 해 '인민의 의지파'에 속했던 그의 형 알렉산더가 짜르(알렉사드르 3세)의 암살 계획에 연루되어 처형당한 사건은 그의 생애에서 결정적인 전환점을 가져다주었다. 레닌은 그해 카잔대학 법학부에 입학하였으나 학생운동에 가담하여 퇴학 처분을 받았다. 그 후 아버지가 재직하고 있던 사마라 현에 가서(1889) 맑스주의 연구에 몰두하였다. 어머니의 권유로 페테르부르크 대학의 졸업검정시험에 응시, 우수한 성적으로 합격하고 변호사 자격을 취득하였다(1892). 페테르부르크에 이주하여 맑스주의 집단의 지도자가 되었다.

그는 20세기 맑스주의의 가장 뛰어난 정치지도자이며 이론가로서, 확고하게 조직된 당에 의해 지도되는 계급투쟁의 구심성을 강조함으로써 맑스주의 혁명 이론을 부흥시켰다. 또한 과도기의 프롤레타리아 독재에서 폭력을 통해 확립·유지되는 국제 프롤레타리아 혁명을 예고하는 자본주의의 최고단계로서의 제국주의론을 정립하였다. 1917년 10월혁명에서 그는 볼셰비키 당을 지도하였으며, 세계 최초의 사회주의 국가를 세웠다. 그가 주창한 공산주의 인터내셔널을 통하여 그의 혁명관은 전세계로 퍼졌으며, 오늘날 사회민주주의에 대립되는 공산주의를 규정하는 규준이 되고 있다. 그의 일생에 대해서는 레닌의 아내이자 동료인 크루프스카야가 쓴 전기가 참고할 만하다(김자동 역, 『레닌의 회상』, 일월서각, 1986).

노동자조직의 발전과 함께 이론이자 실천이 됨으로써 더욱 확고해졌다. 맑스주의의 이론적 우월성과 맑스주의가 노동계급의 정치적 행위에 부여한 역할 때문에, 맑스주의는 노동자 정당들의 이데올로기적 지주로 존재했다. 이것이 정확히 1880년대 후반부터 1914년까지의 제2인터내셔널[33] 전체 시기 동안에 맑스주의가 수행했던 역할이나. 뛰어난 사회주의 역사가인 게오르게 리히트하임[34]에 따르면, 맑스주의는 이 당시에 '통합

---

33) 제2인터내셔널(1889~1914, International Congress of Socialists, 국제사회주의자대회) : 1889년 7월 파리에서 열린 '국제노동자회의'에서 설립되었다. 제1인터내셔널 해체 이후 10여 년 동안의 노동운동의 성장, 노동계급 정당의 건설 및 대중적 기반 강화, 맑스주의의 확산이 제2인터내셔널 건설의 유리한 조건으로 작용하였다. 하지만 조직 면에서 볼 때, 제2인터내셔널은 독일사회민주당을 주축으로 한 유럽의 여러 노동조합 등의 방만한 동맹이었으며, 1900년 파리에서 열린 제4차 총회에서 기술적이고 중재적인 역할을 하는 '국제사회주의 사무국'이 설치되었다. 또한 맑스주의가 제2인터내셔널의 지배적인 역할을 하는 사상이었음에도 여전히 다양한 사상적 조류가 혼재되어 있었고, 이는 이후 여러 종류의 이론투쟁의 불씨가 되었다. 그 대표적인 이론투쟁은 무정부주의와의 투쟁, 밀레랑주의와의 논쟁, 베른슈타인의 수정주의와의 논쟁 등이었고, 이러한 논쟁에서 제2인터내셔널의 이론적 지도는 1895년까지는 엥겔스가, 그 이후는 카우츠키와 플레하노프가 뒤를 이었다. 한편 제2인터내셔널의 가장 중요한 이슈는 반전(反戰)문제였는데, 이는 1891년 제2차 총회의 결의문에서 "전쟁을 준비하는 모든 시도에 저항"하는 것을 표방한 이래, 1907년 슈투트가르트 제7차 총회에서는 "전쟁이 발발하는 것을 막기 위한 모든 노력"을 경주할 것을 촉구하는 결의문을 채택했다. 그리고 이러한 입장은 지속되어 1912년 제9차 총회의 <바젤 결의문>에서, 전쟁이 일어나는 경우 혁명적 투쟁을 전개하기로 결의하였다. 이때 제2인터내셔널은 23개국, 27개 정당, 378만 7천 명의 당원을 가지고 있었으며, 이들에게 우호적인 1천만 노동조합원이 있었다. 하지만 제2인터내셔널의 주축이 된 사회주의적 정당의 기회주의적 지도자들을 총회의 결의를 실천할 아무런 행동도 취하지 않았고, 2년 후 제1차 세계대전이 발발하자 자국 정부에 의해서 수행되는 전쟁을 지지하였으며, 이는 곧 제2인터내셔널의 붕괴를 초래하였다.

34) Lichtheim, George(1912~1973) : 독일 베를린 태생. 1933년 히틀러의 집권 후 망명하여 1940년대 이래 영국에서 활동한 저술가. 정규적인 직업을 갖지 않고

40

이데올로기로 작용'했다. 그러나 이러한 통합을 다양한 사회주의 전통이 드디어 단일한 형태로 되었다는 증거라고 간주한다면 이는 잘못 생각한 것이다. 그 시도는 맑스주의가 이러한 기능을 수행하도록 하려는 것이었고, 그것은 실패했다.

통합 이데올로기에 대한 필요는 1880년대 유럽 사회주의를 관찰해온 모든 사람들에게도 자명한 것이었다. 세 가지 주요한 전통이 분명하게 존재했다. 지금은 '사회민주주의'로 조직된 맑시즘이 존재했다. 무정부주의와 무정부적 급진 노동조합주의[35]적 변종도 존재했다. 또한 영국의 페이비언주의에서 가장 명백히 나타나고, 폴 프로우제가 지도하는 프랑스의 '가능주의자들'[36]이 신봉하는 민주적 집산주의의 형태로도 가장 잘 드러난 개량주의도 존재했다. 그래서 제2인터내셔널은 맑스주의자들과

여러 학술지와 잡지의 자유기고가로서 맑시즘에 관한 많은 저작을 썼다. 『맑스주의 : 역사적, 비판적 연구』(1961)는 그 박학함과 깊은 통찰력 그리고 예리한 비판정신으로 인해 높은 평가를 받았다. 그의 맑스주의 해석은 19세기 중엽 맑스, 엥겔스의 사상과 후기 엥겔스 이후의 '수정'된 맑스주의를 구별하고 맑스 자신의 사적유물론과 후기 엥겔스 이후의 이른바 변증법적 유물론이 같지 않다는 점을 강조하는 것으로 특징지어진다(G. 리히트 하임, *Europe in the Twentieth Century*, 1972 ; 유재건 역, 『유럽현대사』, 백산서당, 1982).

35) anarcho-syndicalism : 19세기 말엽에 특히 라틴 국가들(스페인, 이탈리아, 포르투갈 등)에서 나타난 것으로 무정부주의의 변종이다. 이것의 기원은 프랑스에서 노동조합운동에서 뻴르띠에가 무정부주의자들을 조합에 가입시켜, 1895년 이후 조합에서 특수한 성격을 발전시킨 것이다. 이들을 조합, 즉 '생디카'는 노동자계급의 유일한 조직이고, 그것만이 노동자의 이익을 대표할 수 있다고 주장했으며, 노동조합은 단지 노동자계급의 현재의 투쟁조직일 뿐 아니라 자본주의가 전복된 이후의 미래의 생산조직으로 생각했다.

36) Possiblists : 1882년 프랑스 노동자당에서 갈려져 나온 한 분파. 이들은 프롤레타리아트에게서 혁명적인 투쟁수단을 거세하려 한 소부르주아 개량주의적 경향을 지녔는데, 노동자계급의 활동을 자본주의 아래서 '가능한' 범위 안에서 국한해야 한다고 주장했다. 이들은 다른 개량주의 그룹과 함께 프랑스 사회당을 결성하였다.

가능주의자들에 의해, 1889년 파리에서 동시에 개최된 두 개의 경쟁적 대회에서 탄생되었다(후자는 심지어 기차 역에서 지역대표들을 습격당할 것이라고 속여서 자신들의 대회로 데려가기도 했다). 한편 무정부주의자들은 양 대회에 혼란을 조장하는 데 온 힘을 쏟았다. 제2인터내셔널의 추진력은 1875년 고타에서 독일사회주의자들의 통일대회[37]를 개최했고, 그 후 1891년 에르푸르트[38]에서 철저한 맑스주의 강령을 채택했던 독일사회민주당[39]이 되었다. 베벨[40]과 리프크네히트[41]가 이끈 이 독일 정당은

---

37) 1875년 고타대회 : 1875년 5월 23일부터 27일까지 고타에서 열린 라쌀레파와 아이제나흐파의 통합대회. 아이제나흐파는 베벨과 리프크네히트가 이끄는 사회민주노동당을 지칭하는데, 이 조직은 1869년 8월 아이제나흐에서 창설되었으며, 맑스와 엥겔스의 지도로 이 당의 강령은 제1인터내셔널의 원칙과 거의 일치하였다. 그리고 라쌀레파는 전독일노동자연맹을 지칭하는데, 이 조직은 1863년 건설되었다. 이 둘은 통합되어 독일사회주의노동당을 결성했고, 이로써 독일 노동계급 내의 분열은 종식되었다. 하지만 이 통합당의 강령은 기존 인터내셔널의 제원칙으로부터 후퇴하였다 하여 맑스와 엥겔스는 강령 초안에 대해 통렬하게 비판했는데, 이것은 약간의 사소한 수정을 거친 후 그 대회에서 채택되었다.

38) 1891년 에르푸르트 대회 : 반사회주의 법이 철폐됨에 따라 독일사회주의노동자당은 1890년 10월 할레에서 당대회를 개최했는데, 여기서 당명을 독일사회민주당으로 개칭하고, 다음 대회에서 새로운 강령을 작성하기로 결정하였다. 이러한 결정에 따라 1891년 10월 에르푸르트에서 당대회가 열렸고 여기서 카우츠키가 기초한 신강령이 채택되었다(이상돈 역, 『사회민주주의 기초(원제 : 에르푸르트강령에 대한 해설)』, 백의, 1991).

39) 독일사회민주당(SPD) : 1848년 3월혁명 후 노동자의 조직화가 시작되어 1860년대에 이르러 급진적 사회주의 운동이 대두되었다. 그 하나는 라쌀레가 이끄는 전독일노동자연맹이었고, 다른 하나는 베벨, 리프크네히트 등이 이끄는 사회민주노동당이었다. 1874년 총선거에서 양파의 세력은 백중하였고, 양파가 얻은 표는 35만 표로 9석의 의석을 획득하였으나, 정부의 탄압이 강화되어 양파는 전력의 통일을 절감하고 급속히 가까워졌다. 따라서 1875년 5월 고타(Gotha)에서 회동하여 독일사회주의노동당을 결성하였다. 비스마르크는 당초 노동자 회유정책으로 나왔으나 뜻대로 되지 않자 탄압정책으로 전환하여 1878년에 반사회주의법을 공포하였다. 그러나 당은 굴복하지 않고 세력을 증대시

켜 1890년 선거에서는 142만 표, 35명의 의원을 국회로 보냈다. 비스마르크 사임 후 반사회주의법이 폐기되었고, 1890년의 할레(Halle) 대회에서는 당명을 독일사회민주당으로 바꾸었다. 1891년에는 에르푸르트 대회에서 카우츠키가 기초한 강령이 채택되었다. 이 에어푸르트 강령은 고타 강령에서의 라쌀레주의적 요소(임금철칙설, 국가보조에 의한 생산협동조합 등)를 청산하고 맑스주의만을 채택하였다. 에프푸르트 대회 이후 당세는 점차 증강되어갔으나, 반면 독일자본주의의 이례적인 발전과 사회정책이 강화되어 노동자계급의 경제적 지위가 현격히 개선되자 수정주의 운동이 대두하게 되었다. 그 이론적 대변자는 베른슈타인으로 그는 맑스주의의 혁명주의를 블랑키즘으로 비판하고, 당은 일상투쟁에 의한 노동자계급의 생활향상에 전력을 기울여야 한다고 주장하였다. 이런 수정주의에 대해서는 당의 중도파인 카우츠키와 좌파인 룩셈부르크가 맹렬히 공격하였다. 1914년 제1차 세계대전이 발발하자 사민당은 반전정책을 버리고 정부의 전쟁정책을 지지하였다. 1917년에는 당내 좌파가 계급투쟁의 재개와 국제주의를 주창하며 독립사회민주당(USPD)을 만들었으며, 당내 극좌파는 스파르타쿠스단을 결성하였다. 다수파 사회민주당(MSPD)은 보수파 및 군부와 손을 잡고, 스파르타쿠스단이 모체가 된 독일공산당을 진압하고 바이마르 공화국을 만들었다. 그 공화국의 제2대 대통령은 사민당 출신의 에베르트가 되었으며, 군부와 사민당이 바이마르 공화국의 2대 지주였다. 그러나 반대파의 세력도 막강하여 일관성있게 정책수행도 하지 못하고 국민생활의 안정도 기하지 못하다가 나찌스의 대두와 함께 1933년 당은 해산당하였으나 1945년에 재건되었다.

40) Bebel, August(1840~1913) : 맑스주의자. 독일사회민주당 창당을 주도하였고 당의 주요 지도자 중 일 인이었다. 맑스와 엥겔스의 친구이자 제자였던 그는 프러시아의 군국주의에 반대하여 혁명적인 방법으로 독일을 통일시키고자 노력하였다. 또한 1878~1890년 사이에 사회민주당을 이끌고 반사회주의법에 대항하는 비합법투쟁을 전개하였다.

41) Liebknecht, Willelm(1826~1900) : 독일사회민주당의 가장 중요한 지도자 중의 일인. 공산주의자 동맹의 일원으로 1848~1849년 혁명에 참가하였다. 영국으로 이주하여 맑스, 엥겔스와 친구 겸 전우가 된 뒤, 1962년 독일로 귀국하여 제1 인터내셔널에 참가하였고 맑시즘을 전파하였다. 1869년 독일사회민주노동당 창당에 관여하였고 그 기관지인『전진 Vorwarts』의 책임편집자가 되었다. 제국의회의원(1974~1900)이기도 한 그는, 보불전쟁 당시 프러시아의 합병정책에 적극적으로 반대하고 파리꼬뮌을 지지하였고 프러시아의 군국주의론을 단호히 반대하였으며 혁명적 방법으로 독일을 통일시키고자 노력하였다.

자신들의 생각대로 제2인터내셔널을 만들어가기 시작했다.

원래 프랑스와 영국에 위치해 있던 사회주의의 중심점이 결정적으로 동쪽인 독일로 옮겨갔다는 사실은 주목할 만하다. 독일인들은 통합된 당을 만들어냈고, 반사회주의법[42]에 맞서 인상적인 조직과 엄청난 추종 세력을 만들어냈다. 1890년에 이르러 당은 독일 투표인의 대략 5분의 1 에 해당하는 지지를 획득했다. 그 위세는 당지도부와 (1883년에 죽을 때까지) 맑스 및 (1895년까지 살았던) 엥겔스와의 전통적인 연대로 한층 강화되었다. 모든 지역의 사회주의자들이 자신들의 사회민주정당을 건설함으로써 독일인을 본받으려고 노력했다는 것, 그리고 독일인들이 제2 인터내셔널의 추동력이라는 것은 결코 놀라운 일이 아니다. 그들은 무정부주의자들('무정부주의'는 이제 '과학적' 학설로 무장된 훈련된 정당을 믿지 않는 모든 사람들을 묘사하는 요지경 같은 범주가 되었다)에 대한 투쟁을 이끌었고, 무정부주의 사상은 1896년에 마침내 인터내셔널에서 일소[43]되었다.

또한 독일인들은 인터내셔널을 통해 다양한 사회주의 전통들이 여전히 상당한 정도로 존재하는 프랑스에 대해 사회주의의 어떤 통일성을 부여하려 했다. 게드[44]가 이끌고 1879년 '프랑스 노동자당'[45] 이래로 조

---

42) 반(反)사회주의자법 혹은 사회주의자 규제법이라고도 불리는데, 원래 명칭은 "사회 전반의 안정을 저해하는 사회민주주의자들의 위험스러운 책동에 대한 규제법"이다. 이 법은 1878년 독일에서 비스마르크 정부가 노동운동과 사회주의 운동의 탄압을 목적으로 제정한 법으로, 이 법률에 의해 모든 사회민주당 조직, 대중적 노동자 조직, 노동자신문, 잡지는 금지되고, 사회주의 문헌은 몰수되고, 사회민주주의자는 추방되었다. 이 법은 1890년에 점점 강화되는 대중적 노동운동의 압력으로 폐지되었다.

43) 제2인터내셔널 제3차 총회(1893, 쮜리히)에서 무정부주의자들의 전술이 격렬하게 비판된 후 결국 1896년 런던의 제4차 총회에서 정치투쟁에 관한 문제로 축출되었다.

44) Guesde, Jules(1845~1922) : 프랑스의 사회주의 운동 및 제2인터내셔널의 조직자이자 지도자. 맑스 사상 보급과 프랑스사회당을 설립하는 등 사회주의 운동

직되어온 프랑스 맑스주의자들은 자신들이 급진 노동조합주의자들과 가능주의자들(다른 좌파의 독립집단들까지도 포함해서)이라는 두 개의 전선을 갖고 있다는 사실을 알게 되었다. 프랑스 사회주의 내의 이러한 차이들은 계속해서 인터내셔널로 흘러들어갔는데, 그것은 당혹스럽게도 사회주의의 분열을 상기시켜주는 일이었다.

독일 맑스주의자들이 무정부주의자들을 몰아냈던 것처럼, 그들은 드디어 간신히 독일 사회주의자들을 추스릴 수 있었다. 많은 측면에서 최고조에 달했던 1904년 인터내셔널대회[46]에서 변화되는 상황을 고려하여 맑스주의의 정치적 경제적 분석을 조절하려 했던 '수정주의자들'(특히 베른슈타인[47])은 거세게 비판을 받았고, 전통적인 학설이 재확인되었다.

에 공헌했는데, 종파주의적 과오를 범하면서 제1차 세계대전 시기에는 사회배외주의적 입장을 취하여 부르주아지 정부에 입각하였다.

44) Parti Ouvrier Français : 1879년 마르세이유 사회주의자 대회에서 창설. 줄 게드를 중심으로 하는 프랑스 사회주의 그룹은 폴 라파르그를 통해 맑스와 엥겔스에게 당의 강령초안을 기초해주도록 협력을 의뢰했고, 1880년 5월 런던에서 맑스, 엥겔스, 라파르그가 함께 프랑스 노동자당 강령을 기초했다. 이 당은 1882년 게드주의자와 가능주의자로 분열되었는데, 게드주의자는 줄 게드를 추종하는 맑스주의 운동 진영으로서, 가능주의자들과는 달리 프롤레타리아트의 독자적인 혁명정책을 역설하였다. 이들은 1901년 독자적으로 프랑스사회당을 결성했다.

46) 이 대회는 제2인터내셔널 제6차 총회(암스테르담)로 '드레스덴 결의문'(베른슈타인의 수정주의적 이념을 비판하는 독일사회민주당의 결의문)에 국제적 정당성을 부여하는 문제를 놓고 토론을 벌인 끝에 25대 5의 지지를 보내고, 12명은 기권했다. 그러나 대회 이후에도 수정주의자들은 계속 인터내셔널에 남아 있었다.

47)   Bernstein, Eduard(1850~1932) : 베를린에서 출생. 1871년 독일사회민주당에 가입했고, 1880년에 맑스와 엥겔스를 만나 그 영향으로 맑스주의자가 되었다. 이러한 인연으로 후에 엥겔스는 그를 자신의 집필 대행자로 삼았다. 그는 1880년부터 19101년까지 당 기관지 『사회민주주의』를 편집했고, 1899년에는 고전적 수정주의의 주요 논문인 「사회주의의 전제」를 발표했다. 그는 그 글에서 궁핍화 이론과 산업의 집중화, 첨예한 경제위기에 관한 맑스주의의 예견을 공박

그 후 이 입장은 인터내셔널에 가입해 있는 모든 정당들에게 강요되었고, 프랑스 사회주의자들에게도 이러한 토대 위에서 단결해줄 것이 요구되었다. 사회주의적 이상주의자이며, 1914년에 암살될 때까지 프랑스 사회주의의 뛰어난 지도자였던 조레스[48]가 그의 당원들과 함께 그 기원을 상기시키는 이름을 지닌 '새로운 정당'[49]의 창설에 동의했을 때, 프랑스 사회주의자들은 그의 요구를 받아들였다. 그래서 프랑스 사회주의는 형식적으로는 외부와 연계되었고, 이것은 독일 사회민주주의가 유럽 사회주의 내에서 차지하는 지배적 위치를, 그리고 전세계 운동에 조직적 모델과 학설의 기초를 부과할 수 있는 능력을 나타낸다.

하는 한편 폭력적 혁명과 프롤레타리아 독재의 사고방식을 거부하고, 사회민주당에 '사실상의 현상태, 즉 민주적이고 사회주의적인 개량정당으로 보일 것'을 호소했다. 베른슈타인은 그 후의 저서와 강연에서 맑스주의적 관점에 대한 비판의 폭을 넓히고, 윤리적 근거에 기초한 사회주의를 강조하는 신칸트파의 입장을 취했다(피터 게이·김용권 역, 『민주사회주의의 딜레마 : 베른슈타인의 맑스에 대한 도전』, 한울, 1994 참조).

48) Jaures, Jean(1859~1914) : 타른에서 하원의원에 당선된 후 타른 지역 광부들의 대변자로서 오랜 투쟁 끝에 사회주의가 되었다. 그는 공화주의자이며 민주주의자로서 드레퓌스를 보호하기 위해 능동적으로 활동했고, 교회와 국가의 분리운동에 적극 가담했다. 또한 역사가로서의 조레스는 프랑스혁명의 사회적 토대에 대하여 연구했던 개척자의 한 사람으로서 맑스의 사적유물론을 이상에 대한 이해로 보고, 현실을 이 이상이 미친 영향과 결합시키려 노력했다. 그리고 평화에 대한 보루로서의 제2인터내셔널에 대하여 믿음을 갖고 있었던 평화 옹호자였다. 그는 1914년 제1차 세계대전 발발 후 전쟁반대론을 지지하다가 민족주의적 광신자에 의해 파리에서 살해되었다.

49) Section Française de l'Internationale Ouvrière(SFIO) : 이것은 일반적으로 프랑스 통일사회당으로 불린다. 1905년 PSDF(프랑스국 사회당)와 PSF(프랑스사회당)가 통합해서 만든 사회주의 정당이다. 1904년 암스테르담에서 열린 제2인터내셔널 제6차 대회에서 자본주의에 대항하는 노동계급의 투쟁에 전력을 기울이기 위해서는 프롤레타리아 정당이 나뉘어서는 안된다고 결의함에 따라 양당 대표가 귀국 후 통합 준비를 진행했다. 그 결과로 1905년 3월 루앙대회에서 통합조건이 마련되었고, 사회당-노동자 인터내셔널 프랑스 지부가 창설되었다.

또한 이것은 인터내셔널이 부르주아 민족주의와 전쟁에 반대하는 연대감을 표명하고 전세계 프롤레타리아트 형제애를 확인하는 데 기여할 수 있게 해주었다. 유럽 사회주의는 다양한 전통들로부터 단일한 통일을 이루어냈고, 독일 사회민주주의자들을 우대하는 것처럼 보였다. 더구나 이러한 통일은 확고한 이론적·입장에 뿌리박고 있는 것처럼 보였다.

이러한 안정성은 '맑스주의'에 의해 제공되었다. 여기에서 제2인터내셔널 시기 동안, 이 학설의 구현집단[맑스주의자들—역자]이 실행한 역할을 지적하는 데는 따옴표가 필수적이다. 이것은 '맑스주의자'(그리고 그 변종들)라는 말이 원래 맑스 자신이 발전시키고 전개시킨 종파주의적 비방용어('프루동주의',[50] '바쿠닌주의'[51] 등)에 대한 동일한 응답으로, 바쿠닌과 그 추종자들이 '맑스의 정당'에 대해 종파적 비방의 한 형태로 사용했다는 점에서 상기할 만하다. 그러나 점차적으로 그 말은 부정적이고 종파적인 함의를 탈색해가고 더욱 긍정적인 지향을 갖게 되었다. 1867년 출간된 『자본론』 1권은, 맑스가 세계노동자연합(제1인터내셔널)에서 기본 문서를 만드는 데서 수행한 역할만큼이나, 유럽 사회주의 내에서 맑스의 권위를 강화시켰다. 극적이라는 말로 요약될 수 있는 1871년 파리꼬뮌[52]의 혁명적 사건들 또한 사회주의자 모임 밖으로까지

---

50) 프루동주의 : 생산자와 소비자로 이루어진 '상호부조조합'의 확대에 의해 자본주의 체제를 대신할 것을 주장했다. 협동조합에 의해 자본주의의 경제적 기초뿐만 아니라 국가도 일소될 것이며, 미래의 사회는 '자유로운 상호부조조합'으로 운영되며, 이 체제는 '무정부'라고 한다. 이것은 이론적, 실천적으로 계급투쟁을 거부하여 맑스와 엥겔스에 의해 쁘띠부르주아적 견해로 비판되었다.

51) 바쿠닌주의 : 프루동주의를 계승·수정하여 국가를 폭동에 의한 공격으로 파괴해야 한다고 주장했다. 계급 자체는 강조하지 않고, 극빈 주민층에 대해서만 강조했으며, 정치적 개량을 위한 투쟁을 경멸하고, 프롤레타리아 독재를 반대했다. 또한 자연발생성을 이용한 지방분권적 운동을 주장하여 제1인터내셔널을 단지 통신·연락의 중심으로 제한하려 했다.

맑스의 명성이 확대되는 결과를 가져왔다. 그래서 제1인터내셔널과 제2인터내셔널 사이의 기간 동안에 맑스와 엥겔스의 사상은 그들이 창시자로 알려진 '과학적 사회주의'의 기초로 인식되었다. 그들의 저작은 이제 상이한 전통 안에서, 전통 사이에 벌어지는 사회주의 논쟁에 대한 준거점을 제공했다. 바로 이렇게 그들의 저작들은 사회주의라는 개념적 어휘를 재형성했던 것이다.

---

52) Paris Commune : 1871년 3월 11일 수립된 세계 역사상 노동자계급이 이룩한 최초의 혁명에 의해 수립된 노동자계급의 정부를 말한다. 나폴레옹 3세의 제2제정하에서 프랑스의 자본주의는 비약적으로 발전했고, 그 과정에서 빈부격차가 심화되고 사회대립이 현저해졌다. 따라서 노동자의 생활고로 인한 원성이 높아지고, 경제상태가 악화됨에 따라 나폴레옹 3세는 이러한 국내의 모순과 대립을 대외정책으로 해소하려 했고, 그 결과 러시아와 프랑스 사이에 전쟁(1870~1871)이 발발했다. 하지만 이 전쟁에서 프랑스가 패배했고, 전쟁 패배 후 파리 민중이 봉기하여 보나파르트 정권이 무너지고 공화제가 수립되었고, 1871년 2월 8일 선거에 의해 새로운 의회가 구성되었다. 하지만 비록 정치형태가 제정에서 공화정으로 바뀌었음에도 불구하고 의회 구성에서 노동자계급의 공식대표는 극소수에 불과했고, 사회모순이 완화되지 않은 채 부르주아 공화파와 왕당파는 티에르를 수상으로 하는 연립내각을 발족시켰다. 그 후 공화파는 파리 노동자의 봉기를 두려워하여 각 지구의 국민방위군의 대포를 압수하려 했으나. 진압에 나선 정부군은 국민방위군과 화해를 맺어 '국민군 중앙위원회'를 성립시켰다. 이 중앙위원회의 주도로 3월 26일 파리의 꼬뮌평의회 선거가 이루어졌고, 이후의 보궐선거로 92명의 시의원이 선출되어, 파리꼬뮌이 성립되었다. 당시 꼬뮌의 주요 정치강령을 보면, 첫째 상비군 폐지와 이의 국민방위군으로의 대체, 둘째 시의 각 구는 보통선거로 언제든지 소환가능한 꼬뮌의원을 선출, 셋째 꼬뮌은 행정부인 동시에 입법부의 기능을 수행, 넷째 꼬뮌의원을 필두로 임금수준을 노동자들의 임금수준과 비슷하게 조정했다. 이 꼬뮌은 불과 72일의 존속기간 동안 내란의 소용돌이 속에서 활동하다가, 5월 21일 베르사이유 군이 파리에 밀고들어와 일주일간의 '피의 시가전' 끝에 붕괴되었다. 맑스는 꼬뮌이 본질적으로 노동자계급의 정부였으며, 생산계급의 착취계급에 대한 투쟁의 성과이며, 노동에 대한 경제적 해방이 이루어질 최종적으로 발전된 정부형태였다고 분석했다(시바따 미쪼오, 『파리콤뮨』, 지양사, 1983 참조).

이렇듯 확대된 영향력은 독일 사회민주당의 맑스주의적 분파가 통합 이데올로기로서 '맑스주의'를 동원하는 토대를 제공했다. 맑스의 사상이 점차적으로 다양한 유럽 사회주의 학파에 동화되었다고 하는 것은 적절치 못하며, 오히려 체계로서의 맑스주의는 전세계 사회주의 운동의 유일한 학설로 확립되었다고 해야 한다. 그래서 '맑스주의'는 공식적 학설로서의 역할, 즉 (역사가 게오르그 하우프트에 의해) '헤게모니화의 과정'으로 묘사되는 이론적 우월성을 주장할 수 있게 되었다. 이것은 그 과학적 위상과 완전성에 대한 강조를 포함하는 것이다.

맑스주의의 이데올로기적 헤게모니라는 주장에서 주된 표적은 칼 카우츠키[53]였다. 그는 독일 사회민주당의 이론적 수장이며 '맑스주의의 교황'이라고 불리었다. 그는 자신이 (맑스, 라쌀레, 바쿠닌, 프루동, 로드베르투스 등으로부터 일부 요소들을 짜맞춘) '절충적 맑스주의'라고 묘사한 학설에 대항해 맑스주의의 이데올로기적 헤게모니를 구사했다. 맑스주의의 이론적 승리는 그러한 절충주의를 근절하고, 또한 맑스주의자의 정치적 승리를 보장해줄 것이었다. 이러한 과정은 엥겔스에 의해서 고무되었으며, 유물론 철학가 뒤링[54]에 대한 엥겔스의 논쟁(『반듀링론』)[55]

---

53) Kautsky, Karl(1854~1938) : 프라그에서 출생. 1889~1914년 사이에 제2인터내셔널의 지도적인 맑스주의 사상가. 카우츠키는 1875년 오스트리아 사회민주당에 입당했으며, 1880년 쮜리히로 이주하여 베른슈타인과 친구가 되었고, 1885년에 1890년 사이에 런던에 거주하는 동안 엥겔스와 교류하였으며, 엥겔스 사후에는 그의 유언집행자가 되었다. 반사회주의법 폐지 이후 독일로 돌아와 독일사회민주당의 독보적 이론가로서 자리를 굳히고 에르푸르트 강령의 이론 부분을 담당했다. 1909년의 『권력에 이르는 길』은 수정주의자들을 제외하고는 모든 맑스주의자들이 받아들이는 '변절자' 이전의 카우츠키의 마지막 저서로 취급되는데, 이후에 제국주의가 자본주의 발전의 필연적인 결과가 아니라는 이론적 확신에 근거한 제1차 세계대전에 대한 그의 입장과 볼셰비즘에 대한 비판, 프롤레타리아 독재에 대한 반대, 의회민주주의에 대한 지지로 레닌에 의해 '변절자'라는 오명을 쓰게 되었다(레닌·허교진 역, 『프롤레타리아 혁명과 배신자 카우츠키』, 소나무, 1988 참조).

에서 발전된 '변증법적' 유물론[56]은 맑스주의가 하나의 체계로서 승격되는 데 대단히 큰 기여를 했다. 체계로서의 맑스주의는 완성된 프롤레타리아트의 과학이었고, 부르주아 사회제도에서 벗어날 수 있는 사회민주주의적인 정치의 입장에 대한 지적인 배경으로 작용했다.

'맑스주의'가 제2인터내셔널의 이데올로기적 버팀대로서 기능한다는 것은 이러한 맥락에서였다. 이러한 점이 독일 맑스주의자들에 의해 이용되었고, 처음에는 독일 사회민주당 내에서, 그 후에는 전세계적으로 사려깊게 이용되었다. 이것은 사회주의를 하나의 단일한 전통으로 세우고, 완벽한 창시자들에게서 넘겨받은 단일한 과학적 학설에 안전하게 머무르는 데 이용되곤 했다. 다른 전통들은 맑스주의라는 이름과 그들의 추종자들로부터 공격을 받았고, 그에 복종해야만 했다. 그것은 러시아 인민주의[57]로부터 유래하여 플레하노프[58]가 정교하게 형성한 학설과

---

54) Duhring, Eugen(1883~1921) : 독일의 철학자이자 국민경제학자. 그의 '현실철학'은 기계적 유물론, 실증주의, 속류경제학, 사이비 사회주의 등의 견해를 절충주의적으로 모아놓은 것이다.

55) 김민석 역, 『반듀링론』, 새길, 1987.

56) dialectical materialism : 변증법적 유물론은 일반적으로 맑스-레닌주의 철학과 동의어로 알려져 왔다. 이 용어는 1891년 플레하노프에 의해 처음으로 사용되었다. 변증법적 유물론은 두 개의 부르주아 철학, 즉 과학혁명과 계몽주의 시대의 기계론적 유물론과 헤겔의 관념론적 변증법의 결합으로부터 발생했다고 주장된다. 하지만 변증법적 유물론은 이 양자의 단순한 결합을 의미하는 것이 아닌데, 변증법적 유물론에서 유물론은 관념을 물질로 환원시키지 않고 물질의 의식에 대한 선차성 속에서 물질과 의식의 궁극적 동일성을 주장하며, 변증법의 구성요소가 강조하려는 바는 구체적 현실을 무차별적 통일체 속에서의 정적인 실체가 아니고, 차별적이며 특히 모순적인 하나의 통일체로서 이때 대립물의 투쟁은 혁명적인 일관된 진보적 변화의 역사과정 속에서 현실을 발전시킨다는 것이다. 변증법적 유물론의 기본법칙은 세 가지가 있다. 첫째 양질전화의 법칙, 둘째 대립물의 통일과 투쟁의 법칙, 셋째 부정의 부정 법칙이 그것이다.

57) Narodnikism : 이 조류는 1861년 농노해방을 둘러싸고 농노의 인신해방과 봉

같이 멀리 떨어져 있는 전통들에도 연결되었다. 이러한 모든 것은 인상적이었다. 또한 허위였다. 반대되는 전통들은 맑스주의란 과학에 의해 또는 정치적 힘에 의해 포섭되고 정복되었다.

이것은 19세기 후반과 20세기 초반 사회민주주의를 동요시켰던 급진 노동조합주의의 부활에서 분명히 나타난다. 심지어 영국의 베아트리체 웹조차도 1912년의 일기에서 다음과 같이 적고 있다. "급진 노동조합주의는 이미 낡은 맑스주의를 대체해가고 있다. 안색을 붉히고 이마를 찌푸리고 후줄근한 모습을 한 성난 젊은이들이 요즈음은 거의 노동조합주의자들이다. 혀를 쉴새없이 놀리는 입심 좋은 젊은 노동자는 오늘날 독일 사회민주당의 주장들 대신 프랑스 노동조합주의의 주장들을 늘어

건성 타도를 외치면서 발생한 인민주의 운동으로 자본주의를 거치지 않고 사회주의에 이를 것을 주장하면서 러시아 고유의 농촌공동체인 미르를 그 근거로 삼았다. 러시아 인민주의 운동은 A. I. 헤르첸과 N. G. 체르니셰프스키로부터 영감을 받았고, 라브로프, 바쿠닌, 트카초프의 개념으로부터 전략을 배웠으며, 조직적으로 1870년대에 '토지와 자유(Zemlya i Volya)'를 통해, 그리고 1879년에는 이 조직이 둘로 분열된 '인민의 의지(Narodnaya volya)'파와 '흑토 재분할(Chyornyi peredel)'파로 외화되었다. 이 운동은 1890년대 초까지 러시아 혁명운동의 주류를 형성해왔으나, 19세기 말부터 러시아 자본주의의 급속한 발전으로 그 혁명적 기운을 상실하고 자유주의적 색채가 강해졌고, 1902년에는 쁘띠부르주아 정당인 사회혁명당(SR)으로 이어졌다.

58) Plekhanov, Georgii Valentinovich(1856~1918) : 탐보프 지방의 구다로프카에서 출생. 러시아 맑스주의의 아버지로 불림. 당시 러시아의 정치적 테러리즘 노선을 거부하고 도시 노동자들에게 관심을 가진 최초의 인민주의적 선동가. 1883년 제네바에서 노동자해방그룹을 조직하였다. 이 그룹은 맑스주의 출판물의 보급을 통해 19세기 후반기의 러시아 맑스주의의 중심을 이루었다. 그는 러시아의 복잡한 사회경제적 구조의 독특하고 저개발적인 특성을 인식함으로써 러시아에서의 혁명은 필연적으로 2단계로 진행될 것이라고 주장했다. 그는 또한 1895년 『일원론적 역사관의 발전』에서 헤겔과 포이에르바하가 맑스의 성숙한 사고에 끼친 영향을 강조하며, 철학 및 사회사상의 전반적인 발전을 추적하였다. 변증법적 유물론이라는 용어를 최초로 사용하였다(민해철 역, 『맑스주의의 근본문제』, 거름, 1987 참조).

놓는다." 이처럼 '수정주의'에 대한 제2인터내셔널의 비난과 맑스주의 학설의 주장에도 불구하고, 개량주의적 경향들은 사실상 이론적으로나 실천상으로 억제되지 못했다. 수정주의자들은 이론의 수준에서 단일한 '맑스주의', 논쟁의 여지없는 '맑스주의'란 개념을 깨뜨려버렸고, 동시에 정통을 내세우는 정치적 실천은 혁명적 이론과 사회민주주의적 정치의 실제적 행동 사이에 커다란 간극을 만들어놓았다.

제2인터내셔널 시기는 맑스주의의 황금시대로 불린다. 또한 이 시기는 맑스가 단지 '비판적인 유물론적 사회주의'라고 불렀던 그의 이론이 '맑스주의'로 변화하고, 하나의 단일한 사회주의에 대한 완벽한 이론으로서 제시되었던 시기이기도 하다. 그러나 실제로는 다른 이론들, 다양한 사회주의들이 존재했다. 그리고 맑스주의적 사상의 체계화로 보였던 것들이 실제로는 자체의 모순을 낳고 있었다. 이러한 많은 사실들이 1914년부터 계속해서 (달가운 일은 아니었지만) 분명해졌다.

그러나 1914년 이전에조차도 제2인터내셔널이 모든 유용한 여러 사회주의를 포괄하지 못한다는 것, 그리고 맑스주의자가 아니면서도 사회주의자가 될 수 있었다는 것은 분명했다. 현재 유럽에서 대체적으로 대부분의 사회주의자들이 맑스주의자라는 것은 사실임에도 불구하고 그들 중 많은 사람들은 맑스주의라는 용어를 다른 전통들과 공존가능한 방식으로 해석했다. 어쨌든 영국에서는 1880년 이후로 비맑스주의적이며, 전체 유럽 사회주의의 관점과는 상당히 구분되는 사회주의 전통이 발전되었다.

인민헌장주의[59]의 붕괴를 수반한 오랜 전주곡이 흐른 후인 1880년대

---

59) Chartism : 1830년경부터 약 20년간에 걸쳐 전개된 차티스트 운동의 이념. 차티스트운동은 '세계 최초의 광범위한 대중정치적 성격을 띤 노동자계급 운동'으로, 1836년 설립된 「런던노동자협회 General Working-men's Association」에서 작성하여 1838년에 법안으로서 의회에 제출한 「인민헌장 People's Charter」에서 그 명칭이 연유한다. 이 헌장은 노동자계급의 정치적 요구를 담은 것이며, 목

초의 영국에서 사회주의가 재생되었을 때, 확실히 처음에는 맑스주의적 토대를 지닌 독일 모델에 기초한 사회민주당을 확립하려는 시도(힌드만[60]에 의해 지도되는)로서 시작되었다. 영국 산업자본주의의 성숙, 거대하고 점차 증가하고 있는 조직화된 노동계급 그리고 맑스와 엥겔스가 오래 거주했던 사실 등이 이러한 시도의 이유로 자주 거론되어왔다. 그러나 그 시도는 실패했다. 그 주된 이유는 다른 국내적 조류들이 급속히 성장했기 때문이었다. 그래서 윌리엄 모리스는 맑스주의적 사상을 상업자본주의의 '문명'에 대한 러스키니아적 심미적 반항의 전통과 통합시키고자 했다. 다른 (비록 비사회주의적이지만) 반자본주의적인 문학적·문화적 전통들은 자본주의에 더욱 도덕적인 비판을 가하고, 사회주의를 사회 재도덕화의 기획으로 제시하는 윤리적 사회주의로 발전해나갔다.

특히 1893년에 창설된 독립노동당[61]과 연계되고, 케어 하디[62]나 로버

적은 1832년의 개정 선거법으로는 실현될 수 없는 정치적 개혁을 실현하는 것이었다. 주요 항목은 첫째 성인남자 보통선거권 부여, 둘째 의회의 매년 개최, 셋째 선거구의 평등, 넷째 의원에 대한 세비 지급, 다섯째 비밀투표, 여섯째 의원에 대한 재산자격 제한의 폐지였다. 이러한 차티스트 운동은 표면상으로는 보통선거권을 중심으로 한 인민헌장의 실현을 위한 의회개혁이었으나 내용상으로는 노동자계급의 권력장악을 위한 세계 최초의 조직적 운동이었다. 이를 위한 일반적 실행방침은 철저하게 대중적 선동을 행하고 헌장의 제정을 청원하는 수백만 명의 서명을 받아 이 청원을 의회에 제출하여 국민의회를 조직한다는 것이었다. 현재 일반적으로 챠티즘은 이러한 운동방식을 지칭하는 것이다.

60) Hyndman, H. M : 1881년 차티스트 이념을 되살리기 위해 발족한 사회민주연맹(Social Democratic Federation)의 지도자. 제1차 세계대전에 이르기까지 영국의 맑스주의의 주도적 조직체였던 사회민주연맹은 집산주의와 국가사회주의의 경제적 기초 그리고 정치적 조직 채용이라는 견해를 제시하였으나, 공식으로 맑스주의를 표방하지는 않았다. 그는 『자본론』을 읽은 후 맑스사상을 널리 알리기 위해, '만인을 위한 영국(England for All)'에서 활동했다.

61) The Independent Labour Party : 부르주아 정당들로부터 독립하기 위한 영국 노

트 블래취포드와 같은 독립노동당의 주요 지도자들이 표명한 윤리적 사회주의는 영국 사회주의 이데올로기의 지배적인 요소가 되었다. 윤리적 사회주의는 비록 본질적으로 사회주의란 도덕적(이것은 맑스주의의 계급이론에 대한 반대를 포함하지는 않는다)이라 생각하고 있지만, '과학적' 사회주의의 중요성을 기꺼이 인정한다는 의미에서 반맑스주의가 아니라 비맑스주의라고 볼 수 있다.

윤리적 사회주의는 목적이 아닌 수단이라는 측면에서 보면 개량주의적이었다. 그러나 영국의 주요 개량적 사회주의 학파는 1884년에 페이비언협회를 창설하고 점진적인 집산주의적 학설을 갖춘 소규모 그룹의 사상가들과 저술가들(이들 중 시드니 웹과 버나드 쇼[63]가 저명한 인물이다)의 산물인 페이비언주의 Fabianism이다. 그 학설은 1889년에 유명한 편집물인 『페이비안 논문집 Fabian Essays』에서 처음으로 세상에 선보였

동계급의 적극적 파업투쟁과 그 상승기류 속에서, 1893년 '새로운 노동조합'의 지도자들에 의해 결성된 개량주의 조직. 독립노동당의 구성원은 페이비안적 관점을 고수하는 지식인과 쁘띠부르주아지들뿐만 아니라 '새로운 노동조합주의자들'과 옛 노동조합의 성원들로 이루어져 있다. 이 당의 지도자는 제임스 케어 하디(James Keir Hardie)와 렘세이 맥도날드(Ramsay MacDonald)였다. 결성된 그날부터 이 당은 의회적 투쟁형태와 자유당과의 의회 내 거래에 주된 관심을 쏟으면서 부르주아적 개량주의의 입장을 취했다. 제국주의 전쟁이 발발하자 독립노동당은 전쟁에 반대하는 성명서를 발표했으나 얼마 후 곧 사회배외주의적 입장을 채택했다.

62) Hardie, Keir(1856~1915) : 1887~1895년 노동조합총평의회에서 에이셔 광부 대의원. 1892~1895, 1906~1915 하원의원. 1893~1898, 1914년 독립노동당 의장. 전형적인 노동자 출신의 노동운동가. 1893년 독립노동당 창설에 참여하였고 혁명과 계급대립 이념을 피하고, 사회주의로의 더 윤리적이며 비국교도적인 접근을 구현하였다.

63) Shaw, Bernard(1856~1950) : 아일랜드 연극작가. 사회주의적 페이비언협의회 공동 창설자. 유창하고 위트 있는 연출자이자 팜플렛 저술가. 동시대의 영국 드라마를 좀더 기교적이고, 좀더 경건한 수준으로 끌어올렸다. 그는 당시의 지적이고 도덕적 쟁점인 사회주의, 영국계급제도 등에 많은 관심을 보였다.

다. 페이비언주의는 특히 실증주의[64]와 공리주의[65]라는 19세기의 교의들로부터 지적인 요소들을 선별해냈고, 또한 진보적인 급진주의 정치학으로부터 형성되었다.

페이비언주의는 맑스적 경제분석의 기초에 도전하고 자본주의적 착취의 본질에 대해 자신들이 더욱 우수한 학설을 발전시켰다고 주장한다는 의미에서, 그리고 영국적인 상황에 전적으로 부적합한 혁명적 계급행위라는 맑스주의 전략을 거부했다는 의미에서, 비맑스주의였을 뿐만 아니라 반맑스주의였다. 페이비언주의는 집산주의를 목표로 중앙과 지방에서 동시에 점차적으로 국가를 획득해가고자 하는 (쇼의 문구대로 하면) '단호한 헌정주의'라는 전략을 제시했다.

이 전략은 이러한 과정이 이미 잘 진행되고 있으며, 개인주의의 힘 또한 작동하고 있다는 것을 보여주는 역사적 분석에 의해 지지를 받았다. 그래서 비록 베른슈타인이 런던에 유배되어 있을 동안에 그의 수정주의의 발전에 일부 영향을 행사했을지라도, 1914년 이전에 이미 유럽 사회주의의 주요한 흐름과 배치되는 개량주의적 전통이 존재했음을 나

---

64) Positivism : 실증주의 혹은 '실증철학'의 창시자는 오귀스트 꽁트(Auguste Comte, 1798~1857). 꽁트의 주요한 지적, 정치적 연구과제는 자연과학방법론을 사회과학, 즉 과학적 '사회학'에 확장하여 적용하는 문제에 관한 것이었다. 꽁트에 의하면 심리학적, 체계적 이유 때문에 인간과학이 '실증적' 또는 과학적 단계로 나아가는 변화가 지연되어왔지만 이제 인간과학이 경험과학의 규율 하에 지배될 때, 지적 혼란은 중단되고 바로 그 지적 일치로부터 새로운 제도적 질서는 안정성을 확보한다는 것이다. 이는 비엔나 학파의 더 강건하고 체계적인 '논리적 실증주의' 또는 '논리적 경험주의'로 이어졌고, 20세기의 가장 영향력있는 과학철학이 되었다. 그리고 맑스주의 내에서도 과학으로서의 사적유물론의 철학적 개념과 이러한 과학과 혁명적인 정치적 실천 사이의 통일에 대한 옹호는 실증주의적 맑스주의와 신실증주의적 맑스주의를 생성시켰다.

65) Utilitarianism : 유용성의 관점에 선 윤리설, 특히 윤리적 행위의 목적이 최대 다수의 행복에 기여하고 그럼으로써 '유용'하게 되는 데 있다고 본 벤담과 밀의 윤리설을 말한다.

타낸다. 로자 룩셈부르크에 따르면, (베른슈타인의 『진화적 사회주의』[66]는 사회주의적 개량주의의 고전적 저서가 되었다) 베른슈타인은 "영국에서 획득한 친교관계를 기초로 이론을 만들어냈고, 영국이라는 안경을 통해서 세계를 보았다."

영국 예외주의는 1914년에 끝났지만 그러한 것은 그외에도 많이 존재했다. 제2인터내셔널의 붕괴는 하나의 혹은 여러 환상의 종말이었다. 독일, 프랑스, 오스트리아 사회주의자[67]들이 1914년에 요청된 애국심에 호응하여 전쟁공채에 찬성표를 던졌을 때, 이러한 행위는 인터내셔널을 붕괴시켰을 뿐만 아니라 전세계적인 프롤레타리아트의 연대라는 환상 또한 무너뜨렸다. 그것은 부르주아 국가의 제도 외부에 존재하는 독자적인 힘이라는 사회민주주의의 환상을 깨버렸다. 또한 전세계적으로나 이론적으로 단일한 사회주의가 망상임을 폭로했다. 그것은 맑스주의 이론과 사회민주주의적 실천 사이의 심연을 드러냈다. 아마도 무엇보다도 이는 사회주의 역사의 한 시대를 끝냈을 뿐만 아니라 모든 사회주의 전통이 근본적으로 변화하는 새로운 한 시대를 열어젖혔다.

제2인터내셔널의 역사가인 제임스 졸의 말에 의하면 "사회주의 세계

---

66) 하기락 역, 『마르크스주의의 수정』, 형설출판사, 1991(역자가 제목을 '수정'함).

67) Austro - Marxism : 오스트리아 맑스주의는 비엔나 청년 맑스주의자를 중심으로 한 칸트주의적 맑스주의의 일파로서, 19세기 말부터 1934년까지 비엔나에서 활약했던 맑스주의 학파에 붙여진 이름이다. 주요 구성원은 막스 아들러 (Max Adler), 오토 바우어, 루돌프 힐퍼딩, 칼 렌너(Karl Renner)였다. 이들은 맑스주의를 '하나의 사회학적 지식체계… 사회생활의 법칙과 그것의 인과적인 발전에 대한 과학'으로 간주했고, 사회에 대한 맑스이론의 근본적 개념은 '사회화된 인간성' 혹은 '사회적 결합'으로서 이해했다. 그리고 '맑스에 있어서의 칸트' 즉 맑스는 원래 칸트적인 것으로서 칸트적 인식비판을 경험적으로 적용한 것이라고 주장하기도 하였다. 이들은 베른슈타인의 수정주의, 카우츠키의 '정통' 맑스주의와 대립을 보였고, 일반적으로 개량주의와 혁명주의의 중간적 입장으로 분류된다.

는 1914년 이후에는 결코 같은 것으로 남아 있을 수는 없었다." 콜라코프스키[68]는 그 핵심을 더 한층 상세하게 말한다. "우리는 1914년 여름에 그 영향이 여전히 우리 곁에 남아 있는, 그 최후의 결과물은 예측할 수 없는 과정이 시작되는 것을 지켜보았다."

사회주의 용어를 빌린다면 전쟁은 사회주의 인터내셔널의 붕괴와 함께 시작되었고, 러시아 볼셰비키 혁명[69]과 함께 끝났다. "기회주의에 압도되어 제2인터내셔널은 소멸되었다. 기회주의를 타도하자! 제3인터내셔널[70] 만세!" 1914년의 사건에 대한 레닌의 대응은 사회주의 내부에서

---

68) Kolakowski(1927~) : 폴란드 태생. 1946년 폴란드 공산당 입당. 스피노자에 관한 철학사 저술로 명성을 얻기도 하였으나 1966년 당에서 제명되었고 그 후 폴란드를 떠났다. 맑스주의와 관련하여 수정주의자이자 포스트-맑스주의자로 분류된다. 그는 맑스주의적 인식론과 유토피아 그리고 윤리학에 대하여 수정을 가하였다(이상환 외 역, 『콜라코프스키의 마르크스부의 I 』, 한겨레, 1989참조).

69) 볼셰비키 혁명은 레닌을 지도자로 한 러시아사회민주노동당(볼셰비키)의 지도 아래 러시아의 노동자계급이 빈농과 동맹하여 1917년에 수행한 역사상 최초로 승리한 프롤레타리아 혁명이다. 이는 '붉은 10월혁명'으로도 불린다.

70) Comintern ; Communist International(1919~1943) : 제1차 세계대전으로 제2인터내셔널의 주요한 당이 자국정부를 옹호하는 사회배외주의적 입장으로 옮겨간 가운데, 제1차 세계대전을 제국주의 전쟁으로 규정하고 이를 내란으로 전화할 방침을 내건 '러시아 사회민주노동당(볼셰비키)'과 각국 사회민주당의 좌파들은 짐머발트(1915)와 키엔탈(1916)에서 두 번의 회의를 갖고, 1919년 모스크바에서 새로운 혁명적 프롤레타리아트의 국제조직으로서 제2인터내셔널을 대신할 제3인터내셔널을 창립하였다. 여기에는 30개국의 대표 51명이 참가했는데, 유럽뿐만 아니라 중국, 조선, 터키, 페르시아 등도 참가했다. 이러한 제3인터내셔널은 제7차 대회(1934)에 이르기까지 명실상부하게 세계공산주의운동의 구심체였으나, 이후 점차 국제공산주의운동에서 각국의 공산당과 노동자계급의 창조적 활동이 강조됨에 따라, 코민테른 중앙부로부터 각국 지부에 대한 지도와 원조는 급속히 형식화되었다. 1943년 5월 15일 코민테른 집행위원회는 조직의 해산을 결정했는데, 그 주된 이유는 각국의 혁명운동이 이미 성숙한 지도력을 가져 모스크바로부터의 중앙집권적인 지도가 무의미하다는 것이었으며, 또한 제2차 세계대전중 연합국에 대한 신의를 지킨다는 명목이었다. 하지만 이

의 공식적 분열, 그 이후의 역사를 지배해온 분열의 시작을 나타낸다. 레닌은 1914년 이전의 사회민주주의 전통이 타락했다는 것이 드러났다는 주장을 통해 의도적으로 분열을 꾀했다. 1914년 이전의 사회민주주의는 맑스주의를 설파했지만 개량주의를 실천했다. 그들은 부르주아 사회로부터 떨어져 나와 곧추서 있다고 주장해왔지만, 시험의 순간이 다가왔을 때 그 사회에 자신의 운명을 맡겨버렸다. 물론 레닌은 이러한 모든 점에서 옳았으며, 더욱 중요한 것은 그가 퍼부은 비난으로부터 이끌어낸 결론이다. 설득력있게 제시된 합리적인 결론은 이론을 실천의 방향으로 수정해갈 필요가 있다는 것이었다.

그러나 러시아에서 혁명을 위해 볼셰비키를 조직해낸 레닌의 입장에서는 이것 자체는 권장할 만한 일이 아니었던 것 같다. 대신 그는 볼셰비즘[71]을 맑스주의 이론과 실천을 통합하고, 개량주의를 거부하고 전세계적 계급투쟁에 헌신하는 모든 사회주의 분자에게 통일점을 제공하는, 새로운 진정한 혁명적 전통의 중심으로 만들고자 했다.

러시아에서의 볼셰비키들의 승리로 말미암아 이러한 레닌의 사상은 교의에서 조직된 기획으로 변화되었다. 이 기획은 모든 곳에 존재하는 여러 종류의 사회주의자들을 분리시키고, 다양한 사회주의 전통들을 두

미 제6차 대회(1928) 이래 코민테른의 국제계급노선이 소련의 국가정책에 종속된 것이 역사적 배경이었으며, 세계공산당이라는 구상은 직접혁명기에는 그 근거가 있었지만 적어도 1923년 독일혁명의 실패 이래로 극도의 중앙집권적 조직에 의한 각국 지부에의 개입은 각양각색의 혁명적 민족당의 성장에 마이너스로 작용했고, 이에 근본적인 변혁이 요구되었던 것이다. 코민테른의 역사에 대해서는 던컨 핼더스·오현수 역, 『우리가 알아야 할 코민테른 역사』, 책갈피, 1994 참조. 코민테른에 대해 심층적으로 이해하기 위해서는 김성윤 엮음, 『코민테른 자료선집 1·2·3』, 동녘, 1989 참.조

71) Bolshevism : 볼셰비즘이란 말은 레닌주의와 동의어로 자주 사용되기도 하지만, 레닌주의가 사회주의 혁명의 이론적 분석(이론과 실천)임에 비해서, 볼셰비즘은 맑스주의적 사회주의 혁명을 위한 활동이나 운동을 의미한다.

개의 적대적 진영으로 압축시키는 것이었다. 맑스주의라는 주요한 사회주의 전통은 한 세대 이상이나 사회주의 사상의 생동하는 원천으로서, 봉인이 뜯겨진 고귀한 성궤로서, 한 정권의 공식적 이데올로기로 전유되었다. 제2인터내셔널 시기 동안 맑스주의는 이론적 수준에서 행해지는 논쟁을 통해 자신을 유지해왔기 때문에 최소한 이단에 대해 강제적 힘을 갖지 않는 열려진 교의로서 기능했다.

그러나 이제 맑스주의는 자신의 시각을 전체주의적 국가기제의 명령을 통해 유지하려고 하는 공식적 대변인을 지닌 닫혀진 교의가 되어버렸다. 유럽에서 일부 사회주의자들, 특히 오스트로-맑스주의는 레닌주의로부터 독립적인 맑스주의적 입장을 유지하려고 노력했지만, 적대적인 정치적 환경 속에서 소수의 기획으로만 존재했다. 맑스주의는 이제 맑스-레닌주의가 되어버렸고, 그 용어를 하이픈으로 연결시키는 것에 대해서 어느 누구도 감히 문제를 제기하지 못하였다.

용어를 다르게 사용한 것을 보아도 1914년 이후 10년 동안 벌어졌던 사회주의 내의 분열을 잘 알 수 있다. 레닌의 당은 권력을 잡은 후인 1918년에 '공산주의'라는 명칭을 채택함으로써 '사회민주주의'에 대한 거부감을 드러냈다. 같은 해에 러시아 사회민주주의노동당(볼세비키)은 소비에트공산당[72]으로 이름을 바꿨다. 이것은 맑스주의 용어에 있어서 하나의 새로운 역사적인 계보의 형성과 제2인터내셔널 사회민주주의와의 차별성을 주장하는 것이다.

1920년에 채택되어 새로운 공산주의 (제3의) 인터내셔널의 정당 가입을 좌우했던 유명한 21개조 중의 하나는, 이 점을 엄격하고 분명히 했

---

72) The Communist Party of Soviet Union(CPSU() : 1898년 러시아 사회민주노동당으로 결성됨. 1903년 제2차 당대회에서 볼세비키와 멘세비키로 분열. 1918년의 제7차 당대회에서 볼세비키에 의해 러시아 공산당으로 재발족. 1925년 제14차 당대회에서 전연방 공산당으로 개칭. 1952년의 제19차 당대회에서 소연방 공산당으로 바꾸었다.

다. 가입정당들은 '공산주의자'라는 명칭을 채택해야만 했고, 이것은 부차적인 사안이 아니라 '커다란 중요성을 가진 정치적인 사안'이었다. 또한 "공산주의 인터내셔널은 전체 부르주아 세계와 모든 황색 사회민주주의정당에 대해 결연한 전쟁을 선언한다. 모든 각급 노동자는 분명하게 공산주의 정당들과 노동계급의 대의를 배반한 구래의 공식적인 '사회민주적' 또는 '사회주의적' 정당들과의 차이를 이해해야 한다."라고 문서에 규정되어 있다.

1914년과 1924년 사이에 일어난 사건의 그 의미가 너무도 엄청난 것이어서 과장하는 것 자체가 불가능할 정도이다. 물론 약간의 예외와 다른 목소리가 있기는 하지만 1914년 이전 시기에 사회주의 세계는 최소한 조직적이고 이론적인 통일성을 가지고 있었다. 그러나 1914년 이후 10년 동안에 이러한 통일성은 두 경쟁적 진영 사이의 조직적이고 교의적인 투쟁으로 전환되었다. 공산주의 정당들은 전세계에 걸쳐서 비공산주의적인 사회주의정당들과 전쟁을 수행하고 있는 모스크바 제3인터내셔널의 허가를 받아야 했다.

이에 대응해 재건된 1923년의 사회주의 인터내셔널[73]은 당시까지 벌어졌던 분열의 영속적인 본성을 인정한 것이었다. 사회주의는 서로 유

---

73) 1923년 SI 재건. 1923년 5월 독일 함부르크에서 결성된 두 개의 사회민주주의 인터내셔널의 합동체. 하나는 1919년 2월 베른에서 제2차 인터내셔널을 구성했던 영국 노동당, 독일 다수파 민주당 등 26개국 조직의 대표들이 '사회주의 국제회의'를 결성하기로 합의하고 다음해 제네바에서 제2차 인터내셔널 부활 제1차 대회를 열고 조직된 베른파(Bern International)이고, 다른 하나는 전술한 2.5인터내셔널이다. 정식 명칭은 '사회주의 노동자 인터내셔널'이다. 이 조직은 제국주의 전쟁에 협력하고 사회주의 혁명을 저지하다가 1940년 독일군의 프랑스 점령 이후 활동을 정지하고 소멸되었다. 하지만 이 흐름은 제2차 세계대전 후 1946년의 '사회주의 정보국', 1947년 '국제사회주의자회의(COMISCO)'에 이은 1951년에 현존하는 '사회주의 인터내셔널'로 이어졌으나, 이는 세계에 퍼져 있는 사회당 및 사회민주당의 느슨해진 연합으로 런던에 본부를 두고 있다.

일한 사회주의 헤게모니를 주장하는 공산주의와 사회민주주의로 양극화되었다. 그러나 만약 단일한 사회주의 전통을 창출하려는 1914년 이전의 시도가 실패했다면, 그에 뒤이어 사회주의 전통이 공식적 공산주의와 공식적 사회민주주의라는 두 개의 조직된 진영으로 나누어진 것 역시 당연한 것이었다. 따라서 권위주의적인 공산주의와 부분적으로 공산주의의 도전에 대응하여 개량주의 쪽으로 더 나아간 사회민주주의 모두에 냉담한 전통에 의해 뒷받침을 받은 독립적인 좌파로서는 다른 여지가 없었기 때문이다.

1920년대에 어느 쪽과도 제휴하지 않았던 사회주의자들의 선별적 집단이 의회주의와 볼셰비즘 사이에서 사회주의적 '중심'을 조직하려던 간단한 시도[소위 '제2반(半)인터내셔널[74]]는 실패했다. 경쟁적 집단들로 조직될 수 있는 단 두 개의 사회주의 전통만 존재해왔으며, 그러한 상황이 오랫동안 지속될 것처럼 보였기 때문만은 아니다. 이것은 우연히도 당시가 파시즘[75]이 그 사악한 전진을 계속할 수 있던 시기였기 때문

---

74) 2.5인터내셔널(International Working Union of Socialist Parties, 사회당 국제노동동맹, '비엔나 동맹') : 1921년 독일 독립사회민주당(USPD)의 잔당과 오스트리아 사회민주당(SPO), 영국 독립노동당, 프랑스 사회민주당을 포함한 10여 개국의 좌익사회주의자들이 비엔나에 모여서 결성하였다. 이들의 명칭은 그들의 정치적 입장이 부활한 제2차 인터내셔널과 제3차 인터내셔널의 중간이라는 의미에서 '2.5(半)인터내셔널'이라 불리게 되었다. 우로는 베른 인터내셔널의 노골적 반동적 행동에는 거리를 두고, 좌로는 코민테른의 혁명적 행동에서 배제되어 있어서 중간노선을 취하는 것으로 보인다. 하지만 1923년 5월에 함부르크 총회에서 부활된 제2인터내셔널에 합류하여 '사회주의 노동자 인터내셔널(Socialist and Labour International ; SLI)'을 결성하였다.

75) Fascism : 파시즘은 일반적으로 독점자본주의 단계에서 경제적 위기와 노동자계급을 비롯한 피지배계급 운동의 활성화에 대응하여 나타나는 독점자본의 반동적 테러독재체제로, "의회민주주의라는 형태와는 엄격히 구분되는 또 하나의 자본주의 국가형태"를 지칭한다. 역사적으로는 제1차 세계대전 종결 이후 1920~1930년대 자본주의 역사상 최초였던 세계적 규모의 경제적 위기를 배경으로 나타났던 이탈리아의 '국민 파시스트 당', 독일의 '나치 당'으로 대표되는

이다.

이렇게 간략하게 묘사해서는 여태까지 파악해온 발전의 의미를 충분히 설명할 수 없다. 또한 사회주의의 지형학이라 불릴 수 있는 곳에서 근본적인 변화가 발생했으며, 이것은 상당한 함의를 지니고 있다. 사회주의적 중심은 19세기 동안에 영국·프랑스에서 독일로, 즉 동쪽으로 이동해갔으며, 러시아에서 행해졌던 볼셰비키의 권력장악과 함께 그 중심점이 20세기 초에도 여전히 동쪽으로 더 이동했다.

이러한 지리적 이동은 1914년 이전의 많은 주도적인 가정(假定)과의 단절을 나타내는 것이기도 하다. 이 가정들은 경제적이고, 사회적이고, 문화적인 것들이다. 이것들의 복합적 의미는 발달된 계급구조와 성숙한 자본주의 경제를 갖춘 나라들에서는 사회주의가 자본주의를 대체할 것이라는 것과, 사회주의는 그러한 사회들의 민주적이고 문화적인 자산을 물려받고 확장시킨다는 것이다. 볼셰비즘의 성공은 이러한 모든 가정들에 도전한다. 이것이 바로 맑스주의 학설에 의해 발생했던 것을 적용하기 위해서, 또한 맑스주의 학설을 산업자본주의의 심장지대를 포함하는 세계혁명에 대한 전반적인 강령과 통합시키기 위해서 왜 그렇게 많은 이론적 독창성이 수용되어야 했느냐를 설명해준다. 그러한 강령의 붕괴는 여전히 국내와 전세계 정책의 변화하는 요구에 발맞추기 위한 시도에 있어 더 많은 학설상의 독창성을 요구하고 있다.

그러나 변화된 사회주의의 지형은 단지 공산주의 전통에 대한 문제만을 제기하지는 않는다. 비공산주의적이고 사회민주주의적이며 민주사회주의적인 전통들은 이제 사회주의가 더이상 단순한 이론적·조직적인 기획이 아니라 실존하는 정권의 자체 표현인 세계 내에서 존재하고 있다. 더구나 이 정권은 공적 소유에 의한 사적 소유의 대체는 별도로 하더라도 적극적인 의미에서 사회주의적 기획의 본질적 부분으로 항상

파시스트 세력을 지칭한다(서동만 편역, 『파시즘 연구』, 거름, 1991 참조).

약속되어왔던 민주적 권리와 개인의 자유라는 원칙을 단순히 결여하고 있는 것이 아니라 이를 훼손시키고 있다.

그래서 1917년부터 사회민주주의 및 민주사회주의자들은 '실제로 존재하는 사회주의'가 사회주의와는 다른 어떤 것을 의미하는 조건 속에서 사회주의에 대한 자신들의 관점을 추구해왔다. 이것은 유럽과 그 외부에까지 사회주의의 운명에 매우 심각하게 해로운 영향을 미쳐왔으며, 지지 획득을 위한 선거전에서 사회주의의 적대자들에게 엄청난 공격거리가 되어왔다. 이러한 의미에서 아이작 도이처[76]가 말했듯이 러시아혁명은 "서구에서는 혁명의 방해물로 작용해왔다"고 할 수 있다.

또한 사회주의 지형에서 이보다 더 심한 변화가 일어났다. 만약 공산주의가 사회주의의 중심점을 동쪽으로 끌어왔다면, 그 반대되는 힘은 서유럽과 북유럽, 특히 영국과 스칸디나비아에 존재해온 사회민주주의 전통에 의해 작용했다. 그래서 1914년 이전 시기 동안 유럽 사회주의의 주요한 흐름 외부에 존재했던 영국은 1920년대부터 비공산주의적인 사회주의 전통의 지도부가 되었다.

다른 한편 무정부주의 전통은 남유럽 특히 스페인에서 가까스로 존재해왔다. 이러한 지형적 분열의 배후에는, 하나의 거대한 문제 또는 한 묶음의 관련된 문제들이 가리워져 있다. 단일한 사회주의라는 생각은

---

76) Deutscher, Issac(1907~1967) : 크라자노프에서 출생. 1927년에 바르샤바에서 불법화된 폴란드 공산당에 가입하였다. 1932년 사회민주주의에 대한 위협보다 노동계급에게 더 큰 위협은 없다고 한 당노선에 반대하여 출당조치를 당하였다. 그 후 『이코노미스트』, 『옵저버』와 같은 잡지의 기고자로서 평론이나 책을 집필하였다. 스탈린과 스탈린주의에 대해 일관성 있고 신랄한 비평가이었지만, 스탈린이 추진한 '위로부터의 혁명'으로 이룩된 것에 대한 긍정적 평가를 자신의 비판과 결합시키기도 하였다. 그의 저서의 주된 주제는 소련에서 새로운 노동계급이 출현하고 있으며 소련은 머지 않아 1917년 10월에 시작된 '미완의 혁명'에 대한 약속을 수행할 것이라는 것이었다. 트로츠키에 대한 전기를 저술한 바 있다(신홍범 역, 『트로츠키』, 두레, 1985).

역사적으로나 이론적으로 결함이 있을 뿐만 아니라 문화적으로도 부적당했다. 우리는 많은 경험들을 통해, 보편적인 사회주의가 아니라 다양한 종류의 사회만큼이나 다양한 종류의 사회주의가 존재할 수 있다는 것을 알 수 있다.

러시아는 성숙한 자본주의 경제, 거대한 노동계급, 발전된 정치제도가 없이도 전략과 지배의 형태로 정의되는 사회주의가 존재할 수 있음을 보여주었다. 마찬가지로 안정적인 자본주의적 민주주의 국가인 서유럽 나라들에 존재하는 사회민주주의의 힘은 다른 형태의 사회주의 또한 특별한 문화적 기초를 필요로 한다는 것을 제시하고 있는 듯하다. 물론 그러한 사고방식에 대한 반응은 일부의 다른 형태를 지닌 사회주의의 정당성을 부정하는 방식으로 나타났다. 그래서 일부 사회주의자들은 소련이 결코 ‘진정한’ 사회주의 국가가 아니라고 생각한다.

또한 다른 사회주의자들(때로는 동일한 사람들)에게 사회민주주의 정당들도 역시 결코 ‘진정한’ 사회주의가 아니었다. 일부 사회주의자들의 편에서는 똑같은 어려움에 대한 또다른 반응으로 비록 분명한 차이가 있음에도 불구하고 모든 사회주의자들이 근본적인 의미에서는 동일한 측면이 있기 때문에, 스스로를 사회주의자로 얘기하는 모든 정당들과 정권의 정당성은 인정해야 한다는 것이었다. 비록 매우 상이한 반응이지만 양자는 단일한 사회주의라는 관점에 대해 공통의 애착을 공유하고 있다. 즉 그들은 무엇이 사회주의를 구성하고 있는가하는 점에 있어서는(그 문제에 종파적 또는 카톨릭적 관점을 취하는 등) 서로 다른 반면에, 단일한 사회주의라고 하는 어떤 것이 존재한다는 점에는 동의한다.

이러한 주장에 도전하기 위해서는 모든 비판적 판단을 중지하고 무력한 일종의 상대주의로 빠져들어갈 것이 아니라, 상이한 여러 종류의 사회에 대응하는 상이한 여러 종류의 사회주의가 분명히 존재한다는 증거에 기초해서 주장해야 한다. 이 점은 학설의 수준에서 1914년 이전에는 분명했었다. 또한 1917년 이후로는 광범위하게 그리고 실천적으로 증명되어왔다.

심지어 1914년 이전에도 오스트로-맑스주의자인 오토 바우어[77]는 상이한 민족적·문화적 환경을 반영하는 다양한 사회주의라는 관점에서 사고해야 할 필요성을 주장했다. 당연하게 사회주의의 민족적 차원은 다민족적인 오스트로-헝가리 제국에 있는 사회주의자들에게만 흥미를 주는 문제는 아니다. 오히려 "각 민족의 문화적 특성은 각 민족의 사회주의를 낙인찍는다"는 바우어의 주장이 일반적으로 적용될 수 있다. 바우어가 지적하고자 했던 함의 중의 하나는, 상이한 민족적 전통들에 따라 자신들의 방식으로 고유한 사회주의를 추구하는 것이 허용되어야 한다는 것이다. 원래 '민족문제'에 대해 맑스주의 내부에서 1914년 이전의 논쟁에 기여하도록 의도됐던 주장은 그 이후에 더욱 긴급한 실천적인 의미를 갖게 되었다.

새로운 소비에트 국가는 그 자체의 민족성에 억압적 처방을 함으로써 민족자율성에 대한 레닌의 이론적 논의가 어떠한 것이었나를 드러냈다. 마찬가지로 공산주의 제3인터내셔널(코민테른)은 자신이 통제하는 공산당에 모스크바 모델을 강요함으로써 당시에 존재한 사회주의의 다원성이라는 모든 개념을 학설상으로나 실천상으로 거부했다. 조레스의 계승자이고 전쟁 동안 프랑스 사회주의를 지도해온 레온 블룸[78]의 말에 따

---

77) Bauer Otto(1881~1938) : 비엔나 태생. 사회주의 노동자 인터내셔널의 이론적 지도자. 1904년 이후 『신시대』의 정기 기고자였던 그는 오스트리아 사회민주당(SPO)의 지도자였던 아들러의 요청으로 국가의 독립 및 민족주의의 제문제에 관한 논문을 썼으며, 아돌프 브라운과 칼 렌너와 함께 당 기관지인 『투쟁』을 발간하고 편집장이 되었다. 1919년 오스트리아에서 볼셰비키식의 혁명(헝가리의 모델)사상을 단호히 거부하였다. 이듬해에 '점진적 혁명'과 '방어적 폭력'에 대한 개념을 정립하였다.

78) Blum, Leon(1872~1950) : 파리 태생. 베르그송의 지도하에 철학 전공. 1890년 고등사법학교에 들어가서 사회주의적 자유주의자인 루시엥 에르의 영향을 받았다. 1894년 소르본느 법학교에서 학위를 받았다. 에르가 1896년 조레스에게

르면, 프랑스 공산당은 '이민족의 당'이었다. 물론 소련 그 자체야말로 사회주의가 취해온 형태에 대해 민족적 전통이 가한 영향을 나타내주는 기념비라는 것(또는 러시아 시인이 말했듯이, '피터 대제가 최초의 볼셰비키였다'는 것)은 아이러니라고 볼 수 있다.

1945년 이후의 세계에서 이러한 사항들은 새로운 흥미와 중요성을 갖게 되었다. 한편으로 서유럽 사회민주주의 정당들은 이들 사회에서 발생한 사회적·경제적 변화에 대응해 개량주의 및 자유주의적 자본주의와 영구적으로 조화를 꾀하는 방향으로 더 나아갔다. 1959년 독일 사회민주당의 바트 고데스베르크 강령 채택은 이러한 적응의 가장 공식적인 흔적이다. 더욱이 최근에 모스크바와의 새로운 다중심주의적 관계 정립을 포함하여, 서유럽의 주도적인 공산주의 정당들이 채택한 '유로공산주의'[79] 관점 역시(정확하게 이러한 점이 그밖에 어떤 점들을 나타내

소개하여 조레스와 함께 드레퓌스의 무죄를 증명하였다. 1902년 조레스의 프랑스 사회당(Parti Socialiste Francais)에 입당하였다. 그는 조레스를 대신해 당의 중심 역할을 했고 제3차 인터내셔날 가입을 반대했다. 1929년 그는 사회당을 평화주의로 이끌기는 하였으나, 확고한 반파시스트 입장을 견지하고 결국 공산주의자와 급진주의자들과 인민전선(Popular Front)을 형성하였다. 1936년 인민전선의 승리 이후 그는 수상이 되었고, 산업노동자를 위해 임금과 여타 조건을 개혁했으나, 1940년 비시(Vichy) 당국에 의해 체포되었다. 블룸은 사회혁명이란 진실하고 유일한 사회진화이고, 경제적 정의가 중요하며, 혁명은 자유를 달성해야 한다고 생각하였다. 그는 조레스의 철학적 정치적 유물론을 따랐으며, 철학적 입장은 신칸트주의적 관념론이었다.

79) Eurocommunism : 이 말은 원래 저널리즘적 용어로 1975년에 이탈리아 공산당 베를링겔 서기장과 스페인공산당 까리토 서기장이 회견할 때 최초로 등장하였다. 이러한 사상적 조류의 등장배경은 제2차 세계대전 이후 장기간의 경제호황에 뒤이은 선진자본주의 사회구조의 극적인 변화와 함께, 1956년 소련공산당 제20차 전당대회에서의 흐루시초프의 스탈린 비판 및 이를 둘러싼 사건들(헝가리 및 폴란드에서의 봉기, 중소분쟁)과 1968년의 소련군의 체코 침공으로 인한 국제공산주의운동에서의 충격 등이었다. 이를 배경으로 1970년대에 이탈리아, 스페인, 프랑스 등의 남유럽 공산당을 중심으로 영국, 스웨덴, 벨기에, 덴

주는지 쉽게 알 수 있다) '민족적' 전통들에 대한 적응 형태이다. 한편 전후 급진주의의 재난의 해인 1968년의 사건으로 인해 공산주의 정당들은 자신들이 가장 겁내고 있던 좌파에게 압도당할 지경에 처하게 되었다. 더욱 극적인 것은 유럽의 바깥에서는 새로운 사회주의 정권들과 새로운 사회주의 운동이 존재하고 있었다는 점이다. 마오주의[80]에서 '아프리카 사회주의'[81]에 이르는 이들 새로운 사회주의 운동의 대부분은, 자

마크 등의 각국 공산당이 '사회주의에 이르는 길'에서 유럽적인 방식을 채택하게 된다. 이들의 이론적 특징을 보면, 첫째 국제공산주의운동에서 '다 중심주의' 내지 '자주독립'의 입장, 둘째 사회주의로의 평화적 이행의 현실적 가능성을 철저하게 추구하는 것, 셋째 반독점 민주주의를 중심으로 하는 정치적 조직적 추진력으로서의 통일전선론 등이었다. 유로코뮤니즘은 당시 다같이 앞날이 불투명했던 전통적 공산주의와 사회민주주의의 길 사이에 위치했던 좌파의 성공을 위한 가능성 있는 새로운 궤도로 1970년대에 각광을 받았으나 1980년대에 심각한 취약성을 드러내게 되었다(F. 끌로댕·김유향 역, 『유로코뮤니즘과 사회주의』, 새길, 1992 및 H. 리히터 외·운근식 감수, 『유로공산주의』, 일월서각, 1985 그리고 로이 가드슨, 스테판 하슬러·배한동 역, 『유로코뮤니즘』, 형설출판사, 1986 참조).

80) 모택동(毛澤東, 1893~1976)은 호남성에서 출생. 맑스주의의 실천가로서 중국 사회주의 혁명의 지도자. 마오주의란 일반적으로 모택동이 강조한 엄격한 제한과 당의 지도하의 민주적 참여의 요소를 강조한 대중노선과 정확한 지도하에 대중이 동원될 때, 자연과 사회를 의지대로 변형시킬 수 있다는 대중의 능력을 예외적일 정도로 강조하면서 마치 맑스주의 역사철학에 인간의 변혁은 경제적·기술적 진보를 수반하고 또 그것을 뒷받침하는 것이지, 결코 일종의 부산물과도 같이 그러한 진보로부터 단순히 생겨나는 것은 아니라는 사상을 말한다. 모택동의 일생에 대해서는 에드가 스노우가 쓴 신홍범 역, 『중국의 붉은 별』, 두레, 1994가 유명하다. 모택동 자신의 저서로는 이등연 역, 『실천론·모순론』, 『연안문예강화 외』, 『신민주주의론 외』, 두레, 1989 참조.

81) 아프리카의 전통적 가치의 현대적 복원과 문화적 식민지로부터의 이탈을 지향하는 아프리카 주체성의 이데올로기이다. 1957년 이후 아프리카에서 독립을 쟁취하기 시작한 검은 대륙의 정치지도자들과 지식인들이그들의 독특한 운동을 지칭하는 용어이다. 아프리카 특유의 공동체적 사회주의를 바탕으로 한 맑스-레닌주의의 이론적 틀인 아프리카적 맑스주의와 인도주의적 사회주의, 복지

신들의 전통이 가진 민족적 문화적 특수성을 강조하고 있다.

이들은 현실에 부합하기 위해서 또는 고전적인 서구 사회주의의 중심적 가정의 일부(경제적 발전, 계급구조, 민족주의, 이외의 많은 것들)와 자신들의 경험 사이에 존재하는 간격 때문에 그와 같은 민족적 문화적 특수성을 강조할 필요가 있었다. 고전적 맑스주의에서 길들여져 온 사람들이 종종 제3세계 사회주의[82]의 '맑스주의'에 거만하게 반응하는 것은 결코 놀라운 일이 아니다(그래서 마오주의는 리히트하임에게는 레닌주의의 '유아적인 모방'으로, 콜라코프스키에게는 '유치한' 것으로 보였다). 의심할 바 없이 정당한 것이었지만 그들의 반응은 하나의 단일한 모델이기보다는 '여러 사회주의'의 다원성의 관점에서 생각할 필요가 있음을 지적해준다.

이것이 무분별한 상대주의를 의미하지 않는다는 것을 다시 한번 강조하고 싶다. 사회주의의 일부 형태가 특정 형태의 사회에 더욱 적합할 수도 있다는 의미에서 어느 정도 상대주의란 의미가 포함되어 있다(예를 들면, 민주사회주의는 선진 자본주의의 민주주의에 연결되어 있다거나, 바란[83]의 말에 따르면 "후진국과 저개발국에서의 사회주의는 후진적이고

국가형의 사회주의 등의 조류가 있는데, 그 공통점들은 토지문제에 비상한 관심을 갖고 있고, 실용주의 노선을 따르는 것으로, 그들 나라의 근대화를 위해 정부 주도하의 경제체제의 필요성과 국가계획의 신축성을 강조한 것이다. 그러나 아프리카 사회주의라는 명목하에 근대화를 명분으로 한 권위주의적 일당독재를 위한 수단으로 이용되고 있는 경우도 있다.

82) 일반적으로 제1세계(선진자본주의국), 제2세계(기존 사회주의국)가 아닌 여타의 국가들을 포괄하여 제3세계라 지칭하는데, 그 공통적 특징은 식민지라는 경험 속에서 자본주의의 미발달과 봉건제적 잔재들이 남아있다는 것이다. 제3세계의 사회주의는 이러한 제3세계 내의 사상 이론적 흐름과 실천운동을 포괄하는 용어이다. 이의 큰 특징을 보면 사회 내부의 계급모순을 타파하려는 사회변혁운동이면서, 동시에 식민지적 신식민지적 지배와 착취를 극복하기 위한 민족해방운동의 성격을 띠고 있다는 것이다.

83) Baran, Paul(1910~1964) : 미국 경제학자. 주로 그의 저작은 맑스주의적 분석

저개발된 사회주의가 될 강력한 경향성을 갖고 있다"는 것). 특정한 사회주의가 다소간 특정한 사회에 더욱 적합할 수 있다는 사실이 특수한 사회주의를 지지하는 것이 다소 바람직스럽다거나 그럴 만한 가치가 있다는 것을 뜻하지는 않기 때문에 그러한 상대주의는 차별화를 회피하는 것은 아니다.

소련에서 나타나는 사회주의는 종종 주장되듯이 바로 그 사회라는 관점에서는 적합하지만, 이러한 점이 소련식 사회주의를 전제적이지 않은 것으로 만들어주지는 않으며, 민주사회주의자들로부터 더 많은 지지를 받을 어떠한 가치도 제공해주지 않는다. 세계는 여러 종류의 사회주의들로 가득 차 있다. 단일한 전통은 존재하지 않는다. 한 관점에서 보면 이론적 해체의 과정을 나타내주지만, 다른 관점에서 보면 사회주의는 항상 다양성에 의해서 해체되어왔다는 사실을 상기시켜준다. 오랜 동안 이러한 다양성이 공식 공산주의와 공식 사회민주주의라는 두 개의 적대적 블록으로 압축되고, 더구나 냉전에 의해 이러한 압축이 더욱 강화되는 상황에서 이러한 사실은 잊혀지지 않을 것이다. 이제 이러한 사실은 그것을 지탱해온 여러 전통과 함께 다시 나타나고 있다.

의 전형으로 평가되기도 하며, 미개발국에 대한 연구에 집중되고 있다(김윤자 역, 『성장의 정치경제학』, 두레, 1984와 스위지와 함께 쓴 최희선 역, 『독점자본』, 한울, 1984 그리고 김수행 역, 『제3세계 후진성의 역사적 고찰』, 한울 열린글, 1984).

2. 사회주의란 무엇인가

그러나 사회주의는 분명히 한 가지 이상의
의미를 지닌 말이다. ─ R H. 토니

　사회주의 전통의 다양성은 다기한 사회주의 논쟁에서 잘 반영되어왔
다. 그러므로 '사회주의란 무엇인가'라는 익숙한 물음은 그보다 덜 익숙
한 답을 요구한다. 만약 단일한 사회주의 전통이 아니라 여러 전통들의
다원성이 존재한다면, 이러한 전통들과 연결되어 있는 사상들과 논쟁들
은 똑같이 복수의 용어로 논의되어야 할 것이다. 그래서 물음은 다음과
같이 더욱 적합하게 질문되어야 한다. "어떤 종류의 사회주의들의 어떤
사상과 논쟁인가?"

　사회주의가 무엇인가란 물음에 답할 수 있는 정의는 많지만 합의된
정의는 적다. 실로 달리 어떻게 대답할 수 있겠는가. 묘사하는 사물의
다양성을 모두 포괄하는 정의를 내릴 수 있을 거라는 기대를 하지 않는
한 많은 무해한 농담들이 오고갈 수는 있다. 물론 현존해 있거나 생기
려고 하는, 또는 선호하거나 비난받는 특수한 유형의 사회주의의 특성
을 묘사하는 것은 가능하다. 그러나 이것은 (종종 마찬가지로 곧 사라질)

부질없는 짓을 하는 것이다. 그래서 비록 앞에 있는 형용사가 분화를 시작하게 되는 제1막이며, 그로부터 나오는 정의(定義)들은 정책과 실천의 수준(이것이 문제되는 곳에서)에서 많은 허점을 갖게 되겠지만, 일정한 본질적 특성에 따라 '민주적 사회주의'를 정의하는 것은 가능하다. 무엇이 서술되고 방어되며, 공격받는가를 분명히 하기 위해, 제한적인 정의를 시도하는 것은 여전히 가능하며 바람직하다. 그러나 논의되고 있는 것은 특별한 종류의 사회주의이며, 사회주의 전통의 전범위에 적용을 시도하는 것은 아님을 알아야 한다.

신구(新舊) 사회주의 문헌의 서가로부터 쉽게 찾아볼 수 있는 다음의 사회주의에 대한 정의를 고려해보자. 진정한 조직사회주의의 관점(레닌과 허버트 모리슨의 기묘한 결합은 이러한 관점에서 보면 생각했던 것보다 별로 이상하지 않다) 속에서 레닌의 "소비에트 권력 더하기 전화(電化)" 그리고 허버트 모리슨의 "노동자정부가 행하는 것" 등과 같은 정의를 포괄하고 싶은 유혹에 이끌리겠지만, 그 유혹은 아마도 뿌리쳐야 할 것임에 틀림없다. 다음은 사회주의가 본질적으로 무엇으로 구성되어 있는가를 정의하려는 시도들이다.

> 생산수단 또는 최소한 생산수단의 중요한 부분의 공동소유와 통제상태는 특별한 특권들에 대한 별다른 고려없이, 전민중을 대신한다거나 최소한 그들의 결정에 따른다는 상상하에서 실행되었다. ― 찰스 테일러

> 사회는 모든 개인의 자유롭고 창조적인 발전을 위한 가능성들을 제공하는 정도까지만 사회주의적이다. ― 까쇼 페트로비에

> 국가의 모든 거주자 사이의 전국적 수입의 평등한 분배, 불변의 사회적 공리로서 그러한 동등한 분배의 유지는 바로 그 헌법의 뿌리이다. ― 버나드 쇼

생산수단에 대한, 생산 자체에 대한 통제가 중앙당국에 위임된 제도적 유형 —혹은 항상 말해왔듯이, 원칙적으로 사회의 경제적 업무가 사적인 영역이 아니라 공공영역에 속해 있는 제도적 유형 —요셉 슘페터[1]

모든 인간 존재가 경제적 자원, 지식, 정치권력에 접근할 수 있는 최대의 실행 가능한 평등이 존재하고, 다른 개인이나 사회집단에 대해 어떤 개인이나 사회집단이 가능한 한 최소로 지배를 행사하는 사회질서—톰 보토모어

이윤동기에 의해 움직이는 산업자본주의의 자생적 발전에 의해 형성되기보다는 더 많은 사회적 경제적 평등, 더 높은 사회적 경제적 안정성, 공동체적 가치에 대한 더 큰 강조에 기초해 마련된 사회적 질서—리차드 뢰벤탈

정치적·경제적 민주주의와 함께 경제에서 사회적 소유의 지배— 알렉 노브

민주적으로 행사되는 개인, 사회 그리고 자연적 환경에 대한 인간의 의식적인 통제에 힘입어 가장 최대한의 가능한 정도— 갤빈 키칭

이 마구잡이식의 간략한 탐색만으로도 사회주의를 파악하려는 시도가 어렵다는 것을 잘 알 수 있다. 여기에 인용된 어떤 정의도, 그것이 사회주의에 대한 특수한 시각일 뿐이라는 사실을 인정하지 않는다. 그

---

1) Schumpeter, Joseph(1883~1950) : 모라비아에서 출생하여 비엔나에서 수학. 저명한 정치경제학자 중 한 사람. 1919~1920년에는 오스트리아의 재무장관을 역임하기도 했던 그는, 맑스주의 경제학의 영향을 받았고 자본주의에서의 혁신력이 궁극적으로 자본주의에서 사회주의로 전화하는 불안정한 경기순환을 초래한다고 이론화하였다. 하지만 그는 사회계급과 제국주의를 배타적인 경제적 용어로 보지 않고, 광범한 사회적 정치적 기초로 보았다.

렇지만 정교한 조건절을 볼 때 명백하게 드러나는 바대로, 그 중 일부는 분명히 자신들이 내린 정의가 사회주의에 대한 특수한 시각임을 인정한다. 민주주의에 대해 빈번하게 강조함으로써 이러한 점은 더욱 분명해진다. 왜냐하면 이 저자들은 자신들의 '민주적' 사회주의를 비민주적인 사회주의의 이론과 실천으로부터 구분하기를 원하기 때문이다.

그러나 게오르게 리히트하임이 얘기하듯이 "사람들은 사회주의적이지 않고도 민주주의적일 수 있고, 그 반대도 가능하다. 양자가 효과적으로 결합될 수 있느냐 없느냐는 우리 시대의 가장 중요한 문제이다." 분명히 그렇지 않음에도 불구하고 민주사회주의가 정의상 유일하게 '진정한' 사회주의인 것처럼 가장된다고 해서 이 문제가 회피될 수 있는 것은 아니다.

사회주의는 본질적으로 생산수단의 공적 소유에 관한 것이며, 사회주의 이외의 모든 것도 역시 생산수단의 공적 소유에 관한 것이라고 주장함으로써 그러한 문제들로부터 안전한 피난처를 구할 수 있다고 생각할 수도 있다. 그러나 만약 이것이 근본적인 정의로 제시된다면, 이러한 정의 역시 분명히 부적당하다. 부분적으로, 사회주의자들은 공적 소유의 중요성과 중요성의 정도, 양자에 동의하지 않을 것이기 때문이다. 그러나 공적 소유의 체계 또한 불평등하고 비민주적일 수 있고, 그러므로 많은 사회주의자들이 기본적인 사회주의의 목적(리히트하임에게는 실례되겠지만)으로 간주하기 원하는 것을 부정하게 되기 때문이다. 비록 탈중앙집중주의적이고 자유주의적인 사회주의 전통들에 대치되는 결론이지만, (슘페터가 주장했듯이) 공적 소유가 중앙집중주의적일 수도 있다는 데 더 큰 어려움이 있다.

기본적인 사회주의적 몇몇 가치(평등과 같은)를 정의하고 그 후에 그것의 구조와 절차(공적 소유와 같은)의 관점에서 이러한 가치들을 실현하려고 하는 시도는 더욱 기대할 만한 경로를 제시해줄 수 있을 것처럼 보인다. 즉 우리는 우선 사회주의를 그 자체의 가치와 목표들에 의해 정의하고 난 다음에, 그 목적이 실현되거나 진전될 수 있는 적합한 수단을 탐색해야 한다. 그러나 여러 가치들이 특수한 생산양식의 외부에서는 독자적인 위치를 갖지 못한다고 생각하는 사회주의자들이나, 사회주의적 생산양식을 확립하는 것이 사회주의적 (예를 들면 보편적이고 비계급적인) 가치실현의 전제조건이라고 생각하는 사회주의자들은, 이러한 접근을 거부할 것이다. 앞으로 살펴보겠지만, 이러한 종류의 사회주의자들은 **소부르주아만큼이나** 산만하게 정의와 평등이라는 언어를 취급하는 사회주의적 도덕주의를 염두에 두지 않을 것이다.

이러한 산만함을 부인하더라도 여러 가치가 혼재되어 있는 사회주의란 명확한 응집성과 특징적인 주체성을 달성하는 데 있어 여전히 커다란 어려움에 직면하게 될 것이다. 예를 들면, 사회주의는 아마도 평등에 관한 이념일 것이다, 그렇지만 어떤 종류의 평등이며, 얼마나 많은 평등인가. 만약 단일한 사회주의적 가치가 아니라 여러 가치가 존재한다면, 그럴듯해 보이긴 하지만 (예를 들면 자유와 평등, 개인성과 공동체) 여러 가치들 사이의 긴장은 어떠한 것이며, 그 긴장들은 어떻게 풀어질 수 있는가.

이러한 모든 사실을 고려했을 때, 사회주의에 대한 대표적 정의들이 무미건조하고 제도적인 것(생산수단의 공적 통제)에서부터 가장 대담하고 인간적인 것(모든 개인의 자유롭고 창조적인 발전)에까지 걸쳐 있다는 것은 전혀 놀라운 일이 아니다. 물론 사회주의에 대한 가장 대담한 시각으로서의 맑스주의는, 이러한 간격을 프롤레타리아트의 승리에 의해 발생하는 생산양식의 변화가 동시에 소외되지 않은 인간적 창조성의 강령적 실현이라는 유물론적 방법을 통해 쉽게 메운다.

그러나 그 철학적 우월성과, 맑스주의를 모든 물음에 대해 답을 갖고 있는 포괄적인 체계로 간주하는 맑스주의 지지자들의 전통적 경향성에도 불구하고, 맑스주의는 단지 사회주의에 대한 하나의 시각으로 남아 있을 뿐이다. 문제들은 그대로 남아 있고, 다른 여러 조류의 사회주의들은 각기 나름대로 답변을 해왔다. 사회주의는 한 계급 또는 한 사상의 승리로 볼 수 있는가? 사회주의는 더욱 일반적인 정치적 또는 지적인 전통으로의 이행인가 아니면 더 넓은 전통으로부터의 단절인가? 사회주의는 과학인가 도덕인가? 사회주의는 혁명적인가 진화적인가? 중앙 집중적인가 자유주의적인가? 이러저러한 문제들은 상이한 사회주의 전통에, 그리고 사회주의 논쟁의 다양성에 소재를 제공해왔다.

이러한 논쟁의 일부를 살펴보면, 앞에서 제시했던 정의들은 그럴듯한 출발점을 제공한다. 그 정의들은 사회주의자들이 특정한 사회적 목적(예를 들면 평등과 공동체)의 증진에 관심이 있다는 것을 지적해준다. 또한 사회주의자들이 그러한 목적과 관련해서 생산수단의 통제를 가장 중요한 것으로 여긴다는 사실도 지적해주고 있다. 출발점이자 분기점이기도 했던 이러한 입장들의 공통적인 출발점은, 자본주의가 낳은 사회적·경제적 질서에 대한 사회주의적 비판이다. 이 질서는 시장사회, 부르주아사회, 자유주의 또는 개인주의 등으로 다양하게 언급되어왔다.

그 용어가 어떻게 사용되었든지간에, 그 말은 자기이익을 추구하고, 계약을 맺고, 경쟁하는 개인들이 기본적 단위로 상징되는 사회, 전통사회의 유대가 사라진 사회, 윤리적 강제로부터 경제생활의 자율성이 확립된 사회, 자기이익의 합리적 추구로부터 파생된 목적을 제외하고는 어떠한 일반적인 사회적 목적들도 존재하지 않는 사회를 묘사하고 있다. 개인주의의 진정한 특징들은 영국의 소설가 디킨즈의 『어려운 시절』[2]에서 제시되고 있다.

> 모든 것에 값이 치러져야 한다는 것은 그래드그라인드 철학의 기본원칙이다. 어느 누구도 어떤 이유로든 다른 사람에게 무엇을 준 적이 없거나, 대가없이 다른 사람을 도와준 적이 없다. 감사하는 마음은 폐기처분되었고, 감사하는 마음에서 퍼져나는 덕목들은 존재하지 않게 되었다.

---

2) 장남수 역, 『어려운 시절』, 푸른산, 1989

태어나서 죽을 때까지, 철두철미하게, 인류의 생존은 계산대 위에서 거래되었다. 그리고 만약 우리가 그러한 방식으로 천당에 가지 않는다면, 천당은 비정치 - 경제적인 곳이어서, 그곳에는 거래할 것이 없었기 때문일 것이다.

사회주의자들은 이러한 개인주의에 대해 비판을 퍼붓는다. 실로 인간의 사회성이란 관점에서 사회주의는, 경쟁적 개인주의적 관점에 대립하며 전진해왔다. 개인주의의 정치경제학은 다수에게는 비참함을, 소수에게는 부를 제공하기 때문에 공격을 받는다. 그래서 개인주의에 대한 비판은 두 가지 기본적인 사회주의적 명제를 갖고 있다. 어떤 특정한 가치에 대한 관심과, 한 계급에 의한 생산수단의 전유로 인해 그러한 가치들이 무시되고 있다는 주장이 그것이다.

사회주의에 대한 여러 논쟁들은 자본주의와 자본주의의 개인주의 철학을 맹렬하게 공격함으로써 시작된다. 시드니 웹은 『영국의 사회주의』(1890)란 책에서, 새로운 사회주의와 기존의 개인주의를 재미있게 구분짓고 있다. 다음의 표(이 책의 76쪽)를 보자.

사회주의에 대한 여러 논쟁들의 공통적인 토대는 자본주의 이데올로기인 개인주의에 대한 공격이다. 이 이데올로기적 허식은 자본주의적 착취의 특성을 감추고 있었다. 자본주의의 경쟁적이고 이기적인 가치들은 인간의 협동과 우애를 방해했으며, 자본주의는 개별적인 인성을 왜소화시켰고 진정한 공동체의 가능성을 파괴했다. 자본주의는 사적인 탐욕을 부추겼고 공적인 필요를 무시했다. 비록 표현방식은 다르지만, 이러한 비판들은 모든 종류의 사회주의 문헌에서 공통적이다. 자본주의는 사회주의를 최소한 자본주의가 아닌 것, 자본주의에 반대하는 것으로 굳어지게 했다. 사회주의는 비자본주의이며, 반개인주의이다.

그러나 이것은 부정적인 자기확인으로 남게 될 뿐이며, 이러한 공통의 기초로부터 발생한 사회주의에 대한 여러 논쟁들이 취했던 상이하

개인주의적 급진주의	사회주의적 급진주의
1840~1874	1889
최선의 정부는 최소로 통치하는 정부이다.	최선의 정부는 대다수를 안전하고 성공적으로 관리하는 정부이다.
귀결 : 계약자를 위해 '편안한' 장소를 만들 수 있다면, 그렇게 하라.	귀결 : 공동체의 집단조직이 계약자나 다른 '기업가' 없이도 유지해나갈 수 있다면, 그렇게 해야 한다.
최대로 가능한 자유가 산업 내의 개별 기업가에게 허용되어야 한다.	가능한 곳에서는, 폭넓은 공적 서비스업이 조직되어야 하고 공적 이익을 위해 통제되어야 한다.
귀결 : 이윤을 많이 발생시키는 독점을 사회적으로 가장 잘 이용하기 위해서는 그것으로부터 부를 만들어내도록 어떤 운좋은 개인에게 그것을 넘겨주는 것이다.	귀결 : 실제 경영자들에게 지불하는 급료 이상을 생산해내는 모든 기업은 '시영화'되거나 '국유화'되어야 하며, 아니면 특별히 세금을 내게 해야 한다.
공개적 경쟁과 법적 제약으로부터의 완전한 자유는 건강한 산업공동체에 최고의 보증인을 제공한다.	오직 점차적으로 법적 제약을 증가시키는 것에 의해서만 최악의 경쟁으로 인해서 좋은 경쟁자가 내쫓기는 것을 막을 수 있다.
귀결 : 질적 저하라는 존 브라이트의 견해는 단지 경쟁의 한 형태일 뿐이다. 오베른 허버트씨의 '개인주의'	귀결 : 현대의 정치적 수완에 대한 답은 구속받지 않는 개별적 경쟁은 산업의 규제라는 역할을 위임할 수 있는 원칙이 아니라는 점이다(존 모리, 『카브튼의 생활』 1권, 8장, 298쪽).
'기회의 평등'이라는 바람직스러운 목표는 궁극적으로 각 개인에게 그가 소유하게 되는 모든 부의 완전한 소유를 허용으로서 성취될 수 있다.	토지와 다른 경제적 독점물에서 안전한 사적 소유가 존재하는 한, 의심할 여지없이 정치경제학은 '기회의 평등'뿐만 아니라 그와 유사한 형태조차도 절대적으로 불가능하다는 것을 증명해준다.
귀결 : '자유와 자산보호 연맹'정책	귀결 : 토지와 다른 경제적 독점물의 '국유화' 또는 '시영화' 정책
가장 가능한 사회적 국가는 각자가 최선이라고 생각하는 방식으로 자신의 이익을 개별적으로 추구하는 것에서 도출될 것이다.	사회적 건강성은 개인들의 이익과는 별도로, 초월해 있는 것이며, 의식적으로 그 자체가 목적으로 추구되어야 한다.
귀결 : '사적 악덕, 공적 이득'	귀결 : 사회학이라는 과학과 정치학이라는 기술의 연구

고, 때로는 갈등하는 여러 형태들을 은폐한다. 사회주의자들은 모두 자본주의에 반대할 것이다. 그러나 반드시 동일한 근거를 갖고 있지는 않다. 또한 그들은 아마도 모두 사회주의를 선호할 것이다. 그러나 그들은 또한 각기 다른 이유들을 갖고 있으며, 상이한 방식으로 사회주의를 이해할 것이다.

이것은 상당히 기초적인 수준에서 그럴지 모른다. 예를 들면 자본주의를 공격할 때, 일부 사회주의자들이 근대화과정 자체를 공격한다는 사실에서 분명히 드러난다. 반면 다른 사회주의자들은 열광적인 근대화론자들이며 이러한 관점에서 비효율성을 이유로 자본주의를 공격해왔다. 그래서 푸리에와 같은 사회주의자는 원자론(原子論)과 본능적 열정의 부패를 이유로 새로운 자본주의 '문명'을 공격하고 더욱 유기적인 공동체를 회복하고자 한다. 반면에 생시몽 같은 다른 사회주의자들은 새로운 '산업주의'의 전망에 흥분되어, 산업주의를 개인주의적인 구속으로부터 벗어나게 함으로써 그 잠재적 가능성을 실현시키려 했다. 자본주의를 공격함에 있어서, 사회주의자들은 전방과 후방, 즉 잃어버린 과거와 새로운 미래 양쪽에 눈을 돌렸다. 이것은 당시 직면했던 시대에 대해서 사회주의가 상당히 애매모호한 태도를 취하고 있었음을 지적해준다.

사회주의는 한편으로 당시 시대정신의 표현인 계몽주의[3]의 피조물이면서 다른 한편으로 그 시대에 맞섰고 새로운 사회에 대해 약간은 낭만

---

3) 17세기와 18세기에 걸쳐 부르주아 혁명을 준비하고 수행했던 시기 동안 봉건제와 이를 정당화하는 종교적·신학적 세계관에 맞서 부르주아지가 이끈 정신적 해방운동. 계몽주의는 영국과 프랑스에서 그 고전적 완성을 보게 되었는데, 이들 국가에서는 상승하는 부르주아지가 통일적인 민족국가를 발전시키고, 그들의 사회적 요구를 매우 단호히 주장했다. 그리고 프랑스에서의 계몽주의는 가장 급진적이고 특징적인 형태로 발전했는데, 이는 프랑스대혁명에서 직접적인 사상적 배경으로 작용하였다. 계몽주의의 대표적 인물들은 홉스, 로크, 볼테르, 루소 등이다.

적으로 저항했다. 초기부터 계속해서 소외되지 않은 '완전한' 인간이라는 개념을 사회주의의 탄생조건을 창출하도록 운명지어져 있는 자본주의하의 무자비한 근대화 과정이라는 개념과 나란히 위치시킨 맑스에게서도 이러한 모호성은 분명히 드러난다. 사회주의가 창조적이고 소외되지 않은 인간의 조건으로 파악된다는 사실이 이러한 모호성을 해결할 것이라고 생각할 수도 있으며, 또는 그러한 모호성을 더욱 뚜렷이 눈에 띠게 했다고 생각할 수도 있다. 맑스와 프루동 그리고 바쿠닌 사이의 초기의 많은 논쟁들은 자신들이 직면하고 있던 시대에 대해 갖고 있던 상이한 지향점에 근거하고 있으며, 그들의 논쟁들은 사회주의 사상에 계속 상이한 지향점을 제공했다고 할 수 있다. 그렇지만 그러한 문제들이 해결되었다고 생각해서는 안된다. 사회주의자들은 한편으로는 계속해서 근대성의 '논리'에 저항해왔으며, 다른 한편으로는 예기치 않던 곳에서 근대화의 주도적인 활동가들로 나타났다.

이러한 사회주의의 지위 문제는 특히 자유주의와의 관계를 놓고 보면 명백해진다. 자유주의는 자본주의의 이데올로기적 창조물('개인주의' 비판자들이 주장하는 것처럼)인가, 아니면 계몽주의의 자유주의 전통이 사회주의로 흡수되었고, 사회주의에 의해 완수된 것인가. 이러한 물음 뒤에는 또 하나의 다른 물음이 있다. 사회주의는 현존 사회로부터의 분리를 뜻하는가 아니면 현존 사회의 발전을 뜻하는가. 자본주의의 개인주의를 부정하는 데서 사회주의가 보여주는 일치점은 이러한 문제들을 직접적으로 다루지 않게 했다. 단지 자유주의의 이데올로기적 특징과 자유주의의 일반적 주장이 갖는 계급억압적 본질을 폭로하는 것만으로도 충분했다. 사회주의자들은 '임금 노예'라는 말을 사용함으로써 해방의 달성이라는 자유주의자들의 가장 유명한 주장이 공허하다는 것을 그들 자신에게 제시하려 하였다.

그러나 이것만으로는 지배적인 자유주의 전통과 사회주의 자체와의 관계를 둘러싼 애매모호함을 해결하지 못한다. 하나의 관점에서 보면,

사회주의는 부르주아 사회의 전체 구조와 별도로 자체의 프롤레타리아 과학을 갖추고, 부르주아적 질서가 무너지고 새로운 사회가 성립될 때를 준비하는 사회주의 자체의 자기완결적인 프롤레타리아적 문화 속에 존재한다. 연결성이라기보다는 전반적인 적대, 분리 그리고 자본주의의 극복만이 존재한다.

그러나 다른 관점에서 보면 사회주의의 임무는 자유주의자들의 주장을 계급적 담화에서 보편적 담화로 전화시켜 자유주의적 강령들을 확장시키고 완수하는 것이다. 전자의 관점이 혁명적 공산주의의 기초를 제공하는 것이라면, 후자는 현대 사회민주주의적인 전통에 핵심적인 것이다. 이러한 전통은 자신이 자유주의와 같은 문화적 보편성의 일부라는 것을 인정하며, 자유주의에 도전할 때도 그 해방의 임무를 완수하는 방향으로 자유주의를 확장시켜야 한다고 주장한다. 그래서 자유가 보편화되기를 원한다면 동시에 평등에 의해서 풍부화되어야 하며, 이것은 자유를 민간 및 정치적인 영역에서 사회적·경제적인 영역으로 확장하는 것이라고 주장했다. "진정한 자유주의 사상이라면 또한 동시에 사회주의 사상의 구성요소에 속한다"고 베른슈타인은 주장한다.

반면에 조레스는 "오직 사회주의만이 그 완전한 의미에서의 인권선언을 가능케 할 것"이라고 주장했다. 이러한 관점에서 보면 (1868년 독일 사회주의자의 말에 의하면) "만약 진정으로 민주주의적이 되기를 원한다면, 민주주의는 사회민주주의가 되어야 한다"는 의미에서 사회주의자는 자유주의자이다.

자유주의에 대한 애매모호한 입장은 사회주의 논쟁이 포괄하는 범위 내에 반영되어왔으며, 사회주의 정치에 상당한 영향을 미쳐왔다. 이러한 점은 사회주의가 그 중심을 서유럽에서 옮겨가서, 그리하여 자유주의적 유산 그 자체로부터 벗어났던 경우에 특히 분명히 나타난다. 이제 더이상 사회주의가 자유주의의 문화적 기초 위에 확립될 수 있다거나 사회주의가 본질적으로 자유롭고 민주적이라고 가정할 수는 없다. 이것은 제2인터내셔널의 가정이었다. 그렇지만 그러한 본질론은 볼셰비키 혁명 이후에 자유주의 전통을 일소하거나 아니면 자유주의와의 관계를 인정하는 것 사이에서 선택하게 되었을 때는 더이상 유지될 수 없었다.

파시즘의 경험은 문제를 더욱 긴박하게 만들었는데, 사회주의자들은 더 사악한 것에 직면하여 '부르주아' 민주주의와 공통의 대의를 형성할 수 있느냐 없느냐의 문제에 봉착하게 되었던 것이다. 이러한 경험은 전반적인 사회주의 입장에 존재하는 긴장들, 즉 다양한 사회주의 전통들을 유지해온 긴장들이 포괄하는 범위를 밝혀주었다.

다른 방식으로 설명한다면 사회주의 논쟁이 다양한 각도에서 전개되었고, 최소한 이들 중 일부는 상이한 종류의 사회주의를 가정하고 있음을 분명히 알 수 있다. 예를 들면, 자유주의적 사회주의는 항상 조직사회주의와 맞서왔다. 전자는 계급과 국가의 억업적 구조가 제거된 후에 개인성이 해방되어야 함을 지적해왔고, 때로는 소규모 공동체의 자주관리라는 관점에 입각해 사고해왔다. 전자는 자신의 의도를 설명하기 위해 자유와 자발성이라는 말을 사용했다.

이와는 대조적으로 조직사회주의는 자본주의의 부자유보다는 무질서에 초점을 맞춘다. 조직사회주의는 낭비적이고 통제되지 않는 자본주의적 경쟁의 혼란상을 사회주의적 계획과 효율성으로 대체하려 했다. 생시몽의 저작은, 특히 새로운 산업사회는 새로운 합리적 계획을 실시할 수 있는 조직체계를 필요로 한다는 주장을 통해, 이러한 유형의 사회주의의 원천을 제공하고 있다. 특히 이러한 주장에는 "거대한 공동의 산업목표를 지향하는 보편적인 조직체계를 형성하기 위해서" 핵심적인 생산자집단에 의해 운영되는 '행정'의 형태로 '정치'를 대체하려는 시도도 포함되어 있다.

그러나 여기에서는 계획은 과학적 합리성으로 옹호하고 있는데, 과학적 합리성은 다른 한편으로는 국가주의적이고 중앙집권주의적이기도 하다. 실제로 생시몽의 새로운 산업주의 사회는 적합한 조직모델(이러한 점들이 뒤르껭[4]으로 하여금 노동자 사회주의에 대한 생시몽의 시각을 도용하게 했으며, 더욱 일반적으로는, 생산자 민주주의라는 끈을 통해 무정부주의를 사회주의에 연결시키게 했다)로서 생산자 자주관리라는 형태를 선호하며, 정치적 중앙집권주의를 분명히 거부한다.

그렇지만 일반적으로 조직사회주의는 국가와 중앙계획을 수단으로서 받아들이고 있으며, 탈집중화와 생산자 통제를 옹호하는 사회주의 조류들에 반대한다. 이러한 점은 서유럽 공산주의정권에 해당되는 것처럼, 쇼가 제시한 대로 "전인민을 국가로 집중시키려"고 하는 집산주의적 측면을 지니고 있는 페이비안주의와 같은 개량주의적 전통에도 해당된다. 바로 이것이 자유주의와 자주관리의 옹호자들이 그렇게 오랜 동안 주류의 사회민주적·공산주의적인 전통들에 의해 제시되어온 사회주의에 대한 정의의 바깥에서 활동해온 이유이다.

합리성으로서의 사회주의는 많은 사회주의자들의 주장을 뒷받침해왔다. 자본주의는 부정의와 착취라기보다는 경제적 생활을 조직하는 수단으로서의 불합리성 때문에 비판받았다. 실로 소수의 부와 다수의 비참함의 창출이라는 자본주의의 불의는 합리적인 방식으로 경제적·사회적 삶을 조정할 수 없다는 자본주의의 무능력의 결과로 제시되어왔다. 그래서 웰즈[5]는『구세계를 대신하는 신세계』라는 책에서 사회주의자들이 집단적인 중요성을 갖는 모든 인간사에 대해 완전한 조직화를 원하

---

4) Durkheim, Emile(1858~1917) : 프랑스 사회학자. 현대 사회학의 기초자. 그는 과학적 탐구방법을 사회연구로 돌리고, 사회결합(응집)과 안정의 중요성을 강조하고 안정이 붕괴될 때의 현상들을 연구했다. 그는 사회유형을 자살비율에 따라 분류하고 개인적 자살행위는 사회적 유대의 분해를 반영하는 것이라고 주장했다(임희섭 역, 『자살론 / 사회분업론』, 삼성출판사, 1990;노치준·민혜숙 공역,『종교생활의 원초적 형태』, 민영사, 1990 참조).

5) Wells, H. G.(1866~1946) : 영국작가. 『타임머신』의 작가. 그는 페이비언협회 회원(1903~1908)으로 사회주의 활동가였으며, 세계평화와 세계연합에 대한 많은 팜플렛을 저술했다.

는 이유를 다음과 같이 서술하고 있다.

> 그는 위험한 것으로 생각되는 예를 들면서 다음과 같이 말한다. 엄청나게 많은 필수품을 생산해내고, 음식물을 획득하고 분배하고, 모든 종류의 사업을 수행하고, 아이들을 낳고 기르고, 질병의 전염과 확산을 그대로 방치하는 우리의 방식이 혼란적이고 무규율적이며, 너무도 엉터리로 행해져 왔기 때문에 여기(자본주의 – 역자)에는 엄청난 어려움과 낭비와 사치와 타락 그리고 궁핍과 죽음이 존재한다. 그는 이러한 집단적 목적을 위해서, 이러한 보편적 필요의 충족을 위해서 인류가 출현했고, 군대식 방식을 따라야만 할 때 그 대신 민중적 방식을 따랐다고 주장한다. 무질서한 개인적 노력 대신에 모든 사람들은 자신들이 좋아하는 것을 행하며, 사회주의자들은 (개별적) 노력의 조직화와 계획을 원한다.

이러한 관점에서 볼 때, 사회주의는 피착취계급의 승리가 아니라 이성의 승리이다. 경쟁은 낭비적이고 혼란적이며, 사회가 자체의 집단적 문제들을 해결하는 것을 방해한다.

이것이 주요 사회주의자들의 주장이다. 이러한 관점은 사회주의를 계몽적 전통에 위치시키고, 이러한 전통을 현재 가장 그럴듯하게 수행하는 것으로 제시한다. 이 관점은 사회주의를 한 계급의 기획이 아닌 합리적 인간성의 보편적 기획으로 제시한다. 이러한 점이 말하자면 직업적으로 이러한 기획에 흥미를 느낀 집단들(지식인들, 과학자들 등)의 성원에 사회주의가 호소력을 갖게 해주었다. 또한 이러한 점은 예를 들어 1930년대에 소련의 계획이 그밖의 나라들에 존재했던 자본주의적 경쟁 결과들과 비교될 때 폭넓은 호소력을 갖게 된 사실을 설명 가능하게 해준다. 소련에는 '실업이 없다'는 사실은 자본주의적 경쟁이 사회주의적 계획에 의해 대체된 후에 발생할 수 있는 일의 모범적인 예로서 제시되어, 소련을 비합리적인 세상에서 유일한 사회주의적 합리성의 상징으로 보이게 했다.

그러나 이것은 또한 우수한 의식을 지닌 레닌주의적 정당이건 베아트리체 웹류의 '겸손한 엘리트'(웹이 소련을 선호했다는 사실은 개인적인 우둔함이라기보다는 사회적 규율과 합리적 질서의 사회주의로부터 발생했던 친화성 때문이라고 보여진다)이건간에 사회주의적 합리성이 강화된 이성의 지배로 변하게 되는 경향도 존재함을 보여주었다. 사회주의직 합리성은 '비합리적'인 요소들을 제거해야 할 필요와 함께, 합리성의 수호자를 필요로 했다.

물론 사회주의를 한 계급의 기획이자 동시에 합리적 인간성의 보편적 기획으로 볼 수도 있다. 피착취계급에게 고통을 주는 불행에 대한 처방인 합리주의로서의 사회주의라는 체계의 확립 대신에, 피착취계급의 승리는 전체로서의 인간성에 고통을 주는 불행에 대한 처방으로 볼 수도 있다. 이러한 신념은 인간성의 미래는 피착취계급의 미래에 달려 있기 때문에, 피착취계급의 승리보다 중요한 것은 없으며, 다른 모든 계급은 피착취계급에 종속되어야 한다는 생각에 쉽게 도달하게 된다. 대부분의 사회주의자들은 최소한 그들이 자본주의를 계급착취의 체계로, 사회주의를 그러한 자본주의적 착취를 끝낼 수단으로 묘사해왔다는 의미에서 계급적 범주라는 관점에 의해 자신들의 주장을 펼쳐왔다.

그러나 그들은 사회주의가 배타적으로 계급분석과 계급행위의 문제라는 데 어느 정도로 동의하느냐에 따라 달라진다. 만약 사회주의가 계급들에 관한 것이라면, 또한 동시에 개인들에 관한 것이라고 볼 수는 없는가? 만약 그것이 계급권력에 관한 것이라면, 사회정의에 관한 것이라고 볼 수는 없는가? 만약 사회주의가 계급착취에 관한 것이라면, 또한 착취의 다른 형태에 관한 것이라고 볼 수는 없는가? 만약 사회주의가 한 계급의 운동이라면, 또한 인민의 보편적 운동이라고 볼 수는 없는가?

이러한 질문은 다양한 사회주의 입장들을 구별짓는 데 도움이 된다. 맑스주의는 생산양식의 중심성과 주어진 사회의 형태를 결정짓는 생산양식의 계급적 특성에 대한 강조를 통해 일련의 대답을 가능케 하는 토대를 제공해왔다. 1859년『정치경제학 비판』[6] 서문에 주어진 이러한 입장에 대한 맑스의 유명한 정식은 하나의 기준을 제공한다.

> 인간은 그들 생활의 사회적 생산을 통해 그들의 다양한 물적 생산력의 일정한 발전수준에 조응하는 일정한, 필연적인, 그들의 의사와는 무관한 다양한 관계, 즉 생산관계를 맺는다. 이 다양한 생산관계 전체가 사회의 경제적 구조, 현실적 토대를 이루며, 이 위에 법적이고 정치적인 상부구조[7]가 세워지고 일정한 사회적 의식형태들이 그 토대에 조응한다. 물적 생활의 생산양식이 사회적, 정치적, 정신적 생활과정 일체를 조건 짓는다. 인간의 의식이 그들의 존재를 규정하는 것이 아니라, 반대로 그들의 사회적 존재가 그들의 의식을 규정하는 것이다.

이러한 공식화에 사용된 용어는 지금까지의 많은 사회주의 논쟁과 현재도 계속중인 논쟁에 논쟁거리를 제공해왔다.

이러한 논쟁의 일부는 ‘맑스가 진정으로 무엇을 의미했는가’에 관한 것이다. 이 논쟁은 어느 정도로 맑스가 결정론자이고 사회법칙의 제공자였는가에 관한 것이었는데, 이를 해결하고자 하는 노력의 대부분은 ‘조건’과 ‘결정’이라는 용어에 관한 것이었다. 확실히 많은 맑스주의자들은 맑스를 이런 식으로 독해해왔다. 하지만 이것은 전적으로 맑스의 잘못이라고는 할 수 없다. 유사하게 다른 사회주의자들도 맑스의 생산양식의 중심성에 대한 전반적 설명은 받아들이면서도, 자신들이 맑스의

---

6) 김호균 역,『정치경제학 비판을 위하여』, 중원문하, 1988.
7) 토대와 상부구조라는 개념은 사회의 경제체제와 그 사회에 존재하는 사상 및 제도 사이의 실질적 연관관계와 그것들의 변화법칙을 표현하는 비유적 개념이다. 이 건축적 비유는 맑스와 엥겔스가 사회의 경제적 구조(토대)가 국가와 사회의식(상부구조)의 존재 및 그 형태를 규정한다는 생각에서 사용한 것이다(F. 콘스탄티노프 외,『토대 / 상부구조론 입문』, 학민사, 1986).

결정론이라고 간주한 것은 거부했다. 전통적으로 맑스주의자들은 사회분석의 보편적 도구로서 사회의 토대-상부구조 모델을 엄격하게 고수해왔다. 반면 다른 사회주의자들은 최소한 부분적으로 '상부구조'(예를 들면 정치나 국가 같은)의 요소들이 갖는 독립적 역할을 주장하고자 했고, 사회주의적 목적을 위해 이 (독립적) 공간 내에서 활동하고자 했다.

그러나 맑스의 정식이 보여주는 것은, 실은 그의 분석의 계급적 성격과 다른 사회주의자들이 주장하는 상이한 접근법에 대한 거부였다. 맑스의 기본 단위는 개인이 아니라 계급이다. 왜냐하면 개인은 오직 계급 성원이 될 때만이 의미를 갖는 것이고, 모든 면에서 사회적으로 규정되는 존재이기 때문이다. 맑스주의에 있어, 이것은 사회주의적 의식의 발생과 사회변동 과정에 관한 문제를 제기했다. 그러나 다른 사회주의자들은 그것이 개별적 인간 존재가 무엇을 의미하느냐의 문제를 평가절하하는 것이라고 주장했다.

이러한 기본적 차이는 맑스의 사회생산이론이 갖는 다른 의미에서도 나타난다. 이 이론은 바람직한 목표와 가치를 만들어내고, 이것의 실현을 위한 수단을 설정하는 어떠한 사회주의관도 거부한다. 그러한 접근은 사회가 생산에 의해 결정된다는 이론에 의하면 아무런 의미가 없다. 그러한 접근은 공상적이고 관념적이다. 유사하게 맑스의 생산중심주의는 '평등'이나 '정의'와 같은 개념들에 의해 사회적 재화를 재할당하려 하는 사회주의적 분배주의의 다른 시각들과는 다르다.

왜냐하면 그러한 시각들은 사회적 분배의 진정한 결정인인 생산양식의 계급적 특성을 모호하게 하는 요구와 보상을 주장하는 개인주의적 접근이기 때문이다. 그래서 카우츠키는 분배의 원칙에 몰두해온 초기 사회주의가 어떻게 "공동체 내에서의 생산물 분배는…우세한 생산체에 의해 결정된다"는 것을 인지하고 있는 사회주의에 의해 대체되어왔는가를 설명해주었다. 일부 사회주의자들 그리고 대부분의 사회주의 비판자들은 사회주의를 분배이론으로 다루기를 주장할 것이다. 그렇지만 사회주의는 본질적으로 생산이론이다. 이 때문에 스탈린은 소비의 평등이란 사상을 "원시적인 금욕주의 종파에게나 해당되는 반동적인 소부르주아적 우둔함"이라고 비판하고 없애버렸던 것이다.

그러한 생각을 제거하는 일은 그 배후에 놓여 있는 과학적 사회주의에 무척이나 중요하였다. 이것은 사회주의가 세상에 내놓았던 과학적 교의라는 측면을 상기시킨다. 비록 이것이 유일한 측면은 아니지만. 사회적 도덕성으로서의 사회주의는 사회과학으로서의 사회주의와, 항상 쉬운 것은 아니었지만, 공존해왔다. '과학적' 사회주의와 '공상적' 사회주의 사이의 맑스주의적 구분은 후자를 매장하기 위해서 마련된 것이었고, 그 매장은 폭넓게 받아들여졌다. 그러나 생시몽과 같은 '공상주의자'가 본래는 사회과학자라고 주장되고 '과학적' 맑스는 최소한 일부의 관점에서는 최고의 공상주의자로 간주되기도 한다.

과학적 사회주의자들은 사회주의를 사회구조의 결정인과 사회변동의 동력을 설명할 수 있는 사회에 대한 과학적 이론으로 제시해왔다. 그들은 사회주의를 본질적으로 과학적인 것, 역사변화에서 생산양식의 결정적 역할을 밝혀주는 역사과학, 현대사회의 계급적 기초를 밝혀주는 사회과학 그리고 자본주의적 착취과정을 밝혀주는 경제과학을 지닌 것으로 파악해왔다. 과학적 사회주의자들은 일련의 진리를 밝혀온 포괄적이고 자기충족적인 사회분석방법을 갖고 있다고 주장한다. 방법과 진리 양자는 사회주의의 지위를 구성하고 있기 때문에 엄격히 방어된다. 윤리적으로 바람직스러운 것으로부터 과학적으로 진리인 것을 구별하는 일, 그리고 후자에 주의를 집중하는 일은 다른 사회주의자들에게 남겨져 왔다.

과학적으로 진리인 것은 또한 역사적으로도 필연적인 것이 되는 경향이 있다. 많은 사회주의적 주장들이 역사가 자신의 편이라는 편안한 인식에 의해 유지되어왔다. 자본주의가 마침내 붕괴하고 프롤레타리아트가 사회주의를 개시할 순간을 자신있게 기다려온 혁명적 맑스주의자들처럼, 집산주의의 엄격한 역사적 행진을 지적해온 개량주의적 페이비언 주의자들도 있다. 『자본론』에서 맑스는 이를 위대한 역사적 절정에 이르는 과정으로 묘사하고 있다.

이 전환과정의 모든 이익을 가로채고 독점하는 거대 자본가의 수는 계속 줄어가지만 빈궁, 억압, 예속, 타락, 착취의 정도는 더욱 증대한다. 그러나 그와 동시에 그 수가 계속 증가하고, 또 자본주의적 생산과정 그 자체에 의하여 훈련되고 결합되며 조직되는 계급인 노동계급의 반항도 또한 증대해간다. 자본의 독점은 독점과 더불어, 또 독점 밑에서 번창해온 생산방식의 질곡이 된다. 생산수단의 집중과 노동의 사회화는 마침내 그 자본주의적 외피와 양립할 수 없는 지점에 도달한다. 자본주의적 외피는 파열된다. 자본주의적 사적 소유의 조종이 울린다. 수탈자가 수탈당한다.

이것은 이미 대본이 씌어 있는 그래서 적절한 역사적 순간에 필요한 역할을 수행하게끔 요구받고 있는 프롤레타리아트가 등장하는 한 편의 역사적 드라마이다. 이것은 프롤레타리아트가 자신의 역사적 임무를 완수하게 될 자본주의의 마지막, 결정적 위기를 기다리고 있는 우리에게 낯익은 사회주의자들의 모습을 생각나게 한다. 이러한 시기는 오랫동안 기다려져 왔다.

물론 모든 사회주의자들의 주장이 이와 같은 것은 아니다. 일부 사회주의자들은 사회주의에 대해 역사적으로 필연적인 어떤 것이 존재한다는 생각을 부인해왔다. 왜냐하면 자본주의가 붕괴하게 될지라도, 자본주의의 다른 계승자가 존재할 수 있기 때문이다. 유사하게, 노동계급은 곧잘 자신에 대해 서술된 방식으로 행동하는 데 실패하곤 한다. 사회주의가 역사적으로 필수적일지라도, 이것만으로는 바람직스러운 상태를 만들지는 못한다. 그래서 그 행위가 역사적 성숙이나 세력균형에 대한 어떤 훌륭한 판단과 어긋나는 반란적인 행동이건 아니면 자유롭게 선택된 이상을 추구하는 것과 관련된 더 부드러운 종류의 행위이건간에, 일부 사회주의자들은 행위를 선호하고 역사의 필연성을 거부한다. 토니가 사람들에게 "평등을 선택하라"고 주장할 때, 이것은(평등이라는—역자) 정언명령에 응답하지 않는 역사를 스스로 만들어나가자는 제안이었다.

여러 가치를 진지하게 고려하는 사회주의자들 사이에는 평등이 핵심적인 사회주의의 가치, 아마도 유일한 사회주의의 가치로 간주되어야 한다는 폭넓은 합의가 존재해왔다. 사회주의는 사회구조에 주의를 집중해왔으며, 시장자본주의의 불평등한 사회구조를 평등한 구조로 대체하려고 했다. 평등 그 자체(자유, 기업, 복지 등의 선별된 근거로 불평등을 방어하는 것에 반대하는 도덕적인 용어 속에)의 예를 실제로 건설하는 것 없이 현존하는 불평등을 폭로하는 것만으로는 충분하지 않기 때문에, 그 근저에는 가치로서의 평등에 대한 도덕적 헌신이 있었다. 그래서 다양한 시각에서, 사회주의자들은 모든 개인이 동등한 가치를 지니고 있다는 관점에 비추어 평등이라는 가치에 자신들을 헌신해왔고, 이러한 기본적 입장의 확대와 적용으로서 자신들의 평등주의적 제안을 제시해왔다.

토니의 『평등』[8]은 아마도 이러한 종류의 주장 중에서 가장 강력하게 지지받는 주장으로 남아있을 것이지만, 심지어 이것조차도 사회주의가 본질적으로 평등(예를 들면 크로스랜드가 자신의 저서 『사회주의의 미래』에서 주장했듯이)에 관한 것이라 결론내리기에는 아직도 많은 어려움이 존재한다는 것을 상기시켜줄 뿐이다. 부분적으로 이것은 사회주의자들이 평등에의 헌신에 어떤 것이 관련되어 있는가라는 점에서 불일치하기 때문인데, 평등을 유일하고 절대적인 가치(바뵈프의 『평등선언』에 따르면 "연령이나 성별 이상의 또다른 어떠한 차이도 없게 해야 한다")로 삼

---

8) 김종철 역, 『평등』, 한길사.

는 전투적 평등주의류에서부터 대우의 평등과 대우의 동일성을 구분하고 부당한 불평등의 제거에 본격적으로 착수하는 온건한 평등주의류까지 넓게 분포되어 있다.

그러나 이러한 점만이 평등을 사회주의의 지배적 가치로 위치짓는 데 존재하는 유일한 어려움이 아니다. 사회주의는 하나의 가치가 아니라 여러 개의 가치들을 신봉하며, 사회주의적인 입장들은 이러한 여러 가치들의 묶음으로부터 나온다는 데 또다른 어려움이 존재한다. 예를 들면 사회주의자들은 평등을 받아들여왔는데, 자유 또한 받아들인다. 물론 자유가 개인주의로부터 가져온 것이라는 점을 인정하지는 않는다. 일부 사회주의자들은 '부르주아적' 시각(그들이 부르주아적 '의회주의'와는 무관한 사회주의적 '민주주의'를 고안해냈듯이)과는 무관한 '사회주의적' 자유를 고안해냈다. 그러나 다른 사회주의자들은 평등하면서 자유롭기를 원했고, 자유의 요구에 민감할 뿐만 아니라 그 폭을 확대시키고 강화시키는 평등에 대한 주장으로 나아갔다. 실제로 일부 사회주의자들의 주장에서, 활동과 선택의 적극적인 자유가 대다수의 사람들에게 확장되는 방식으로서, 평등은 자유를 향해 나아가게 되어 있었다.

"사회주의의 목적은 개인에게 더 많은 자유를 주는 것이다"라고 클레망 아틀리[9]는 주장했다. 이 견해가 사회주의적인 제주장들 중에서 평등을 다른 가치들에 종속된 도구적인 사회주의적 가치로 보는 유일한 견해는 아니다. 중심적인 사회주의적 가치로 평등을 주장하는 것처럼 보이는 경우에도 자세히 들여다보면 (토니의 경우에서처럼) 종종 우애, 동

---

9) Attlee, Clement(1883~1967) : 영국 정치지도자. 부유한 집안에 태어났으나 런던 동부지역에서 참혹한 빈곤을 목격하고, 사회주의를 지향하여 노동당에 입당했다. 그는 20년간(1935~1955) 당을 지도했는데, 제1차 세계대전 동안 처칠의 연립정부에서 부수상을 지냈고, 1945~1951년에는 영국 수상을 역임했다. 그는 수상 재임기간중 사회입법 특히 국민보건 및 보험제도의 창립에 역점을 두었고, 주요 산업의 국유화와 인도 독립을 승인했다.

지애, 공동체와 같은 가치들을 증진시키는 데 있어서의 평등의 역할에 대해 이야기하고 있음을 알 수 있다. 근본적인 가치로 고려되는 것은 바로 이와 같은 가치들인 것이다.

이것은 사회주의의 궁극적 주장의 본질과 범위에 대해 또 다른 점을 제시한다. 이것들은 단조로운 것에서 초월적인 것까지 넓게 분포되어 있다. 사회주의는 자본주의가 초래하는 빈곤과 실업의 비참함을 종결시키자고 주장하면서, 복지와 안전을 상징해왔다. 만약 복지와 안전이 '사회주의'가 아니라고 거부된다면, 그에 대해 많은 사회주의자들은 정확하게 이것, 즉 복지와 안전을 사회주의가 포괄하고 있는 것으로 믿어왔다고 대답할 수 있다. 다른 사회주의자들은 복지라는 목표를 초월하여 사회주의는 사회적 생활, 생산, 예를 들면 아뉴르 베방[10] 이전에 묘사한 대로 '더 많은 평온함'을 창출하거나 또는 협동, 공동체 그리고 우애의 증진에 더 많은 중요성을 갖고 있다고 제시해왔다.

그러나 이것으로 사회주의에 대한 주장들이 모두 포괄되는 것은 아니다. 오웬처럼, 환경 변화에 영향을 받는 인간 본성의 변화를 예측할 수도 있다. 무엇보다도 가장 야심찬 것은, 맑스처럼 사회주의를 인간성 회복, 즉 사회적으로 결정된 인간 소외의 폐지에 의해 인간의 통일성과 주체성을 회복하는 것으로 제시하는 것이다. 콜라코프스키가 지적했듯이 이러한 '완벽한 통일성에의 꿈'은 정치사회와 시민사회의, 집단적 인간과 개별 인간의, 사회적 삶과 사적인 삶의 융합을 의미한다. 맑스의 이름으로 그러한 융합이 성취되어왔으나, 맑스가 스스로 결정하는 창조성의 해방적 영역으로 인식했던 형태가 전혀 아닌 방식으로 그러한 융합이 성취되었다는 점은 사회주의의 역사에 존재하는 많은 역설 중의

---

10) Bevan, Aneurin(1897~1960) : 영국 정치지도자. 노동조합운동의 활동가. 1929년 좌익노동당의 멤버로 의원을 지냈다. 그는 또한 보건장관(1945~1951)으로서 국민보건기구(National Health Service)를 고안했고, 1950년대 초 당내 급진파의 리더였다.

하나이다. 그러한 꿈이 바로 그와 같은 악몽을 낳았는가는 또다른 문제이다.

이러한 모든 점들로부터 알 수 있는 것은 단일한 사회주의 전통이 존재하지 않는 것처럼 사회주의에 대한 단일한 주장도 존재하지 않는다는 점이다. 더구나 사회주의 논쟁들의 다원성뿐만 아니라 긴장, 모호성 심지어 그들 사이의 갈등도 존재한다. 다음의 표는 사회주의 논쟁이 벌어졌던 형태를 간략히 나타내주고 있다.

교의	가치들
역사	행위
결정론	자원론
혁명	개량
중앙집중주의	탈중앙집중주의
계급	개인
평등	자유
국가	공동체
근대화	복고
복지	전체성
질서	자주관리
관료제	민주주의

이 목록은 단지 여러 사회주의 논쟁의 영역과 긴장의 일부를 보여주려고 했던 것에 지나지 않는다. 이것은 철저하게 조사된 것이라고 할 수 없으며, 따라서 각 항에 다른 용어들이 놓일 수도 있다. 또한 강조나 접근방식에서 각 쌍들은 반대의 뜻을 지니고 있다. 더구나 실제 사회주의적 입장들은 예를 들어 교의 **그리고** 가치들, 합리주의 **그리고** 도덕주의, 평등 **그리고** 자유 등과 같이 상이한 접근들을 수용할 수도 있으며, 실제로 수용하고 있다. 그럼에도 불구하고 그 차이는 중요하며, 상이한 여러 전통들로 유지되어왔다.

과학적·교의적 사회주의는 윤리적 사회주의와는 상이한 토대 위에서 있다. 역사 속에 내재한다고 믿어지는 사회주의는 인간의 정력이나 의지와 자신을 연결시키는 사회주의와 같은 것이 아니다. 국가로부터 시작해 하향적으로 건설되는 사회주의는 공동체에서 시작해 상향적으로 건설되는 사회주의와는 다르다. 질서, 계획 그리고 관료제가 딸려 있는 조직사회주의는 직접민주주의와 자주관리의 자유주의적 사회주의에 반대되는 것으로 볼 수 있다.

개선과 설득의 개량주의적 사회주의는 단절과 초월의 혁명적 사회주의와는 상이한 기초 위에 존재한다. 더 많은 안전, 더 많은 평등, 더 많은 자유 또는 오웰의 말투대로, 단지 더 많은 '품위'를 약속하는 사회주의는 인간존재 모든 측면의 전체적인 변형을 약속하는 사회주의와는 상이한 구상을 갖고 있다.

그러한 긴장들은 그 자체가 사회주의적 전통들을 분명히 구분해주지는 않지만, 상이한 종류의 사회주의가 발전해온 일정한 영역을 지적해준다. 물론 실천상으로 사회주의 논쟁은 상이한 위치에서, 또한 단지 시간만이 흘렀을 뿐인 동일한 위치에서도 상이한 형태를 취했다. 새로운 증거와 경험이 논쟁 범위를 확장시키고 그 초점을 변경시킨다. 그래서 '실제로 존재하는 사회주의'의 경험은 생산양식의 결정적 특성과 관련된 특수한 한 입장을 주장하는 교조적 사회주의에게 답변을 요구한다.

마찬가지로 여성해방론은 임금경제하에서의 계급착취에는 주의를 집중하고 있지만, 가정경제에서의 성의 착취는 간과하고 있는 사회주의에 의문을 제기한다. 논쟁들이 진전되고 새로운 진술들이 나타남에 따라, 사회주의 이론은 재평가되었다(경제결정론자 또는 혁명적 인간주의자로서의 맑스의 끊임없는 윤회에서처럼). 제반 사회주의 입장들은 실재적이고 불가피한 긴장들(예를 들면 국가와 공동체, 경제계획과 생산자의 자유, 평등주의와 다양성 등등의 사이에 존재하는 긴장)에서부터 형성되기 시작했다. 그렇지 않았다면 그러한 긴장들은 존재하지 않으며, 오직 한 종류의 사회주의만이 존재한다고 믿을 수 있을 것이다.

그러나 20세기 말에는 이것은 지지받기 힘든 믿음이었다. 더구나 한때 모든 사회주의의 내적 긴장을 해결했다고 주장되어온 위대한 맑스주의의 '합명제 synthesis'는 오래 전부터 그러한 긴장하에서 분열되어왔다.

다음 장(章)의 내용은 대부분 어떠한 점들이 사회주의의 핵심적 문제와 긴장으로 간주되었는지를 자세히 살펴보면서 사회주의의 다양성을 설명하는 데 집중하고 있다. 혁명의 방식인가 개량의 방식인가? 사회주의의 구조적 형태는 어떤 것인가? 사회주의를 건설할 행위자들은 누구인가?

3. 사회주의 이론들의 다양성

<blockquote>
가장 단순하고도 기본적인 용어로 말하자면,
사회주의는 경험적 이론과 도덕적 학설 양자를
모두 갖고 있다. — 버나드 크릭
</blockquote>

목표와 수단, 전략과 행위자에 대한 다양한 사회주의 논쟁의 배후에는 이러한 제논쟁이 취하는 형태에 영향을 주는 좀더 기본적인 차이가 숨어 있다. 실제로 사회주의 논쟁이 구성되는 핵심적 토대를 지적해준다는 의미에서, 사회주의의 지위를 규정짓는 것은 바로 이러한 차이점

---

* 이 장의 원 제목은 doctrine이다. doctrine은 보통 교의나 이론, 학설 등으로 번역된다. 여기에서는 theory와 동일한 문장에 동시에 쓰이는 경우에만 학설로 번역하고 나머지 경우에는 모두 이론으로 번역하였다. 보통 theory는 객관적 지식체계를 의미하는 데 반해, doctrine은 주관적인 지식체계를 의미한다. 따라서 보통 주장적 이론이나 종교적 이론을 doctrine이라고 부른다. 일반적으로 doctrine을 그 의미대로 옮기면 교의 내지 교리 또는 '주의'로 옮겨야 하나, 여기에서는 문맥상 이론 내지 학설이라고 옮겼음을 밝혀둔다. 저자인 앤토니 라이트는 사회주의 이론들을 과학적이고 객관적인 이론체계라기보다는 특정 집단의 주장과 믿음에 의해 유지되고 종합된 주장과 가치관의 지식체계라고 생각하여 사회주의 이론을 theory가 아닌 doctrine을 사용하여 표기하고 있다.

이다. 이 차이에 대해 앞에서 이미 과학과 가치, 합리주의와 도덕주의간의 긴장들을 논의하면서 잠깐 살펴본 바 있다. 사회주의는 두 종류의 이론, 즉 분석과 설명이라는 실증적 이론과 도덕성과 가치라는 규범적인 이론으로 자신을 드러내어왔다.

이러한 차이를 밝혀내거나 또는 그 중요성을 주장한다고 하여 현실의 다양한 사회주의들이 그 다양한 종류의 이론적 기초의 관점에서 명확히 구분될 수 있다는 것은 아니다. 실제에 있어 사회주의자들은 이론적 분석을 도덕적 평가와 결합시킴으로써, 합리주의자이면서 동시에 도덕주의자가 되고자 해왔다. 두 노선의 이론적 주장은 강화되어왔으며, 또한 양자는 논쟁을 확대시키고 각 입장을 강화시키기 위해서, 서로 다른 한쪽의 도움을 필요로 했다. 예를 들면 초기 영국 사회주의는 소위 리카르도적인 '사회주의자들'[1]이 노동가치론을 통해 제공한 착취에 대한 이론적인 설명과, 오웬주의자들의 시장 자본주의에 대한 도덕적 비판 양자에 토대를 두고 있었다.

이러한 이중성은 이후에도 계속해서 착취의 분석을 지주뿐만 아니라 자본가까지 포괄하여 확장했던 (자유주의와 맑스주의를 상대하기 위해 고안된) 경제적 '임차'론을 주장한 페이비안 합리주의의 형태로서 영국 사회주의의 내에 존재해왔으며, 집산주의적 이론은 독립노동당과 연계되어 있는 윤리적 사회주의가 제기했던 도덕적 주장들과 결합되었다. 만약 사회주의적 도덕주의자들이 사회주의적 합리주의에 의해 제공된 무기들을 가지고 자본주의를 비판하고 사회주의에 대한 옹호를 계속해왔다면, 가장 엄격한 사회주의 합리론자들조차도 가벼운 상처만으로도

---

1) 리카르도의 주요한 학문적 업적은 비교가격은 체현된 노동시간에 의해 규정된다는 노동가치설이다. 하지만 리카르도는 가치를 생산하는 추상적 노동과 사용가치를 생산하는 구체적 노동을 또는 특정한 상품에 구현된 정확한 노동시간의 양을 결정하는 사회적 필요노동과 개별적인 노동과의 중요한 구분을 간과했다.

덕주의의 연약한 취약부를 쉽게 드러냈을 것이다.

그러나 실제로는 연약한 취약부라는 은유보다는 강한 내피(內皮)라는 은유가 훨씬 더 적절하다. 이것은 맑스의 경우에 분명히 해당된다. 왜냐하면 『자본론』의 독자들은 자본주의적 착취의 분석이 정치경제학적인 문제일 뿐만 아니라 도덕적 열정의 문제라는 것을 금방 발견하게 될 것이기 때문이다. 더욱 일반적으로 맑스의 여러 가치들, 특히 초기에 가장 두드러졌으며 성숙기에도 핵심적인 것으로 남아 있었던 '인간주의자' 맑스는 자신의 전체 사회주의 기획을 지탱해주는 사회주의적 인간이라는 관점을 형성한다.

맑스의 다양한 가치들은 확고하게 공화주의적인 가치이며, 자본주의를 넘어서 인간주체성의 회복을 지적하는 것이다. 콜라코프스키가 말했듯이 "맑스가 사회주의를 개인이 모든 주체성을 박탈당한 꽁트의 보편 존재로 왜소화되는 체계로 간주했다는 생각은 그의 저작에 대한 연구가 낳은 말도 안되는 곡해 중의 하나이다." 심지어 집산주의의 계보를 확립하기 위한 학문인 역사사회학에서 세심한 연구활동을 해온 완고한 옛 페이비언주의자들도 자세히 살펴보면 사회의 도덕적 통일과 합의를 위한 조건을 추구하는 합리주의자라는 것이 판명된다.

그래서 합리주의자들은 도덕주의자들이며 도덕주의자들은 합리주의자들이다. 단지 그런 것 같아 보이건 사실로 인정하건, 이것은 사실이다. 이는 사회주의가 여기에서 밝혀진 두 가지 의미에 대한 이론이라는 사실을 입증해주며, 이는 당연한 것이다. 그것은 자본주의에 대한 사회주의의 도덕적 우수성에 대한 철학적 설명이지만, 또한 동시에 어떻게 여러 사회들이 실제적으로 구성되는가에 대한, 그리고 이러한 구조의 결정인에 대한 이론적 설명인 것이다. 이러한 필연적 이중성은 그 기초를 구성하고 있는 차이의 중요성을 감소시키는 것처럼 보일 수도 있지만, 사회주의 자체의 역사적 발전이라는 관점에서 볼 때는 그렇지 않다. 이러한 점에서 두 가지 이론 사이의 차이는 상당한 중요성을 갖고 있다. 왜냐하면 그 차이에 기반하여 사회주의적 입장을 형성하고자 했던 사회주의자 자신들이 이를 중요하게 간주해왔기 때문이다.

합리성과 도덕성은 당연하게 요구되는 동반자 관계이며 또한 정상적으로는 기대할 필요가 없거나 형식적으로 부정되는 경우에도 그 공존이 나타나기는 하지만, 이론으로서의 학설과 가치체계로서의 학설이 일치해서 전개되어온 것은 아니다. 자본주의와의 관계에서 손이 더러워질 수밖에 없을 때, 일부 사회주의자들은 바람 속에서 호루라기를 부는 것처럼 도덕적이어야 한다고 외쳐대거나, (예를 들면 램지 맥도날드가 폭로했듯이) 아무것도 할 수 없는 편안한 자세로 있는 것에 만족해하는 것처럼 보이는가 하면, 다른 사회주의자들은 다양한 가치들이라는 말을 거부하고, 모든 해답을 갖고 있는 '과학적' 이론 내에 틀어박힘으로써, 새로운 문제들을 계속해서 제기하는 역사적 과정에 직면해서는 자신의 무능력만을 드러내는 자세 속에 안주해왔다.

맑스가 공상주의자들에게 공격을 개시했을 때, 맑스는 자신의 공격대상을 '공론적(空論的) 사회주의'라고 묘사했다. 이 말로 그는 특수한 사상가들('소부르주아')의 정신적 고안물이며, 사회체계, 계급투쟁이 저발달된 상태에 상응하여 도출된 공상적인 구상물을 지적하려고 했다. 그는 『철학의 빈곤』[2]에서 다음과 같이 쓰고 있다.

> 프롤레타리아트가 아직은 자신을 계급으로 형성할 만큼 충분히 발달해 있지 않는 한, 이 이론가들은 단지 억압받는 계급의 소망을 달래주기 위해 체계를 개선하고, 과학의 개혁을 추구하는 공상가들에 지나지 않는다. 그러나 역사가 전진하는 방식, 그와 더불어 프롤레타리아트의 투쟁이 취하는 더욱 분명한 모습 속에서, 그들은 더이상 자신들의 마음 속에서 과학을 추구하려 할 필요가 없다. 그들은 자신들의 눈앞에서 무엇이 벌어지고 있는지를 적고 대변자가 되기만 하면 된다. 이 순간부터 역사

---

2) 강민철·김진영 공역, 『철학의 빈곤』, 아침, 1988.

적 운동의 산물이자 역사적 운동과 연계되어온 과학은 더이상 공론이
되기를 중지하고, 혁명적으로 되었다.

  그러므로 바로 여기가 공론적 (공상적) 과학과 혁명적 과학 사이의 차
이가 존재하는 지점이다. 전자는 궁극적으로 토대를 상실하게 되며 (그
리고 반동적으로 된다), 반면에 후자는 역사과정 자체에 확고하게 뿌리
박고 있으면서, 그 과정에서 진보적 행위자인 계급의 관점을 표현한다.
그래서 프루동과 같은 사회주의자들은 이러한 과정을 이해하지 못했고,
무용할 뿐만 아니라 역사적으로 뒷걸음질하는 사회질서를 고안했으며,
다른 한편으로는 (자본주의적—역자) 경쟁체계에 대해 단순히 도덕주의
적 비판에 몰두했다는 이유로 비판받는다.
  그 후에 '공론적' 사회주의라는 시각은 거부되고, 상이한 시각이 나타
나게 된다. 주요 공격대상은 사회주의적 주장에 존재하는 도덕에의 호
소와, 과학적 접근의 구성물을 제대로 묘사하지 못하는 거친 개념이었
다. 스스로를 산업사회의 새로운 과학의 창시자라고 여기는 생시몽의
신념에서 증명되듯이, '공상적' 사회주의자들이 자신들의 이론이 위치
한 과학적 지위에 대해 과도한 주장을 했다는 점은 다시 한번 강조될
필요가 있다.
  또한 19세기는 계몽주의적 전통이 자연과학의 위세에 영향받고 있던
모든 학파의 사회사상가들로 하여금 사회에 대한 과학을 건설하게 했
던 시기였다. 사회의 역사발전을 유형화된 과정으로 간주하고, 이러한
유형을 사회법칙으로 해석하고자 하는 몇몇 시도들이 행해졌다. 그러나
그 결과물로 나타난 사회법칙들은 사회법칙을 설명하고자 했던 그들의
야망이 혼란스러운 상태에 있다는 것을 지적해줄 뿐이었다. 이러한 사
항들이 맑스가 '과학적 사회주의'의 창시자로 간주되었던 맥락을 이해
할 수 있게 해준다.
  이는 까다롭고 논쟁의 소지가 많은 논거이지만 현재의 목적을 위해서

여러 논점들을 구성해볼 필요가 있다. 예를 들면 맑스와 맑스의 유산을 기초로 구성된 '과학적' 맑스주의 사이의 일부 차이점들을 구분해보는 것이 필요하다. 비록 맑스는 그러한 모방을 낳게끔 우호적인 단체들 중의 일부와 관계하는 것을 꺼리지는 않았지만, 물리학을 흉내내는 따위의 일을 하지 않았다는 것은 분명하다.

이미 살펴보았듯이 공상적 사회주의자들의 '환상적' 과학과 달리, 맑스의 '과학'은 관찰 가능한 역사발전과 사회운동의 실재에 근거하고 있다고 주장된다. 이러한 주장은 리히트하임이 "사회주의자들이 자본주의가 실제로 어떻게 작동하고 있는가를 이해하기 시작한 것은 맑스가 개입한 이후였다"라고 말했던 의미에서의 경험적 이론과 관련되어 있다. 그러므로 그것은 종종 주장되는 역사의 '철의 법칙'을 발견했다는 것 같은 주장이 아니다. 실제로 인생의 말기에 맑스 자신은 "그 지고의 덕이 초역사적이 되는 데 일반 역사철학이론을 만능해결책으로 이용하고자 하는" 생각을 비웃었다. 오히려 맑스의 사회생산이론은 결정적인 철의 법칙이 아니라 일반적으로 조건짓는 요소들을 지적하는 (맑스 자신이 말했듯이) '지침'이라고 볼 수 있다. 그러므로 현대의 맑스 저작 해석가들이 그의 사회이론을 본질적으로 '연구가설'(이 말은 맑스 해석가 중의 한 명인 터렐 카버의 말이다)에 해당하는 것으로 제시할 수도 있다.

그러나 이러한 모든 것이 적절하게 표현되었다고 할지라도 논의될 필요가 있는 사항들이 여전히 남아 있다. 만약 기술과 생산양식의 중심적 역할에 초점을 맞추고 있는 맑스의 일반 사회이론을 이러한 방식으로 이해한다면, 동일한 사항이 자본주의적 제모순, 공황, 붕괴의 동학과 가치 및 잉여가치에 대해 주도면밀하게 설명하고 있는 경제이론에는 해당되지 않게 된다. 어떠한 의미에서도, 그의 경제이론은 연구가설의 성격을 띠고 있지 않다. 오히려 진정한 인과분석에 대한 확신을 갖고 있다. 더구나 경제법칙으로 무장하고 뒤이어 나타난 포괄적인 '과학적 사회주의'의 기초를 제공한 것은, 성숙한 경제학자이며 자본주의의 과학적 분석가로서의 맑스이다.

또한 맑스의 사회이론을 엄격한 결정체라기보다는 제 경향의 규명이라는 관점에서 파악할지라도, 원저자인 맑스가 사회이론을 체계로 간주한다는 사실은 여전히 남는다. 그것은 모든 것을 포괄하는 자기충족적인 주장이다. 그것은 사회과학과 인간과학에서 지식의 진보나 다른 학문으로부터의 기여를 요구하지 않는다. 다른 사회주의적 이론들이 존재했을지라도, 과학적 지위와 사회적 중요성을 가진 사회주의적 이론은 단 하나만이 존재했다.

이렇게 해서 공개적이며 경험적 이론이라는 필수적 관점에서뿐만 아니라 무엇이 과학인가라고 하는 특정한 견해에 수반되는 폐쇄적 관점에서 원론적 사회주의가 등장한 것이다. 여기에서 우리는 두 가지 특징에 더 주목할 필요가 있다. 첫째, 맑스의 이론은 분석과 행동, 이론과 실제 그리고 세계를 이해하는 것과 변화시키는 것을 결합시켜야 한다고 주장했다. 이러한 주장에는 그러한 결합이 이루어지는 또한 역사과정이 스스로를 작동시키는 담지자를 밝혀주는 것이 포함되어 있다. 물론 맑스에게는 이러한 담지자가 프롤레타리아트였다.

그러나 이러한 담지자를 발견한 것이 맑스에게는 경험적인 행위라기보다는 철학적인 행위로 보였을 것이다. 『신성가족』[3]에서 발견된 정식에서 맑스는 다음과 같이 말하고 있다. "이러저러한 프롤레타리아트 또는 전체 프롤레타리아트가 그 순간에 무엇을 자신의 목표로 **간주하는**가는 중요하지 않다. 중요한 것은 **프롤레타리아트란 누구**이며, 이러한 그들의 존재와 더불어 그들이 역사적으로 무엇을 하도록 강요되는가이다. 그들의 목표와 역사적 행동은 오늘날의 부르주아사회 전조직에서뿐만 아니라 프롤레타리아트 자신의 생활여건 속에 가시적으로 되돌릴 수 없을 정도로 예시되어 있다." 만약 맑스가 많은 전통적인 비판자들

---

3) 『신성가족』, 이웃, 1990.

이 이름 붙인 역사주의와 과학주의에 대한 거친 비난들 중 일부로부터 최소한 부분적으로라도 벗어날 수 있었다면, 그의 입장은 일부 현대 맑스주의자들에 의해 제시되는 바와 같이, 하나의 '방법'이나 일련의 분석 도구 이상의 것을 나타내게 되었을 것이다. 맑스주의는 과거와 미래를 포괄하며 '전사(前史)'의 종말로 제시되는 공산주의에서 정점에 달하는 역사발전의 방향과 행위주체에 대한 이론으로 확대되었다.

둘째, 여기에서 밝혀진 다양한 종류의 사회주의 이론이라는 관점에서 보면, 맑스의 입장은 도덕적 이론으로서의 사회주의를 가장 분명하게, 근본적으로 부정하고 있다. 핵심을 다시 한번 말하면, 이는 맑스 자신이 다양한 가치들에 의해 활력을 얻었는가 아닌가 하는 문제나, 긍정적 답이 이미 주어져 있는가 하는 문제와는 전혀 관계가 없다. 여기에서 맑스의 주장에 중심적인 것은 자본주의에 대한 비판이 역사적·경제적 분석에 근거하고 있지, 결코 독자적인 도덕적 주장에 근거하고 있지 않다는 점이다. 사실 독자적인 도덕적 영역에 대한 믿음들은 근본적으로 잘못된 생각이다. 왜냐하면 그러한 믿음은 도덕적 입장의 독자성과 물적 이해관계들을 표현하는 데 사용한 여러 도덕적 어휘의 용례를 인식하지 못하기 때문이다.

도덕적 책임을 개별 자본가들에게 부여하거나 또는 개인들이 자신들의 계급적 지위와는 별도로 사회적이고 도덕적 의미들을 갖고 있을 것이라는 신념이 부적절한 것처럼, 윤리적인 고려를 통해 자본주의를 분석하는 것은 부적절하다. 맑스는 『자본론』 서문에서 다음과 같이 설명하고 있다.

개인들은 오직 그들이 경제적 범주의 인격화로 다루어지는 한에 있어서, 특수한 계급관계와 계급이해의 구체적 표현인 한에 있어서만 다루어진다. 사회의 경제적 구성의 진화가 자연사적 과정으로 파악되는 나의 관점에서는 사회적으로는 여전히 그 피조물에 머물러 있는 바의 그 모든 관계들에 대한 개인의 책임을 다른 어떠한 관점보다 적게 부여한다.

더구나 노동계급의 해방을 구성하는 여러 가치를 규정하고, 그 다양한 가치들을 행동을 통해 실현시키는 노동계급의 관점에 의해 사고하는 것도 마찬가지로 잘못된 생각이다. 이러한 구분은 있을 수 없다. 왜냐하면 실제적으로 추구되는 목적에 대한 이해는 역사과정 속에서 행하는 해방을 위한 활동을 통해서만 가능하기 때문이다. 그래서 사실과 가치, 무엇이 존재하는가와 어떻게 되어야 하는가 사이의 분리 또한 존재할 수 없다. 자유와 필연도 마찬가지로 분리될 수 없다. 이러한 점에서 볼 때, 맑스가 사회주의에 윤리적 토대나 도덕철학을 제공하는 것은 가능하지 않으며, 오히려 그가 제시하는 사회주의 기획의 정식들은 이를 위한 어떠한 준비의 필요성도 분명하게 부정한다.

이 간략한 언급은 맑스 이론의 특징과 위상을 몇 가지 초점으로 모으기 위한 것이다. 이것은 19세기 후반의 맑스와 맑스주의 사이의 교차관계를 탐색하기 위해서 필요하다. 이 시기는 맑스주의가 다른 사회주의관에 대한 우월성을 확고히 하고, 또한 포괄적인 사회이론으로서의 자신의 확실성을 주장하는 데 있어서 결정적인 시기였다. 만약 이전에 맑스주의가 포괄적인 사회이론으로 존재해왔다면, 이제 맑스의 이론은 더 이상 연구가설이나 경험적 탐구가 아니라 경제법칙과 역사적 결정론의 엄격한 이론으로 제시될 수 있다.

이제 완전히 성숙한, 그 범위와 경계에서 자신의 진가를 완전히 드러내는 인상 깊은 용어인 과학적 사회주의가 존재한다. 맑스 저작을 과학적 사회주의로서 신성화하는 것은 운동과 이론이라는 양 측면에서 볼 때, 사회주의의 일반적 역사에서 상당한 의미를 갖는 발전이다. 첫째로 이 발전은 1914년 이전에 존재한 제2인터내셔널 시기 동안에 이루어졌으며, 두번째로 맑스주의가 확고하게 소비에트 정권의 공식적 이데올로기가 되었던 때에 이루어졌다. 그래서 사실상 여기에서 논의된 것과 관련된 두 가지의 발전이 나타난다.

다른 종류의 사회주의에 대한 맑스주의의 우세는 사회주의 이론에 대한 하나의 이해방식의 우세를 나타내는 것이다. 공상적이고 도덕주의적 경향들은 사회주의의 주류에서 주변으로 밀려났고, 무정부주의와 급진 노동조합주의로 전환되었거나, 이후의 수정주의적이고 개량주의적 경향들의 발생을 기다리는 채로 남아 있었다. 거기에서 맑스 저작을 중요 시기 동안 전세계 사회주의를 통합하는 이데올로기로 이용한 과학적 사회주의라는 이론의 본체에까지 확장시키는 발전이 이루어졌다. 이 기간 동안에 사회주의는 도덕적 이론 내지 신중한 경험적 이론이 아니라 포괄적인 과학적 이론의 위치를 차지했으며 자신을 세계에 ― 그리고 세계 자체에 ― 과학적 사회주의라는 용어를 통해 선보였다.

이 장(章)은 이러한 발전이 나타난 과정을 탐색하기 위한 곳은 아니다. 이런 관점에서 볼 때 그 당시 악평을 받곤 했던 엥겔스의 역할이 핵심적이었던 것으로 보인다. 맑스의 비석 옆에서 행한 엥겔스의 유명한 말에서 그 음조(音調)를 느낄 수 있다. "다윈이 유기적 자연의 발전법칙을 발견했던 것처럼, 맑스는 인간역사의 발전법칙을 밝혀주었다." 맑스 사후에 출간된 엥겔스 자신의 저작 특히 『반듀링론』은 맑스 저작을 연구하는 데 필수적인, 권위있는 준거틀로 받아들여졌다. 그 결과 맑스주의는 현존하는 모든 것에 보편적으로 적용되는, 심지어 자연계 자체도 포괄하는 '변증법적 유물론'으로 격상된 방법론에 의해 유지되는 과학적 지식의 완전한 단일체로 체계화되었다. 그러므로 엥겔스를 통해 맑스주의는 사회에 대한 완전하고 자기완결적인 과학으로 그 지위가 강화되었으며, 이미 드러난 역사결정 과정에 근거하고 있기 때문에 사회주의는 도덕적 가치로부터 독립적인 위치로 한층 강화되었다.

이러한 맑스주의의 체계화에서 엥겔스가 수행한 역할을 밝혀낼 때, 우리는 그가 과학주의, 실증주의, 역사주의에 빠져 있던 19세기 후반 사상조류의 분위기를 그대로 반영하고 있음을 상기해야 한다. 그러한 분위기를 거스르기는 무척 어려운 일이다. 엥겔스의 경우 자연과학에 애착을 갖고 있었기 때문에, 그가 했던 일은 이러한 분위기가 맑스주의에 침투하는 것을 막는 것이 아니라 맑스주의에 충실하게 동화되게끔 하는 것이었다.

이러한 작업은 전적으로 성공적이었고 최소한 한 세대 동안(어떤 의미에서는 그 이상) 사회주의 논쟁의 출현양상을 규정했다. 이것과 관련된 몇몇 예를 들기 전에, 그러한 사회주의적 입장에 대한 이해와 그러한 입장의 출현이 갖는 일반적이고 핵심적인 영향을 살펴보는 것이 중요하다. 그것은 특수한 논쟁방식, 즉 사회주의를 엄격한 과학적 이론으로 채워넣는 이론화 방식을 낳았다. 일반적인 사회주의 발전의 관점에서 보면 이러한 논쟁방식은 진정한 의미에서 그 특수한 이론의 내용보다도 더욱 중요하다. 즉 사회주의자들은 자신들이 역사과정을 이해하고 있다고 믿었으며, 이러한 역사과정의 이해가 자신들의 정치적 활동을 안전한 과학적 토대에 의해 지탱되고 있다고 믿게끔 만들었다.

이러한 과학적 토대의 주요 요소는 이미 익숙한 것들(예를 들면 역사단계, 생산양식의 결정적 역할, 자본주의의 숙명적 모순, 프롤레타리아트의 혁명적 임무에 대한 맑스의 설명)이지만, 그러한 요소들이 결합됨으로써 사회주의를 비판으로부터 보호하고 곤란한 증거에 직면하게 되었을 때 지탱시켜주는 완전한 과학적 체계와 지위를 차지하는 결과를 낳았다. 또 다른 영향은 어떠한 이론상의 발전이나 혁신(예를 들면 자본주의 붕괴의 정확한 본질 또는 제국주의 분석)이 맑스주의의 과학적 지위를 어떤 식으로든 침식한다기보다는 그 지위의 취약지점을 강화시키는 것으로 제시되고 주장된다는 것이다.

이러한 지위가 보장해주는 것은 자본주의에서 사회주의로의 이행에서 나타나는 필연적 특징이었다. 이것은 말하자면 과학적 사회주의의 기초였다. 이것은 도덕적 설득상의 활동이나 의지행위에 의존하는 결과물이 아니었다. 또한 부수적이거나 단지 활용가능한 결과물도 아니었다.

그래서 역사적 행위의 세계에서 정치적 의의를 지닌 과학적 이론이 존재하게 되었다. 하나의 중요한 의의는 사회주의자들이 끊임없이 자신들의 정치적 활동을 이론적 정통의 관점에서 추구한다는 것이다. 심지어는 (특히) 그들의 활동이 정통의 관점과는 정반대일 때조차도 이론적 정통을 추구한다. 이론적 정통주의는 그 활동의 성공을 보장해주었고 아니면 그렇게 믿어졌거나, 최소한 그러한 활동에 정당성을 부여해주었다.

이러한 점이 실제로 포함하고 있는 것 중 일부를 간략하게 살펴보자. 여기에서 살펴본 과학적 논쟁양식이 갖는 주목할 만한 또 다른 일반적 특징이 있다. 이론의 완전성에 대한 신념은 '과학적 사회주의자들'로 하여금 불리한 증거를 축소시키고, 엄격하게 미리 만들어진 설명 범주들로 압축시키도록 지속적으로 유혹했다. 랄프 밀리반트[4]가 이미 말했듯이, 이것은 맑스주의자들의 정신자세에 반영되어 있다. "이러한 신념에 따르면, A와 B가 전적으로 다른 것이 아니기 때문에, A와 B는 실제로는 전혀 다르지 않다." 그러나 역사는 잡동사니들로 가득 차 있으며, 이러한 잡동사니들은 자신들이 역사의 수수께끼를 풀었다고 믿는 사회주의자들에게 특별한 문제를 제기해왔다.

이러한 신념은 유럽에서 1914년 이전의 사회주의적 정통주의에 중심적인 것이었으며, 또한 1914년의 사건이 사회주의자들에게 왜 그렇게 충격을 주었는지 그 이유를 알게 해준다. 붕괴가 예상됐던 것은 자본주의였지 사회주의 인터내셔널이 아니었다. 민족주의는 전세계 혁명에 이바지하는 세력들에 의해 점차 소멸되어가도록 되어 있었다. (1914년에

---

4) Milland, Ralph(1924~) : 벨기에계 영국인 정치학자. 『*Socialist Register*』의 공동 편집인. 그는 국가론과 관련하여 '밀리반드 - 풀란차스 논쟁'으로 유명하다(박상섭 엮음, 『국가권력과 계급권력』, 한울열린글, 1985 참조). 그는 자본주의 국가에 대한 도구주의적 분석을 진행시켜왔는데, '왜 국가는 지배계급의 이익을 현실화하는 수단'인간에 초점을 맞추었다(정원호 역, 『마르크스주의 정치학 입문』, 풀빛, 1989 참조).

그리고 1917년의) 여러 사건들이 사회주의의 다양한 입장들에 그러한 손실을 가져다줄 수 있었던 것은, 사회주의자들이 맑스주의를 견고한 이론체계로 전환시켰기 때문이다.

그래서 제2인터내셔널의 지도적 이론가이자 이론적 정통의 지수였던 칼 카우츠키는 자본주의의 성숙화과정이 프롤레타리아트의 승리와 사회주의의 확립으로 귀결되는 과정을 유일하게 설명해줄 수 있었던 맑스주의 역사유물론[5]에 기초하여 맑스주의의 위상을 정립했다. 카우츠키는 맑스주의가 사회발전의 동력과 방향 문제를 해명해주는 역사과학으로서의 사회주의라는 시각을 제공해주었다는 엥겔스식의 맑스주의 해석에 다원주의를 끌어들였다. 그리하여 카우츠키는 "맑스주의적 사회주의는 결국 출발점에서부터 프롤레타리아트의 관점을 지닌 역사과학에 다름 아니다"라고 선언했다.

카우츠키는 이 당시 항상 이론적 정통의 상징으로 간주되었다. 그러나 더 중요한 것은 사회주의의 본질적인 과학적 성격을 강조하는 그의 주장방식이 당시에 널리 퍼져 있던 정통주의의 반영 그 자체라는 점이다. 예를 들면, 다양한 문제들에 대해 정력적으로 독자노선을 추구했던 독일사민당 좌파의 중요 인물인 로자 룩셈부르크는, 사회주의는 객관적으로 필연적인 것임을 보여주는 분석에 확고히 뿌리박고 있어야 한다는 것을 주장했는데, 이러한 점에서 그는 아주 뛰어난 정통주의자라고 볼 수 있다. 그는 이러한 주장을 맑스의 자본주의 붕괴에 대한 일반적

---

6) 역사적 유물론은 역사의 유물론적 개념으로 알려진 맑스주의의 중심체를 말하는 것으로, 사회의 발전법칙에 관한 과학으로써 사회발전의 가장 일반적인 합법칙성을 구명하는 것을 목적으로 하고 있다. 엥겔스는 잉여가치와 역사적 유물론이 맑스의 위대한 두 가지 발견이라고 생각했다. 역사적 유물론은 두 가지 핵심으로 이루어져 있는데, 첫째는 역사상의 다양한 사회경제적 생산조직은 생산력의 발전에 따라서 발생·소멸한다는 사회발전의 이론이다. 그리고 둘째는 계급투쟁의 이론으로 생산관계에 의해 정의된 계급적 위치가 계급구성원들의 의식과 세계관을 결정한다는 것이다.

설명이 옹호되어야 할 이유의 정확한 조건과 근거에 대한 특수한 경제적 분석(축적론이라는 형태로)으로까지 이끌어갔다.

그의 분석은 그 문제에 대해 당시 지배적이었던 정통 맑스주의자들의 관점에서 보면 우스꽝스러운 것이었지만, 사회주의가 자본주의 몰락의 불가피성에 대한 과학적 증거를 제시해줄 것이라는 데 대한 의심을 미리 막아야 할 필요가 있었음을 반영하고 있다. 더욱이 플레하노프(일반적으로 러시아 맑스주의의 아버지로 묘사되는)는 맑스주의의 위상을 완전한 철학적 체계로 해석·방어하고, 소책자나 입문서 형태로 맑스주의를 해설하면서 맑스주의의 체계화를 더욱 진전시켰다. 이것이 후에 소련의 국가이데올로기가 된 공식적 맑스주의를 특징짓는 접근법이다. 오스트로 - 맑스주의자 힐퍼딩[6]이 금융자본과 제국주의 분석을 통해 맑스의 작업을 국제경제의 발전에 대한 설명으로 확장할 때조차도, 그 기본적인 관점과 결론은 자본주의의 붕괴와 프롤레타리아트의 승리를 예시하는 흐름을 규명하는 것을 자신의 임무로 하는 정통주의의 관점 및 결론과 여전히 동일한 것이었다.

그리하여 이제 맑스가 발견한 이성의 힘으로 사회주의의 역사내재성을 증명해주는 정교한 이론적 체계를 건설하는 데 있어서 지적으로 탁월한 과학적 사회주의가 나타나게 되었다. 여기에서 건설 자체가 아니

---

6) Hiferding, Rudolf(1877~1941) : 비엔나 태생. 원래 의학을 전공했으나 경제문제에 깊은 관심을 가졌다. 그는 1904년 막스 아들러와 함께 『맑스 연구』를 편찬했고, 1906년에 독일 사회민주당 학교에 교수로 초청되어 『전진』의 외국인 편집자가 되었다. 1914년 전쟁을 반대하는 독일 사회민주당의 좌파에 가담했고, 전쟁 후에는 독립사회당의 잡지인 『자유』를 편집했다. 1920년 프러시아 시민권을 얻어 의회의원과 재무장관을 지냈다. 나치가 권력을 잡은 후 추방되어 1938년 파리로 이주했으나, 프랑스가 점령된 후에 비시 정부에 의해 독일 정부로 넘겨져 게슈타포에 의해 살해되었다. 그는 '자본주의 발전의 마지막 단계'인 금융자본에 대한 분석과 이를 다룬 저서인 『조직자본주의』로 유명하다(김수행·김진엽 공역, 『금융자본』, 새날, 1994 참조).

라 과학과 내재성에 초점이 놓여 있는 이유는, 과학과 내재성이 이러한 사회주의의 분명한 특징로 보이기 때문이다. 더구나 사회주의의 핵심적 특징으로 과학과 내재성을 옹호하는 사람들은 서로간의 불일치점이 무엇이든지간에 항상 그와 같은 사실이 올바르다는 점을 확인하고자 했다.

그래서 베른슈타인의 수정주의에 대한 논쟁에서, 로자 룩셈부르크는 왜 자본주의 붕괴론이 과학적 사회주의에 핵심적인가를 설명했다. 그 이유는 "만약 우리가 베른슈타인처럼 자본주의적 발달이 자신의 파멸 방향으로 나아가고 있지 않다는 것을 인정하게 되면, 사회주의는 더이상 객관적으로 필연적인 것이 아니게 된다." 동일한 맥락에서, 카우츠키는 "만약 역사에 대한 유물론적 관념과 도래하는 사회혁명의 동력으로서의 프롤레타리아트라는 관념이 폐기되는 때가 온다면, 그때 나는 나 자신이 더이상 쓸모없게 되었다는 것, 또한 내 삶이 더이상 어떤 의미도 갖고 있지 않다는 것을 인정해야만 할 것이다"라고 말한 바 있다.

또한 과학적 사회주의는 폭넓은 호소력을 가져왔고 이른바 자신의 과학적 위상의 토대에 상당한 영향력을 행사할 수 있었다. 이러한 점이 프랑스 급진 노동조합주의자인 소렐[7]에 의해 인식되었다. 그는 실용적인 의미에서 과학적 사회주의가 프롤레타리아트의 혁명적 임무의 수행을 지탱해주는 이데올로기적 무기로서 적절한 것으로 보았다. 개별 사회주의자들이 과학적 사회주의에 의해 제공된 역사적 확실성에 크게

---

7) Sorel, Georges(1843~1922) : 체르부르크에서 출생. 초기의 소렐은 맑스주의를 하나의 과학으로 보고, 맑스가 자본주의의 '예정된' 발전법칙을 발견했다고 믿었으나, 1896년 이후 맑스주의는 우선적으로 윤리학적인 이론으로 봐야 한다고 주장했다. 그는 예정된 자본주의의 경제적인 붕괴 대신에 부르주아 사회가 직면한 도덕적인 파국의 이론을 제안했다. 1902년 이후 생디칼리즘의 주요한 이론상의 대표자가 되었으며, 1906년 『폭력론』에서 계급투쟁을 사회주의의 '알파요 오메가'로 받아들여, 맑스주의의 중심적인 교의는 노동계급을 행동하도록 고무시킬 수 있는 상념으로서의 '신화'로 보아야 한다고 주장했다.

영향받았다는 사실은 도처에서 찾아볼 수 있다. 두 영국인의 사례를 살펴보자.

윌리엄 모리스는 "우리가 사회혁명이라고 부르는 거대한 변화의 씨알이 파종되기 시작했다"는 것을 깨닫게 될 때까지, 자신이 얼마나 "비관적인 인생목표를 추구해왔는가"를 얘기했다. 그 후 1930년대의 가장 뛰어난 공산주의적 관점의 대표자였던 존 스트래치[8]는 "사회주의를 옹호하기 위한 핵심적 주장"은 사회주의가 "인간문명이 최대한 유지될 수 있는 하나의 방식"이라는 사실이라고 말했다. 이러한 류의 주장으로부터 한 관찰자는 스트래치가 "부르주아 체계를 건전하고 진보적으로 보존할 수 있는 조금의 가능성이 존재했다면, 부르주아 체계를 변화시키려 하지 않을 것이라는 점을 (후에 스트래치가 맑스를 비난하고 케인즈[9]를 수용했음에 비추어볼 때) 누구나 분명히 알 수 있다"라는 발언을 하기도 했다.

1914년의 사건은 제2인터내셔널 사회주의의 티끌 하나 없을 정도로 깨끗한 이론구조에 흠집을 냈고, 인터내셔널 사회주의의 공식적이고 동

---

8) Strachey, John(1901~1963) : 영국 작가이자 정치지도자. 1929년 노동당 의원이 되었으나 사임하고 좀더 급진적인 사회적 대안을 모색하려고 노력했다. 1945~1963년 노동운동의 가장 성숙한 이데올로기적 사상가로 의회에 복귀했고, 이후에 식량장관, 국방장관 등을 역임했다.

11) 케인즈와 맑스가 경제문제에 접근하는 데서 갖는 가장 공통적인 특징은, 중농주의자들에 의해 시작되고 고전학파 경제학자들(특히 리카르도)에 의해 완성된 거시경제적 성격이다. 한편 그들 사이의 가장 중요한 차이점은 맑스의 경우 거시경제적 접근과 평가가 가치와 잉여가치의 과학적 이론(그에 의해 완성된 노동가치론)에 뿌리를 박고 있음에 반해, 케인즈와 그의 학파는 순수하게 경험적이고 '즉각적인' 성격(정부통계에 근거를 둔 GNP 계산)의 거시경제적 계산만을 하며, 그가 여전히 기초를 두고 있는 신고전학파의 가치론과 무관하다는 점이다. 그의 저작 중 번역된 것들로는 다음과 같은 책들이 있다. 조순 역,『고용, 이자 및 화폐의 일반이론』, 비봉출판사, 1985 ; 신태환·이석륜 공역, 『화폐론』, 비봉풀판사, 1992 ; 이석륜 역,『화폐개혁론』, 비봉출판사, 1993.

시에 최후의 파열과정을 시작케 했으며, 1917년의 사건은 그 구멍을 균열로 바꿔놓았다. 정통이론의 관점에서 볼 때, 볼세비키 혁명은 일어나지 않았어야 했다. 정통 과학적 사회주의가 주장하는 방식대로 말하면, 볼세비키 혁명에서는 사회주의의 터전을 제공하는 발달된 노동계급을 갖춘 성숙한 자본주의 대신, 사회주의의 토대를 형성하는 데 있어 자본주의가 부여한 역사적 임무인 정치·경제적 발전 양자가 결여된 농업사회에서의 혁명적인 권력장악만이 존재했다.

이러한 점에서 맑스주의 학설의 방어자로 일컬어는 카우츠키와 플레하노프는 레닌주의를 반대했다. 경제적 조건들이 적절치 못할 때, 혁명은 억압에 의해서만 유지될 수 있다. 그러나 만약 이 판단이 이론적으로 옳았고, 이후의 상황전개 과정에서 그 올바름이 입증되었다면, 이 또한 역사적 사건들에 심하게 노출되어 훼손될 수밖에 없던 과학적 사회주의의 취약성을 반영하는 것이다. 과학적 사회주의의 황금시대는 끝났다. 과학성에 대한 믿음이 맑스 - 레닌주의라고 알려진 사상에 근거하고 있다는 점만을 제외하고, 그 외피는 이제 소비에트 공산주의의 공식적 이데올로기로 전유되어 전개되었다.

많은 측면에서 이론적 사회주의의 극복과 몰락에 가장 두드러진 기념비를 제공한 사람은 레닌이다. 이것은 종종 주장되듯이 레닌이 이론의 권위를 통해 실천이라는 불도저를 운전한 혁명적 기회주의자였기 때문이 아니다(또는 더욱 분명히 말하면, 그가 책상물림 사회주의자가 아니라 행동하는 사회주의자였기 때문도 아니다). 오히려 정확히 그 반대로, 항상 이론의 준비를 통해 실천에 도달해가야 한다고 주장해온 최고의 이론적 사회주의자였기 때문이다(이러한 점은 닐 하딩의 『레닌의 정치사상』에서 강조되고 있으며, 여러 자료에 기록되어 있다).

레닌의 임무는 혁명적 실천을 안정적인 이론적 입장에 뿌리내리게 하는 것이었다. 그래서 1917년에 레닌은 러시아에서의 사회주의 혁명이 자신의 독점자본주의론과 제국주의론의 권위를 인정받게 해주었다는 데 스스로 만족해했다. 레닌은 독점자본주의론과 제국주의론을 통해 "객관적인 발전과정이 너무도 진전되어 사회주의를 향하지 않고는 독점(그리고 그 전쟁은 독점의 수, 역할, 중요성을 10배나 확대시켰다)으로부터 벗어나 전진하는 것이 불가능하다'는 주장을 해왔다. 그래서 하딩의 말에 따르면, 레닌은 심지어 주변 여건이 굉장히 불리하다고 생각될 때나 소수파일 때도, 자신의 이론적 입장을 실천적 활동에 엄격하게 적용한 '뛰어난 이론적 정치가'였다.

레닌주의는 이론에 예언의 질을 부여하는, 미래의 사회발전 과정을 규명하는, 사회주의적 실천이 이론과 결합되어야 함을 주장하는 맑스주의적 전통의 절정이라고 볼 수 있다. 그러므로 레닌의 승리는 이러한 전통의 완성일 뿐 폐기가 아니다. 그러나 이론이 지시하는 대로 움직였던 사건들이 실패하게 됨으로써, 레닌의 입장(제국주의에서 드러난 대파괴로부터 배태된 전세계 혁명의 예고)의 이론적 버팀대가 무너져 버렸을 때, 그 완성은 또한 분열을 뜻하게 되었다. 레닌의 혁명은 기회주의가 아닌 이론에 기반하고 있었지만, 성공의 본질은 과학적 사회주의의 전체 이론적 전통의 무능력에 대한 증거물을 보여줄 뿐이다. 중요한 것은 과학적 사회주의라는 이론이 잘못되었다는 것이 아니라 이론이란 무엇이며, 사회주의 정치에서 이론의 역할은 무엇인가에 대한 근본적인 오해가 존재한다는 것이다.

이러한 비판 중 일부는 베른슈타인에 의해 주장되었으며, 이는 그의 '수정주의'가 제2인터내셔널의 정통주의자들에 의해 왜 그렇게 격렬하게 포위되어 비판받았는지 그 이유를 짐작케 해준다. 지배적인 정통 맑스주의의 주요 부분(가치론, 프롤레타리아 궁핍화, 계급양극화, 자본주의 붕괴)에 도전하고, 수정의 개량주의적 함의를 제시함으로써, 베른슈타인은 동시에 정통주의의 도식적, 과학적 토대 전체에 도전했다. 맑스의 생산이론에 포함되어 있는 토대 - 상부구조 관계에 따르면, 베른슈타인은 "이데올로기적, 특히 윤리적 요소들에 이전보다 훨씬 더 큰 독자적 활동공간을 부여할 필요가 있다고 주장했다.” 즉 하나의 사회주의 이론은 최소한 다른 사회주의 이론에 의해 보완되어야만 했다.

비록 현대 사회민주주의 전통의 발전이 이론적인 철저성의 측면에서보다는 수정주의를 비판해온 많은 사회주의자들의 정치적 실천 속에 분명히 나타나 있지만, 이러한 사실은 현대 사회민주주의적 전통의 발전에 중요한 계기를 나타낸다.

이러한 점은 또한 제2인터내셔널의 정통주의의 본거지인 독일의 바깥에서 들려오는 여러 사회주의적 주장의 특징에도 분명히 나타나 있다. 예를 들어, 프랑스 사회주의의 지도자인 조레스는 맑스주의를 전체 체계로 간주하는 지점에 이르게 되었을 때, 더이상 맑스주의를 고수하지 않고 자유롭게 다른 전통들을 이끌어냈다. 특히 그는 사회주의를 단순한 과학적 이론으로서뿐만 아니라 동시에 인간의 본성이 오랜 동안 의식적으로 추구해온 도덕적 가치의 표현으로 간주했다. 제2인터내셔널의 정통이론하에서, 조레스와 카우츠키는 서로 다른 사회주의를 제시했다. 조레스에게 있어 사회주의란 본질적으로 가치의 문제였다. 카우츠키에게는 사회주의란 다름 아닌 본질적으로 포괄적인 사회과학이었다.

또한 맑스주의의 영향을 별로 받지 않았으며, 페이비언주의를 통해 맑스주의에 대응했던 영국 사회주의도 있다. 페이비언주의자들은 맑스주의에 이론적인 열등감을 느끼기를 거부하고, 경제적 임차론을 통해서 잉여가치에 대한 맑스의 설명보다 우수한 자본주의적 착취에 대한 설명을 제공하고자 했으며, 역사적 분석을 통해서 집산주의적 개량정치를 위한 사회발전의 방향(『페이비언 논문집』에서 시드니 웹은 “사회적 제경향의 필연적 진보”라는 말로 묘사하고 있다)에 대한 설명을 제공해왔다고 주장했다. 초기 페인비안주의자들은 종종 얘기되는 것처럼 단순한 경험주의자들이 아니라 이론가들(비록 정통적 이론의 강화를 요구하지는 않았지만)이었다.

그렇지만 영국 사회주의의 중심적이고 특징적인 사실은 영국 사회주의가 다양한 원천에서 파생된 도덕주의에 깊이 몰입되어 있다는 점이다. 토니의 말에 의하면, 이것은 "부끄러움 없는 윤리적" 사회주의의 전통이다. 이론적으로 원시적이며 빈곤한 언술이라는 위치로 분류되었다는 점이 영국 사회주의를 1914년 이전의 과학적 사회주의 세계로부터 고립시켜왔다면, 1914년 이후에는 영국 사회주의가 상이한 토대 위에서 민주사회주의를 건설하는 데 일정한 역할을 담당하는 것을 가능케 했다.

여기에서 논의한 사회주의적 논증방식, 즉 이론을 과학적 사회주의라는 위치로까지 격상시킨 논증방식은 사회주의 정치에 많은 영향을 미쳤다. 레닌의 예는 그러한 영향을 이미 극적으로 보여주었다. 예를 들면 프롤레타리아트의 필연적 승리의 필수적 서곡인 자본주의의 성숙에 대한 신념을 배후에 깔고 있었고, 1914년 이전의 독일 사회민주당의 전도를 규정했던 결정론이 실제 행동지침으로서는 별로 도움이 되지 않았다는 것이 드러났다. 이러한 결정론은 조건이 무르익기만을 기다리는 대기론을 낳았고, 결국 당의 혁명적 이론과 정치적 실천 사이에 깊은 간격을 만들었다.

또한 특히 스탈린시대의 러시아가 사회주의의 횃불로 타올랐던 1930년대에, 서구의 지식인 사회주의자들이 스스로를 설득하던 방식인 동반여행을 생각해보자. 그 모든 진정한 역사적 복잡성을 인정하더라도, 이러한 현상을 설명하려는 시도가 행해지지 않았다면, 이는 사회주의는 사적 소유의 폐지와 생산수단의 사회화의 관점에서 정의되어야 하므로 소련은 '본질적으로' 다른 나라의 사회주의자들(비록 동요의 원인을 얼버무리거나 주목을 회피하기 위한 것이라고 할지라도)에 의해 지지되고 보호되어야만 하는 사회주의 사회라고 생각해왔던 이론적 전통의 계승을 그대로 반영하는 것이라고 할 수 있다.

실제로 1930년대 전시기에 걸쳐, 사회주의자들은 자본주의 붕괴의 불가피성과 온갖 문제가 터져나온 골치아픈 10년간 제대로 대응하지 못했던(이 시기에 사회주의자들은 자신들만이 유일하게 제대로 대처해나갈 수 있다고 주장해왔다. 이는 이 시기에 맑스주의가 상당한 호소력을 가졌다는 사실에서 증명될 수 있다) 자본주의의 계승자로서 사회주의가 제시되는 역사적 도식과 이론적 전통 속에서 성장해왔다. 그들의 이론은 자본주의의 회복과 안정화에 대해서는 고려치 않았다(이는 자본수의 개혁가들, 특히 사회민주주의자들이 맑스주의 비판했을 때 왜 그렇게 비웃음을 받았는지를 설명해준다).

본질적인 면에서 파시즘을 독점자본주의의 사망통고로 본 이해방식은 파시즘으로부터(공산주의 이론과 실천이 일정 단계에서 그랬듯이, 파시즘을 사회민주주의자들의 '실제적인' 사회파시즘에 관련시키는 것보다는) 자본주의적 민주주의를 구별하고 보호할 필요가 있다는 점을 무시했다. 독일 공산주의자들이 히틀러에 대항하자는 공통의 대의명분을 거부했다는 것[10]은, 이론적 전통이 실제 세계에서 독일 공산주의자들에게 정치적 행위의 제반 결과와 무능력을 가져다주었음을 상기시켜 준다.

만약 이것들이 특수한 영향의 예라는 사실을 인정한다면, 이론을 과학적 (또는 의사과학적) 이론의 역할로 격상시키는 것과 관련된 더욱 일반적인 영향과 특징들을 규명할 수 있을 것이다. 과학적 사회주의는 과학적 사회주의자들을 필요로 하기 때문에, 결과적으로 정통주의의 발전이 정통주의의 담지자의 발전을 가져온다는 것은 기본적 사실이며 또한 중요하다. 올바른 이론과 적절한 적용은 이론를 다루는 사람들에게 중요한 역할이 맡겨져 있는 사회주의적 기획에 핵심적이다. 그들은 역

---

13) 1920년대 후반 데르만에 의해 지도되는 독일 공산당은 파시즘의 위험이 코앞에 닥쳐오고 있고 나치 당의 지원에 의한 전쟁 준비가 일사불란하게 진행되고 있음에도 불구하고 '사·민 주요 타격론'에 입각하여 나치 당과 사회민주당을 똑같은 비중으로 공격하고 있었다. 1931년 8월 나치가 프로이센 주 정부수상 오트브라운의 소환을 제안했을 때, 독일 공산당은 이 불신임 투표에 참가했는데, 독일사회민주당은 이것을 이유로 사·공 통일전선 형성을 거부했다.

사과정에 대한 우수한 통찰력을 가지고 정확한 방향으로 대중들을 지도해가는 당을 이끌어간다. 카우츠키는 다음과 같이 말했다.

"지식은 오늘날에도 여전히 자산소유계급의 특권이다. 프롤레타리아트는 자신들로부터 강력하고 생동력있는 사회주의를 도출해낼 수 없다. 사회주의는 프롤레타리아트에게로 보내져야 한다."

다음에는 이러한 '무(無)에서 발생하는 의식'의 문제를 살펴볼 것이다. 그러나 당분간은 과학적 지식의 소유에 의해 자신을 규정하는 사회주의가 지식의 소유자에 대한 특별한 권위를 갖고 있다는 것을 상기하는 것만으로도 충분하다. 이러한 권위란 종종 주장되었던 바로 그것이며, 그 이후 권력으로 전화되어왔다.

한편 맑스 저작에 기초한 것으로 주장되는 이론적 전통과 연결된 더욱 일반적이고 근본적이며 특징적인 면이 존재한다. 맑스는 사회구조와 사회변화의 장기적 결정요소에 대해 개척자와 같은 이론을 발전시켰다. 그러나 이 이론은 맑스라는 이름을 직접적인 정치행위의 과학으로 간주하는 전통들에 의해 확장되었다. 리히트하임은 이러한 점을 맑스의 계급론과 연관지어 적절하게 지적하고 있다. "이 이론은 정치질서의 경제·사회적 토대에서 발생하는 장기간의 변화에 적용가능한 매우 독창적인 분석을 포함하고 있다. 그래서 이것은 16세기 이래로 사회의 진화에 관심을 갖고 있던 역사학자와 사회학자들에게 중요한 도구를 제공해주고 있지만, 그러나 단기적인 정치행위의 지침으로는 별로 쓸모가 없다."

단지 이 이론이 그 역할을 수행할 수 없어서가 아니라, 이론을 이러한 방식으로 전개시켜온 사람들이 장기적인 경제적 결정에 관한 이론을, 정치를 경제의 한 가지로 축소시키는 입장으로 전환시켰기 때문이다. 적어도 최근까지 그러한 '축소'와 '경제주의'는 맑스주의 전통의 중요한 특징 중의 하나였다. 또한 역설적이게도 프랑크 파킨이 "과거를 예언하는 맑스주의 과학"으로 묘사했던 사항은 지금까지도 받아들여지고 있다.

이것은 또 다른 문제를 낳는다. 만약 장기적인 사회변화의 일반이론이 단기적인 정치행위의 안내책자처럼 다루어졌다면, 자본주의의 역동성을 분석함에 있어(그 이론의 사용과 관련해서 제기되는 문제점만큼이나 많은 문제점들이 원래의 정식화에서도 제기된다), 그 이론이 제시한 정치경제학 모델은 정치적 인과관계에 관한 이론으로 다루어졌을 것이다. 즉 가치, 이윤감소, 자본주의적 집중 등에 대한 (다소간 유용하다고 할 수도 있는) 이론들은 그 이론의 필연적인 정치·사회적 결과에 대한 이론으로 확대되었다. 그러나 두 영역은 분석적으로 구분되는 것이기 때문에, 이러한 확대는 부당하고 잘못된 것이다. 맑스는 그들 사이에 경험적인 것이 아닌 철학적 연관성을 맺어놓았으며, 이러한 연관은 자신을 압박하는 경험적 증거의 무게를 지탱할 수 없었다.

설사 맑스의 철의 결정론에는 잘못이 없다손치더라도, 다른 요소들의 활동을 위한 여지를 너무도 적게 설정했다는 점에서 그의 접근방식에는 상당한 정도로 경제결정론(엥겔스가 '궁극적으로 결정하는 요소'로 묘사했던 것)적 요소가 존재한다. 그러나 많은 측면에서 맑스의 정치경제학이 정치적 영향력을 제대로 행사하지 못하도록 막았던 것이 바로 이와 같은 '다른 요소들'이었다. 계급의식은 특수한 사회 내부에서 그리고 여러 사회간에 다양한 형태를 띠고 있으며, 저항과 통합을 가져온다. 관념들, 신념들, 사회집단들, 국가들, 민족주의 등의 '상부구조'는 규정당하는 것을 분명하게 거부했으며, 상당한 정도로(스탈린이 이론이 아닌 실천으로 증명해보였듯이, 심지어 경제적 토대까지도) 스스로를 결정할 수 있는 능력이 있음을 증명해 보였다.

여기에서의 핵심은 왜 이론적인 모델이 정치적 결실을 맺는 데 실패했는가 라는(현대 맑스주의에 너무도 고통스럽도록 지속적으로 제기되는) 질문을 하는 데 있는 것이 아니라, 자본주의의 이론적 모델이 동시에 사회주의에 정치적으로 중요한 이론이었음을 상기하면서, 그러한 실패를 초래한 접근방법상의 오류를 밝히는 것이다. 피터 워슬리가 말하듯이 사회주의 이론은 보편적 사회과학이 아니라 "사회학이 되기 바로 바로 직전에 멈추어 선 정치경제학"이라는 자신의 위치를 드러내지 않았다. 또한 정치가 부가되어야 한다는 사실 역시 드러내지 않았다.

민주사회주의자들이 전통적인 맑스주의에 대한 비판을 공식화했을 때, 그들은 맑스주의가 과학이라는 허구를 밝히려고 하였다. 생산양식의 중요성과 역사발전 및 광범위한 사회구조의 설명에서 계급적 기초를 밝히는 맑스의 일반적 용어들을 인정하면서도, 민주사회주의자들은 경제결정론을 철저하게 신봉하는 사람들과는 관계를 끊었다. 그들은 경제결정론을 부적당한 역사해석이라고 거부했으며, 최소한 부분적으로나마 정치, 가치, 관념(민주적인 사회주의적 정치의 장을 제공하는)의 독자적인 영역이 존재한다는 점을 주장하고자 했다. 그들은 또한 맑스의 계급양극화, 노동계급 궁핍화 그리고 자본주의 붕괴론에 도전했다. 그리고 이러한 이론과 다른 맑스주의자들의 예측이 실천에서 실패한 이유를 밝히고자 했다.

그러나 이러한 특수한 문제를 넘어선 두 가지 주요한 비판이 존재한다. 첫째로, 맑스주의가 맑스주의자들에게 미친 영향이 존재한다. 그들은 (맑스의-역자) 원문을 기계적으로 읽었고, 모든 것을 엄밀한 경제범주로 축소시켰으며, 그들만이 어떻게 사회가 작동되는지를 안다고 믿었으며, 맑스주의를 전체적이고 자기완결적인 체계로 간주했으며 그리고 거만하게 안하무인격의 정치행태를(특히 불쌍하게도 '관념론'으로 비난당한 다른 사람들, 비맑스주의자들, 사회주의자들에 대해서) 보여주었다. 이러한 성격들은 맑스주의 전통이 잘못 주장해온 과학적 입장으로부터 파생된 것이라고 볼 수 있다.

민주사회주의자들이 가하는 두번째의 주요한 비판은 맑스주의에 윤리적 토대가 결여되었다는 데 집중되어왔다. 사실은 그러한 토대의 필요성을 거부했다는 데 있지만 말이다. 그래서 레닌은 1920년에 다음과 같이 말했다. "우리의 도덕성은 전적으로 프롤레타리아트의 계급투쟁에 종속된다. … 낡은 착취사회를 파괴하는 데, 프롤레타리아트 주위로 모든 근로인민을 단결시키는 데 봉사하는 것이 도덕성이며, 이것은 새로운 공산주의 사회를 건설하는 것이다. … 공산주의자에게 모든 도덕성은 이러한 통일된 규율과 착취자에 대한 의식적인 대중투쟁 속에 있다. 우리는 영원한 도덕성을 믿지 않으며, 우리는 도덕성에 대한 모든 이야기의 오류를 폭로한다."

이것은 논쟁적인 주장이긴 하지만 맑스주의적 전통의 특징인 사회주의에 서의 독자적인 도덕적 기초에 대한 필요성의 거부를 나타내고 있다. 부분적으로는 계급범주 이외의 어떤 것도 다루기를 거부하는 것에 나타나 있듯이 개인을 평가절하한다는 이유와, 그리고 또한 역사적으로 필연적인 것과 도덕적으로 바람직스러운 것을 한데 묶어서 생각한다는 이유에서 이러한 입장은 민주사회주의자들한테서 공격받았다.

모든 사회주의자들은 계급없는 사회를 자신의 목적으로 삼는다. 그렇지만 이러한 목적을 역사적으로 내재적인 과학적 이론을 통해 제시하는 사람들과 자신들의 목적을 좋은 사회라는 도덕적 이론을 통해 제시하는 양자 사이에는 근본적인 차이점이 존재한다. 그러므로 후자를 따르는 민주사회주의자들은 맑스주의 전통이 가진 이론적인 권위와 포괄적인 주장들을 인정하면서도 다른 한편으로는 맑스주의 전통은 사회주의에 부적절하고 불만족스러운 기초를 제공하고 있다고 생각한다.

베어나르드 클릭이 주장하듯이, "비판적인 도덕철학이 없는 사회주의 이론은 불가능할 뿐만 아니라 바람직스럽지도 않다." 만약 맑스주의 전통이 사회주의의 가장 풍부한 이론적 활동의 원천을 제공했다면, 민주사회주의자들은 그것을 도덕이론으로 발전시켰다.

현대 맑스주의의 다양성을 고려할 때 어떤 의미에서 이것은 역사적 차이라고 할 수 있다. (경험세계를 추방함으로써 맑스이론의 과학적 위상을 회복하려는 루이 알튀세르[11]의 노력에도 불구하고) 요즈음에는 맑스주의 '과학'이 별로 많지 않다. '인간주의자' 맑스가 중심에 등장했으며, 그의 저작은 더욱 풍부한 분석방법으로 제시되고 있다. 또한 (이탈리아 맑스주의 이론가이며 이탈리아 공산당의 초기 지도자인 안토니오 그람시[12]

---

11) Aithusser, Louis(1918~1990) : 알제리 비르만드리스에서 출생. 프랑스 공산주의자이며 철학자. 1948년 에콜 노르말 쉬페리외에서 철학교수 자격을 획득했고, 같은해에 공산당에 입당했다. 1960년대 서구 맑스주의 이론에 커다란 영향력을 행사했다. 그가 주장한 것은 청년 맑스와 『자본론』의 맑스를 구분해야 한다는 것이었다. 맑스주의는 헤겔의 영향권 내에서 벗어난 『자본론』에 이르러서야 비로소 시작되었다는 것이다. 그래서 맑스주의와 헤겔주의 사이에는 완전한 단절이 이루어져야 한다는 것이다.

알튀세르는 프로이드에게서 '중층결정'이라는 개념을 빌어오면서, 청년 맑스가 전개한 '소외' 개념을 비과학적이라고 거부한다. 그리고 그는 국가에 대한 고전 맑스주의적 관점을 갱신시키면서 사법제도, 교육제도, 가족과 같은 것을 국가의 이데올로기 장치라고 생각한다. 또한 그는 인식론적인 주체 개념에 대해 천착을 하면서 스피노자가 진리의 일반적 기준이라는 관념을 붕괴시킨 것에 대해 높이 평가한다. 그는 결국 철학이라고 하는 것은 결국에는 이론 안에서의 계급투쟁이라는 입장을 전개한다.

고길환·이화숙 공역, 『마르크스를 위하여』, 백의, 1990가 김진엽 역, 『자본론을 읽는다』, 두레, 1991가 주요 저작이다. 자서전으로는 권은미 역, 『미래는 오래 지속된다』, 돌베개, 1993이 있고, 김석민 역, 『마키아벨리의 고독』, 새길, 1992 ; 이진경 역, 『당내에 더이상 지속되어서는 안될 것』, 새길, 1992 ; 이진수 역, 『레닌과 철학』, 백의, 1991 ; 김용선 역, 『철학과 과학자들의 자생적 철학』, 인간사랑, 1992 ; 김동수 역, 『아미엥에서의 주장』, 솔, 1991 등의 번역서가 있다. 그에 대한 소개서로는 윤소영 엮음, 『루이 알튀세르 1918~1990』, 민맥, 1991 ; 그레고리 엘리어트, 이경숙·이진경 공역, 『알튀세르:이론의 우회』, 새길, 1992 ; 알렉스 칼리니코스·박영욱 역, 『알튀세의 마르크스주의』, 녹두, 1992 등이 참고할 만하다.

12) Gramsci, Antonio(1891~1937) : 사르디니아 알레스에서 출생. 1913년 이탈리아 관념론 철학자 크로체의 영향과 튜린의 노동계급운동에 감명을 받아 이탈리아 사회당(PSI)에 입당했다. 1919년 그는 튜린에서 사회주의 기관지 『신질서』를 창간하여, 공장평의회운동에 합류했다. 1921년 이탈리아 공산당(PSI) 창당에 기여했고, 1922~1924년 모스크바와 빈에서 코민테른을 위해 활동했고, 1926년 체포되어 20년형을 선고받고 투옥중 집필한 34권의 노트는 「옥중수고」

에서 일부를 추출하여) 경제결정론보다는 '상부구조'에 속하는 요소의 역할과 인간주체성의 중요성에 더 많은 주의가 쏠리고 있다.

물론 이러한 현상들은 '공시적' 맑스주의나 대부분의 제3세계 맑스주의에는 적용되지 않지만, 서구에서 맑스주의가 변화해가는 특성을 반영하고 있다. 또한 맑스주의가 더욱 폭넓은 민주사회주의로 통합되는 과정, 즉 볼세비키 혁명이 일어나지 않았으면 훨씬 일찍 발생했을 과정을 반영하고 있는 것이다. 당분간은 다양한 종류의 사회주의를 지탱해온 다양한 종류의 이론들을 규명하는 것이 여전히 필요하다.

물론 사회주의는 실용적 이론와 규범적인 이론, 경험적 이론과 도덕철학 양자를 모두 필요로 한다. 도덕적 이론 없는 사회주의는 불가능하며, 경험적 이론 없는 사회주의는 환상에 불과하다. 그러나 경험적 이론의 과학적 이론으로의 전환은 도덕적 가치를 지닌 사회주의를 '관념론'이라고 배척하는 결과를 낳았다. 유사하게 '도덕적' 사회주의의 몇몇 유파는 이론

로 유명하다. 그의 저서는 제2차 세계대전 후에 출간되기 시작하면서 다양한 논쟁의 소재가 되고 있다.

『옥중수고』는 철학, 마키아벨리론, 정치론, 국가론, 지식인, 문화론 등 다방면에 걸친 독창적인 것이다. 그는 매우 대담하게 맑스주의를 혁신하고자 했으며, 동시에 맑스주의의 본래 의도로 되돌아가고자 하였다. 그렇기 때문에 그의 사상을 평가할 때 그의 독창성이 높게 평가되기도 하는 한편, 수정주의라는 비판을 받기도 한다. 그는 기계론, 반영론, 자연과학주의, 결정론, 필연론 등의 입장과 대결하면서 맑스주의에 선행하였던 제철학을 비판적으로 극복하여 독자적인 실천의 철학을 세웠다. 그가 보기에 인간의 활동에서 분리된 실재를 상징하는 것은 신비주의에 불과한 반영론적 유물론에 빠지는 것이며, 현실은 인간과의 관계에서만 인식되는 것이라고 주장하였다.

그의 생애에 대해서는 주세페 피오리·신지평 역, 『그람시』, 두레, 1991참조. 그에 대한 연구서로는 임영일 편저, 『국가, 계급, 헤게모니』, 풀빛, 1985 ; 샹탈 무페 편·장상철·이가웅 공역, 『그람시와 마르크스주의 이론』, 녹두, 1992 ; 칼 보그·강문구 역, 『다시 그람시에게로』, 한울, 1991 ; 젠시니 외·박동진 역, 『그람쉬 어떻게 읽을 것인가?』, 백두, 1992 ; 앤 쇼우스탁 사쑨 편저·최우길 역, 『그람시와 혁명전략』, 녹두, 1984 등 참조.

을 경멸했다. 양 입장 모두 부적절하며, 실천상에서 무능력을 노정해왔다. 그러나 두 종류의 이론 모두가 사회주의에 필요한 것이라고 말하는 것이 양자가 동일한 위상을 갖고 있다고 말하는 것은 아니다.

[맑스가 말하듯이] "역사의 수수께끼가 풀렸고, 자신이 그러한 해결책을 알고 있다"고 믿는 것으로 삶을 시작하고, 근본주의·제모순·객관주의의 우월한 흐름 속에 계속 머물러 있는 전통과 경험적 이론에 의해 풍부화된 도덕적 강령을 제시하는 전통 사이에는 차이가 존재한다. 아마도 "모리스 동지는 맑스의 가치론을 받아들입니까"라고 비난하듯이 묻는 질문자에 대해 답한 윌리엄 모리스의 발언은 이러한 점을 설명하려는 시도의 단초를 마련해줄 수 있을 것이다. "솔직히 말하면 저는 맑스의 가치론에 대해선 잘 모릅니다. 또한 맑스의 가치론에 대해 알려고 하지도 않았습니다."

4. 사회주의에 이르는 방법들

일반적으로 사회주의의 궁극적 목표라고 불리는 것은
나에겐 중요하지 않다. 운동만이 중요하다.
— 에두아르트 베른슈타인

만약 사회주의자들이 사회주의는 본질적으로 존재한다는 이론에 동의하지 않는다면, 이러한 불일치는 사회주의 이론을 실천적으로 실현하기 위해 사용하는 수단에 대한 차이로까지 확대된다. 이러한 두 가지 불일치는 서로 연결되어 있다. 그래서 '수정주의자들'이 자본주의의 필연적 붕괴라는 과학적 사회주의 이론에 도전했을 때, 이 도전은 단순히 사회주의 논쟁이 상이한 종류의 이론적 기초 위에서 마련되었다는 것만을 의미하는 것이 아니라, 사회주의자들이 구사하는 전략과 방법의 수정까지 의미한다.

실로 이는 다양한 주인공들에게 있어 그 유명한 논쟁이 갖는 정치적 중요성을 나타내주고 있다. 정통파는 혁명을 내포하는 반면, 수정주의는 개량주의를 의미한다. 사실상 문제들은 이러한 양분법이 제시하는 것처럼 명확히 나누어지지 않는다. 왜냐하면 근거가 제대로 인식되지 않았기 때문이다. 그럼에도 불구하고 경제이론에 대한 논쟁들이 정치적 방법에 대한 논쟁으로 확대되는 것은 불가피하다. 만약 자본주의의 붕괴가 목전에 다가왔다면, 만약 사회주의와 야만이 이러한 상황에서 유일한 대안일 뿐이라면, 그때 프롤레타리아트에 의한 권력의 혁명적 장악은 역사서의 필수적 부분이 될 것이다. 그러나 자본주의의 붕괴가 불가피한 것이 아니라면, 안정화와 조정의 가능성이 있다면, 사회주의는 국가행위를 선거에 의한 압력과 연결시키는 개량주의적 전략을 발전시킬 필요가 있다. 방법에 대한 논쟁들이 그 자체로서만 존재하지 않는다는 점은 분명하다. 여러 논쟁은 폭넓은 사회주의의 다양한 입장들과 긴밀히 연관되어 있다.

사회주의자들이 자신들의 목적을 추구함에 있어 다양한 방법을 주장하고 실천해왔다는 점은 분명하다. 비록 이러한 다양성이 종종 '개량'과 '혁명'이라는 낯익은 범주로 압축되곤 하지만, 그러한 압축은 이러한 용어의 양식을 정당하게 평가하지 않으며, 동시에 방법에 대한 논쟁의 다른 차원들을 모호하게 한다. 개량주의자가 되지 않고도 개혁가가 될 수 있다. 혁명 가능성을 인정하는 비(非)혁명적 사회주의자가 존재할 수 있는 것처럼, 개량을 조직화하는 혁명적 사회주의자도 존재한다. 의회주의적 사회주의가 항상적으로 다른 초의회주의적인 행위형태를 배제하는 것은 아니다.

일부 사회주의자들은 폭력을 거부한다. 다른 사회주의자들은 폭력을 수용한다. 일부는 훈련된 조직의 필요성을 강조한다. 다른 사람들은 자발성의 필요성을 강조한다. 폭동선동가들이 존재하며, 폭동선동가들을 비난하는 혁명가들도 존재한다. 사회주의자들은 국가를 장악하고 파괴하려고 시도해왔다. 정치 행위는 쟁의행위에 의해 반대되어왔다. 경제적 목적을 위한 정치행위는 정치적 목적을 위한 쟁의 행위에 의해 대응되었다. 자본주의 내에서 또는 자본주의와 동시에 존재하는 사회주의를 실험적으로 건설함으로써 앞으로 나아갈 방식을 찾아왔던 사회주의자들도 있었다.

사회주의의 전역사를 통해 이러한 다양한 접근을 살펴볼 수 있다. 19세기 중반에 이미 이후 전통의 토대가 되는 주요한 입장들이 분명하게 존재했다. 프랑스혁명의 극좌파인 바뵈프와 뷰나로티를 연상시키는 혁명적이고 폭동을 선동하는 '공산주의'도 존재했다. 이러한 흐름은 블랑키와 혁명적 전위주의자들('블랑키주의')인 그의 사도로 이어진다. 계몽입법과 합리적 입법자들이 사회의 개량에 영향을 줄 수 있을 것이라고 생각하거나(생시몽적 전통), 푸리에주의자나 오웬주의자들처럼 사회재건이라는 원칙에 입각해 소규모 공동체를 건설하려고 했던 '공상적'사회주의자들도 있었다.

루이 블랑처럼 동맹을 맺거나 의회에서의 승리를 보장하는 것 등을 포함하는 개량주의의 기초을 마련한 사회주의자들도 있었다. 이러한 입장은 독일에서 라쌀레에 의해 선거의 조직화와 국가행위 전략이라는 생각으로 이어졌다. 또는 생산자의 직접행위를 옹호함으로써, 프루동처럼 '정치적' 사회주의와 의회주의를 거부하고 산업군단의 자기해방을 선호하는 무정부주의나 급진조합주의 전통을 번성시켰던 사회주의자들도 있었다.

맑스가 자신의 사상으로 노동자운동을 석권하기 시작했을 때, 이는 여러 전략들의 각축이라는 배경 아래에서였던 것이다. 그는 이론적으로 다른 사상들을 압도했고, 실천적으로 다른 사상들을 패배시켰다. 이와 관련된 것들이 여러 곳에서 확인될 수 있다. 예를 들면 공상주의자들을 무력화시키고 프루동의 지적 빈곤을 공격할 때, 바쿠닌과 무정부주의자와의 투쟁시에 블랑키주의의 원시성으로부터 거리를 둘 때, 라쌀레를 거부할 때 등이 바로 그러하다.

19세기의 마지막 4반세기 동안에, 맑스의 사상은 노동자운동 내에서 이론적으로 다른 사상들을 압도하게 되었고, 독일 맑스주의자들이 맑스주의를 자신들의 운동과 제2인터내셔널의 조직이데올로기로 활용하게 됨으로써 실천적으로도 압도적인 우월성을 갖게 되었다. 이것이 함축하고 있는 몇몇 측면은 이미 논의해왔다.

그러나 유럽사회주의운동의 핵심세력들이 맑스주의적 전망을 채택했다는 것은 분명히 중요한 의미를 지닌다. 발전하고 있는 노동운동은 이론적인 지주를 필요로 했고, 맑스주의는 그 지주가 되었다. 역으로 맑스주의는 자신이 주장해왔던 이론과 실천의 통일을 증명해야만 했다. 맑스주의가 노동운동을 접하게 됐을 때, 맑스주의는 단순히 증명되어야 하는 이론이 아니라, 실천되어야 할 전략이라는 지위를 부여받았다. 그러나 그러한 전략은 어떤 것이었는가?

제2인터내셔널기의 역사는 바로 이 단순한 문제 뒤에 숨어있는 어려움을 보여주고 있다. 이 어려움은 맑스의 저작에서 보여지는 사회주의적 방법을 어떻게 다루느냐의 문제와 분리될 수 없다. 맑스 이론에서 혁명이 차지하는 중심적 위치는 분명한 것이지만, 그럼에도 불구하고 혁명과정의 성격에 대한 진전된 논의는 존재하지 않았다. 이는 발전된 정치이론의 일반적 부재를 보여주는 것이다. 맑스의 사회변화 모델은 사회의 갈등이론에 근거하고 있기 때문에, 그 중심에 혁명을 위치시킨다. 비록 공개적 전쟁의 형태를 띠고 있지는 않으며, 또한 여러 층의 이데올로기적 신비로 둘러싸여 있음에도 불구하고, 맑스의 사회변화 모델은 사회를 불가피하고 화해불가능한 계급적대의 장으로 제시하고 있다.

맑스의 사회생산이론은 계급적대를 (다소간 폭력적인) 혁명을 통해 작동하는 사회변화의 동력으로 상정한다. 『공산당 선언』에 나타나는 무장에의 호소에서 보이는 초기 맑스의 혁명적 '공산주의'는 후기 맑스의 장기적인 구조적 전망에 의해 밀려났는데, 이는 혁명이 사회변화의 방법으로서 변함없이 필수적인 것으로 남아있음에도 불구하고 『요강』에서는 혁명의 담지자들이 시야로부터 사라진 데서 잘 나타난다.

그러나 맑스가 혁명이라는 말로 무엇을 의미하고자 했는가 하는 문제는 여전히 남아 있다. 맑스가 한 사회에서 다른 사회로의 이행을 논의할 때 종종 사용했던 출산이라는 부인의학적 비유를 곰곰히 따져보면 이러한 문제를 이해하는 데 약간의 도움을 받을 수 있다. 이것은 적당한 임신기간 이후에 자격있는 산파의 도움으로 새로운 사회가 낡은 사회로부터 탄생하는 데 비유된 배태, 임신, 산파 등의 상상적 비유이다. 모든 사회는 때가 되면 출산을 하는 영원한 임신상태에 있다(물론 마지막으로 발견한 사회적 피임에 가장 효과적인 방법인 사회주의는 예외이다).

이러한 상상적 비유는 다양한 생산력과 생산관계 사이에서 발전되는 관계를 밝혀주며, 새로운 사회가 탄생함으로써 생산력의 '족쇄'가 파열되는 사회변화에 대한 설명을 반영하고 있다. 이것은 혁명이 아기의 출생처럼 불가피하고 필연적이지만, 더 거대하고 장구한 과정의 한 순간으로 이해되어야 한다는 것을 의미한다. 낡은 사회로부터 새로운 사회가 탄생하는 것은 '단절'의 순간이지만, 이는 전체 사회형성 과정의 정점으로 파악되어야 한다. 출생과 같이 단절의 순간은 고통스럽지만, 그러나 그 고통은 초월과 해방의 고통이다.

상상적인 것을 소진한다는 위험을 무릅쓰고, 맑스는 혁명에서 시기상조가 갖는 위험성을 경고했다. 만약 제반 사회혁명이 사회발전 과정의 한 순간으로 이해된다면, 아직은 필요한 조건들이 존재하지도, 전개되고 있지도 않는 상황을 자신들이 촉진시킬 수 있다고 믿는 것은 비과학적이다. 맑스는 "혁명의 유일한 조건은 충분한 음모조직의 존재"라고 믿는 '혁명의 연금술사' 블랑키주의자들에게 이런 식으로 비판을 가했다.

엥겔스에 따르면, 블랑키주의자들은 "혁명은 저절로 발생하는 것이 아니라 만들어지는 것이며, 비교적 적은 소수의 사람들과 미리 짜여진 계획에 의해서 이루어진다"고 믿었다. 그러나 비과학적인 협잡꾼들이 행하는 혁명의 연금술에 대한 그러한 경고를 살펴보는 것만으로는 맑스 자신의 입장을 충분히 밝혀낼 수 없다.

만약 혁명이 맑스의 일반이론에서 사회변화의 원동력이었다고 할지라도, 이러한 점이 맑스가 현존 질서 내에서의 특수한 사회개혁을 지지하거나, 보통선거에 기초한 민주공화국이라는 대의명분에 애착을 갖는 것을 막지는 않았을 것이다. 그러나 그러한 관점은 사회적·민주적 개혁 및 계급갈등과 혁명의 장기적 과정 사이의 관계에 의존하는 전술적인 것이다. 이러한 관점은 일반이론은 특수한 국가형태에 대해 일련의 적응과 수정과정을 거쳐 적용된다는 관점과("단지 억압계급에 대한 한 계급의 조직된 권력"이라는) 본질주의적 입장이 결합되어 있는 맑스의 국가분석에 의해 절대적으로 좌우된다.

이러한 결합은 발전된 정치이론이 부재하다는 사실에 반영되어 있다 (또한 나중에 맑스주의자들이 정치이론을 발전시키기 위해 그렇게 많은 시간과 정력을 소비했는지에 대한 이유를 설명해준다). 정치적 방법론이라는 관점에서 보면, 결과적으로 맑스는 사회변화의 모델로 폭력혁명(『자본론』에 서술된 바에 의하면, "폭력[1]은 새로운 사회를 배태한 모든 낡은 사회의 산파'이다)을 제시했지만 동시에 몇몇 국가에서 평화적 입헌주의라는 경로가 유용할 수도 있는 가능성을 완성기의 저작에서는 부수적 의견으로서 인정하는 것처럼 보인다. 가장 유명한 부수적 의견은 바로 1872년에 맑스가 암스테르담에서 한 보고연설이다.

"우리는 여러 국가들의 제도, 관습, 전통들에 저항할 때 참작해야 할 것이 있음을 알고 있다. 우리는 근로인민이 평화적 수단에 의해 자신들의 목적을 달성할 수 있는 미국, 영국과 같은 나라들이 있다는 것을 부정할 수 없다. 만약 내가 폴란드 제도에 대해 좀더 잘 알고 있었다면

---

2) 'force'라는 말의 사전적 의미는 원래 강하다(strong)인데, 여기에서는 ① 힘 (strength) ② 폭력 ③ 무력 등으로 쓰이고 있다. 이 책의 저자인 라이트는 『자본론』에 서술되어 있는 위 문장에서 쓰인 'force'의 뜻을 두번째의 뜻으로 이해하고 있지만, 역자의 생각으로는 두번째를 포함하기는 하지만 더 넓은 뜻인 첫번째의 뜻, 즉 힘(세력) 등으로 사용해야 한다고 생각한다. 라이트의 말처럼 맑스는 힘이란 말을 무척 많이 사용하지만, 폭력적인 것만을 의미하지는 않는다.

폴란드도 포함시켰을 것이다. 이것이 사실이라면, 우리는 대부분의 대륙국가들에서 평화적 수단 역시도 우리 혁명의 지렛대가 되는 무력임을 또한 인지해야 한다.”

비록 맑스의 입장에 대한 간략한 묘사이긴 하지만 맑스가 무척 애매모호한 유산을 남겼다는 것을 보여주기에는 충분하다. 맑스는 본질적으로 계급대행기구로서 국가를 설명하고 있으며, 그러한 본질주의가 갖는 난점을 제시하는 현실상의 국가에 대한 설명을 수반하고 있다. 맑스는 국가파괴를 위한 노동자운동의 필요성과 동시에 노동자운동이 국가를 활용하기 위한 전술방침을 보여주고 있다. 맑스는 폭력혁명의 필연성을 주장했지만 또한 동시에 예외주의는 이론을 도입하고 있다.

이러한 점을 맑스가 결정적으로 무시하고 있는 영역들(예를 들면 정당의 역할, 계급과 정당의 관계, 정치지도의 본질 등)과 함께 생각해볼 때, 이는 도피적인 정치방법론이라고 볼 수 있다. 다음 장에서 살펴보겠지만, 더 나아가 이러한 방법론들이 사회주의 사회의 정치구조에 대한 어떠한 지속적인 논의도 없었다는 점을 같이 생각해보면, 이는 사회주의 정치를 더욱더 회피하고 있는 지침이라고 할 수 있다. 이러한 모든 점들은 (적절히 증명만 된다면) 정치에 부차적이고 파생적인 지위를 부여하는 이론적 입장의 당연하고 필연적인 결과로 간주할 수 있다.

그러나 다른 한편으로 이러한 점들은 제2인터내셔널 시기 동안에 ‘혁명’의 의미가 논쟁되었을 때 또는 레닌이 훌륭한 맑스주의적 정통으로 국가 ‘분쇄’의 필요성을 주장했을 때, 맑스를 논쟁의 반대 입장에서 끌어댈 수도 있음을 의미한다.

독일 사회민주당 내에서 ‘혁명 대 개량’이라는 논쟁이 형성되기 시작한 것은 이러한 배경하에서였다. 당시에 (독일 사회민주당의 맑스주의는 1891년 에르푸르트 강령의 통속적 형태를 받아들인 것이다) 맑스주의 정당은 혁명적 교의에 깊이 젖어있었지만 개량적인 선거와 의회정치에 관여했다. 이 이야기는 보통 이 문제가 포함된 이론과 실천 사이의 위험하고 치명적인 간극(1914년에 유럽사회주의가 빠진 깊은 틈)이라는 관점에서 얘기될 수 있다. 그러한 이야기는 분명히 사실이지만, 과연 누가 악한이고 다른 어떤 결말이 가능했겠는가에 대한 논의도 있다.

물론 레닌은 그 경험을 혁명적 수사의 외투 뒤에 감춰진 본질적으로 개량주의임이 드러난 유럽 사회민주주의가 주는 객관적 교훈으로 활용했고, 이제 그 경험은 진정한 혁명적 공산주의자들에 의해 반대받고 있다. 그러나 그러한 주장은 '배신자' 카우츠키라는 생각을 하게 된 레닌 쪽에서 본 사후적 발견이다. 제2인터내셔널의 전성기 동안에, 레닌은 개량주의자들과 폭동선동가들 양자에 대해 올바른 맑스주의의 혁명적 노선, 사회발전 법칙의 과학적 이해에 기반을 두고 있는 전략적 관점인 맑스주의를 방어해왔던 카우츠키의 권위 앞에 복종했다. 카우츠키가 말하듯이 "사회민주주의의 임무는 불가피한 재난을 초래하는 것이 아니라 그 재난을 가능한 한 연기시키는 것, 즉 자극이나 자극적인 어떤 것도 주의깊게 피하는 것이다."

『권력에 이르는 길』(1909)에서 카우츠키는 과학적 사회주의의 주도적인 이론가로서 혁명적 당과 혁명을 만드는 당을 구분했다. "사회민주주의는 혁명적 당이지 혁명을 만드는 당이 아니다. 우리의 목적은 오직 혁명을 통해서만 도달될 수 있다는 것을 우리는 알고 있다. 그러나 우리는 또한 이러한 혁명을 만드는 것은 우리의 힘이 아니라 혁명을 가로막는 적들의 힘이라는 것도 알고 있다. 우리는 혁명을 선동하지도 혁명의 토대를 준비하지도 않는다."

이러한 정식화는 지금은 혁명을 단순한 은유로 축소시키거나 정치적 수동성에 대한 수사적 위장술을 제공하는 것처럼 보이지만, 사실은 제2인터내셔널의 과학적 사회주의가 갖는 이론적 분위기를 상당히 정확하게 반영하고 있다는 사실을 기억해야 한다. 이것은 불가피하게 사회주의를 낳을 자본주의의 성숙을 기다리는 것과 관련되어 있다.

이때 반드시 혁명적 순간이 존재하지만, 그러나 진실로 중요한 것은 진행중에 있는 진화적 과정이다. 왜냐하면 이러한 진화적 과정이 혁명적 단절의 순간에 신속하고 고통없는 승리를 보장해줄 수 있는 정도의 세력균형을 형성하기 때문이다. 이러한 관점에서 보면, 개량주의자이면서 동시에 혁명가가 되는 것은 필요한 것이자 동시에 가능한 일이었다.

물론 이것은 사실상 카우츠키가 일관된 개량주의자도 일관된 혁명가도 아님을 의미한다. 전자가 되는 것은 사회주의로의 선거를 통한 길이 갖는 의미를 적극적으로 사고하는 것과 관련되어 있는 반면, 후자는 성숙되는 상황과의 연계를 위해 '성숙성'을 어떻게 판단하며, 혁명적 의식과 활동을 어떻게 능동적으로 증진시킬 것인가에 대한 고려와 관련되어 있다.

그러나 이러한 딜레마와 분명한 전략의 선택에 대한 요구는 '수정주의자'인 베른슈타인이나 '급진적인' 룩셈부르크 모두에게 다른 방식으로 인식되었다. 맑스주의 교의의 핵심적 요소가 갖는 과학적 위상, 그리고 이러한 과학성으로부터 나오는 숙명적 함의에 도전했을 때, 베른슈타인은 이미 진행중이며 민주적 개량주의에 의해 분명히 앞으로 전진할 수 있는 과정으로서의 사회주의관을 주장한 것이었다. 1898년에 그는 다음과 같이 서술하고 있다.

현재의 세대는 비록 공식적 형태를 띠고 있지 않지만 최소한 내용적으로는 이미 현실화되어 있는 사회주의의 많은 부분을 목도하고 있다는 것이 나의 굳은 신념이다. 사회적 제반 의무의 지속적인 확장, 즉 사회에 대한 개인의 의무와 그에 상응하는 권리, 개인에 대한 사회의 의무, 경제생활을 감독하기 위해서 민족이나 국가 속에 조직화되어 있는 사회의 권리를 확장하는 것, 마을과 지구와 지역에 민주적인 자치정부를 건설하는 것, 이러한 연합체들의 임무를 확대하는 것 ― 이것들이 나에게는 사회주의로 향하고 있는 발전이다.

베른슈타인이 자신에게 사회주의의 '궁극적 목표'는 중요하지 않으며

‘운동’만이 중요하다고 선언할 수 있었던 것은 이러한 맥락에서였다. 사회주의의 건설은 단일한 극적인 격변이 아니라 지속적인 과정이었다.

베른슈타인의 관점은 맑스주의 이론의 수호자들한테서 동일한 비판을 받았다. 이러한 비판은 베른슈타인이, 사회민주주의자들은 외면적으로는 혁명적 교의에 집착하고 있지만 실제로는 개량주의자들이라는 현실을 일깨움으로써, 그들의 실천을 이론으로 옮겼을 뿐이라는 맥락에서 비롯됐을 것이다. 심지어 엥겔스조차도 그가 죽기 얼마 전인 1895년에 썼던, 항상 예시되는 『프랑스에서의 계급투쟁』의 신판 서문[2]에서 입헌적 길을 결정적으로 지지하고 있는 것처럼 보인다. “1848년의 투쟁방식은 오늘날 어떠한 관점에서 보아도 쓸모없게 되었다”라고 선언하면서, 엥겔스는 선거정치의 이점을 열거하고 다른 당에 대한 모범으로 독일 사회민주당의 전진을 찬양했다.

그러한 대중들의 성장은 자연과정처럼 자연발생적이고, 지속적이며 거역할 수 없게 그리고 동시에 은밀하게 진행된다. 정부의 모든 간섭은 그것에 대해 무력하다는 사실이 입증되었다. 우리는 오늘날에도 250만 투표자들에게 의존할 수 있다. 만약 이러한 추세가 계속된다면, 19세기 말까지 우리는 대다수의 중간층, 즉 쁘띠부르주아와 소농민층을 장악하게 될 것이고, 다른 모든 세력들은 좋든 싫든 우리 앞에서 굴복하지 않으면 안될 만큼 거대한 국내의 핵심세력으로 성장할 것이다.

날로 증강되는 이러한 타격 전위부대를 전초전에서 조금씩 소모하지 않고, 이러한 성장을 부단히 진행시켜서 지배정부 조직의 통제를 스스로 벗어날 때까지 유지하는 것, 결전의 그날까지 힘을 그대로 유지시키는 것이 우리의 주요 과제이다.… 세계사의 아이러니가 모든 것을 뒤집어놓았다. ‘혁명가들’이며 ‘반도들’인 우리 — 우리는 비합법적인 방법이나 폭동보다는 합법적인 방법을 통해 훨씬 크게 성장하고 있다. 자칭 집권당

---

2) 이것은 「엥겔스의 유고」로 불린다(임지현 · 이종훈 역, 『프랑스혁명사 3부작』, 소나무, 1987).

은 그들 스스로 창출한 법적 조건하에서 소멸해가고 있다.

모호하게 서술되어 있기는 하지만(여전히 '결전의 날'이 존재하고, 집권당은 합법주의를 벗어던질 필요가 생기면 그렇게 할 것이다 등), 엥겔스는 분명히 맑스가 인정한 혁명적 규범에 대한 예외를 19세기 말에 적합한 사회주의적 방법으로서의 입헌주의적 정치를 보편적으로 옹호하는 데까지 확장시켰다. 이것은 이론적인 발견이 아니라 많은 사회주의 정당들이 당시 서유럽 사회의 정치생활에서 실시하고 있던 실제 역할을 인정한 것이다. 그들은 실제적으로 개량적 강령의 틀을 짰고, 그 기초하에서 선거지지 캠페인을 벌였다.

독일 사회민주당의 지도자인 베벨은 이를 다음과 같이 말했다. "인민들의 마음은 우리를 향해 있다. 왜냐하면 우리는 그들의 일상적 요구를 위해 전념하고 있기 때문이다." 여기에는 정치체계 자체를 전복하는 데 헌신하는 것과는 쉽사리 결합될 수 없는 '정규' 정치로의 통합 과정이 존재한다. 사회주의자들이 부르주아 정부 내의 장관직을 받아들였을 때, 그러한 통합이 어느 정도 가능한가 하는 문제가 1898년에 프랑스에서 두드러지게 제기되었다.

이 '밀레랑 사건'[3]은 전세계 사회주의에 충격을 주었다. 일반적으로, 이론적인 의미에서 개량전술이 조직적으로 혁명전략과 연계되었다는

---

3) Millerandism : 1900년 제2인터내셔널 제5차 총회(파리)에서의 논쟁. 사회주의자가 부르주아 정부에 참여하는 것이 허용될 수 있는가하는 문제(프랑스 사회주의자 밀레랑이 1889년에 그랬던 것처럼)에 관해 격렬한 논쟁 끝에 당이 승인만 하면 '일시적인 방편으로서 예외적인 것'으로 받아들여질 수 있다는(카우츠키) 타협안이 채택되었다.

밀레랑(1859~1943)은 프랑스의 부르주아 정치가. 초기에는 사회주의자. 부르주아 내각에 입각(1899~1902)한 최초의 사회주의자. 그는 1904년에 프랑스 사회당에서 제명된 후 독립사회당을 결성하였다. 그는 1920~1924년에 프랑스 대통령을 지내기도 했다.

것은 별로 그럴듯해 보이지 않았다. 졸 자신이 썼던 제2인터내셔널의 역사에서 논평하듯이 "만약 배수시설이나 교통시설을 개선하기 위해 도중에 멈춰 서 있다면, 현존 사회의 전복을 위해 활동하는 것은 매우 어려운 일이다."

베른슈타인과 같이 사회민주주의 내에 존재하는 혁명적 이론과 개량적 실천 사이의 깊은 골을 인식했던 사람들이 있었다. 그러나 이들은 베른슈타인과는 달리 실천을 이론의 방향으로 이끌어감으로써 그 골을 메우려고 했다. 이러한 입장이 독일 사회민주당 급진좌파의 입장이었다. 제2인터내셔널 자체 내의 동일한 입장은 무엇보다도 레닌으로 집약된다. 룩셈부르크와 레닌은 카우츠키가 수정주의를 비판할 때는 그 배후에 있었지만, 나중에 그들은 사회민주주의의 지도 자체를 공격했다.

룩셈부르크의『사회개량이냐 혁명이냐』(1899)는 베른슈타인의 수정주의와 이것이 갖는 개량주의적 함의에 대한 일관된 논박이었는데, 개량이란 혁명전략의 일부로서 필요할 때를 제외하고는 아무런 가치나 의미가 없다는 견해였다. 자본의 지배는 본질적으로 초법적 현상이기 때문에 사회주의로의 합법적 경로란 존재할 수 없다는 것이었다.

그래서 개량과 혁명은 "사람들이 뜨겁거나 차가운 소시지 중 어느 하나를 고르는 것과 같이, 역사라는 판매대에서 마음대로 골라잡을 수 있는 역사발전의 상이한 방식"이 아니라, 본질적으로 다른 목적을 갖는 상이한 활동으로 제시되었다.

> 이것이 정치권력의 장악 및 사회혁명과 모순되게, 그것들을 대신하여 입헌적 개량의 방법을 선호함을 공언하는 사람들이 왜 실제로는 동일한 목표로 향해 있는 더욱 은밀하고, 조용하고, 느린 길을 선택하지 않고, 다른 목표로 향해 있는 길을 선택하는지 그 이유를 밝혀준다. 새로운 사회의 확립을 주장하는 대신에, 그들은 구사회의 껍데기의 수정을 주장한다.

만약 우리가 수정주의의 정치적 개념들을 받아들인다면, 우리는 수정주의 경제이론을 추종할 때 도달하게 되는 동일한 결론에 도달하게 될 것이다. 우리의 강령은 **사회주의**의 실현이 아니라 **자본주의**를 개량하는 것이 될 것이다. 임금노동체계를 억압하는 것이 아니라 착취를 줄이는 것, 즉 자본주의 자체를 억압하는 것 대신에 자본주의적 낭비를 억압하는 것이 되는 것이다.

베른슈타인의 이론적 수정주의에 대한 룩셈부르크의 공격은 후에 독일 사회민주당의 실천상의 개량주의에 대한 공격으로 확대된다. 노동계급의 혁명적 잠재력에 대한 깊은 신뢰를 갖고 있었기 때문에, 그는 혁명적 의식의 발전을 적극적으로 촉진시키지 않고 질식시키는 정치행태를 비난했다. 정치적 무기로서, 또한 러시아의 1905년 사건으로부터 이끌어냈던 교훈이기도 했던 대중파업을 그가 지지했던 것에서 우리는 그의 신념을 프롤레타리아의 자기해방이 갖는 '자생성'으로 요약할 수 있다.

맑스를 좇아 룩셈부르크는 프롤레타리아트가 진정한 대중혁명을 통해 자신을 해방하고자 하며, 할 수 있을 것이라고 믿었다. 한편으로, 이러한 이유로 그는 사회민주주의의 수정주의자들과 중앙파에 반대했다. 그러나 또한 전위당의 역할을 처음 선보인 레닌주의적 혁명조직 모델 또한 거부했다. 당과 계급, 지도자와 대중 사이의 역동적이고 '변증법적' 관계 대신에, 레닌주의는 "블랑키주의적인 음모적 집단에 의한 운동이라는 조직원칙을 기계적으로 노동대중의 사회민주적 운동에 이전"했을 뿐이라는 것이다.

룩셈부르크와 레닌은 1914년의 사회주의 붕괴의 책임을 사회민주주의운동의 지도로 돌리는 데 의견을 같이했다. 그들은 혁명은 만들어지는 것(서로 상이한 방식이긴 하지만)이지 기다리는 것이 아니라고 믿었다. 1914년 이전의 사회민주주의 지도에 대해 룩셈부르크와 레닌은 사회민주주의자들이 개량주의로의 실제적 타락을 은폐하고 노동계급운동을 위축시킨 대기전술을 구사했다고 비판했다. 카우츠키가 행동으로서의 혁명을 탈각시키고 성숙과 완숙이라는 진화적 관점의 논거를 대기 위해 맑스를 읽어낼 수 있었던 것처럼, 레닌 역시(특히 볼셰비키 혁명 전야에 씌어진 『국가와 혁명』에서[4]) 사회주의로의 이행이, 국가가 파괴되고 적대세력들이 분쇄되어 정치적 폭력이 자유롭게 전개되는 등 혁명적 전진의 형태로 나타난다는 다른 방식의 독해로부터 자신감을 얻을 수 있었다.

의회민주주의의 사기행각과 관계되지 않은 것은 없다. "몇 년마다 한 번씩 지배계급의 성원을 결정하는 것은 의회를 통해 인민들을 억압하고 탄압하기 위해서이다. — 이것이 의회적 — 입헌주의에서뿐만이 아니라 대부분의 민주공화국에 존재하는 부르주아 의회주의의 진정한 본질이다." 혁명이 이제 더이상 은유가 아닐 때, 혁명은 사회주의 의제의 유일한 항목이 된다.

레닌은 앞 장에서 보았듯이 전세계적 혁명의 객관적 조건이 확립되는 것처럼 보이고 러시아의 불꽃을 밝히는 일이 시작되었을 때 만족했다. 스스로 도출해낸 조직원칙에 기초하여 그가 이루어낸 성공은 레닌주의가 혁명의 시대(바로 그 순간부터 '맑스-레닌주의'로 신성화된 확장)에 맑스주의를 확장했다는 (공산주의적인) 주장의 근거를 제공했다. 이 주장은 본질적으로 레닌주의자들이 혁명을 창출하는 일의 전문가였고, 현재도 여전히 그렇다는 것이다.

이러한 전문가주의가 사회민주주의의 타락으로부터 이들 나라의 노동계급을 구해야 하는, 노동계급에게 혁명적 지도력을 제공해야 할 임무를 갖고 있는 제3인터내셔널에 의해 전유럽에 확립된 공산주의 정당에게도 수용될 예정이었다. 그러나 (1918년 직후에 많은 혁명적 봉기[5]가

---

4) 문성원·안규남 역, 『국가와 혁명』, 돌베개, 1992.

발생했고, 볼셰비키주의가 전염병이 돌듯 확산되는 것을 지켜본 유럽 정부들이 갖고 있었던 공포에도 불구하고) 전세계 혁명이 현실화되는 것이 실패했을 때, 사회주의는 '혁명적' 공산주의와 '개량주의적' 사회민주주의 사이의 양극화 현상에 무력할 수밖에 없었다.

아마도 1914년 이전의 사회민주주의를 설명하는 두 가지 평가를 살펴보아야 할 것이다. 첫번째는 급진 노동조합주의와 관련되어 있고, 두번째는 영국사회주의와 관련되어 있다. 전자는 생산자에 의한 직접행동을 선호하며 부르주아 의회주의 및 정치적 행위와 관련된 모든 것을 거부한다. 후자는 절대적으로 의회적이고 입헌주의적이다. 양자는 개량주의의 문제에 관련되어 있다. 한쪽은 개량주의를 비난하고, 다른 한쪽은 개량주의를 수용한다. 프랑스의 급진 노동조합주의적 입장의 철학가인 조지 소렐은 의회주의가 갖는 (전문가들이 얼버무리는 말로 반대자들을 진정시키는) 타협과 사회적 평화라는 생각을 고무함으로써 노동계급 군대를 약화시키는 효과에 관심을 가졌다. 필요한 것은 노동계급의 폭력, 영웅주의 그리고 확신을 고무하는 것이었다.

이러한 노동계급의 정복자적 역할을 수행하기 위해서는 프롤레타리아트의 영웅적 '신화'인 총파업에 의존해야 했다. 총파업의 기능은 특수한 승리를 얻는 것이 아니라 분류하고, 동원하고, 양극화시키는 것이었다. "총파업이라는 생각은 배후에 커다란 힘을 갖고 있기 때문에, 총파업과 접촉하는 모든 것을 혁명의 길로 끌고 들어간다." 소렐을 급진 노

---

5) 이의 대표적인 사례는 1918년 독일에서의 봉기와 1919년의 헝가리를 들 수 있다. 독일 베를린에서는 혁명적 활동가 집단과 스파르타쿠스연맹이 군주제 타도, 사회주의공화국 건설의 슬로건하에 국민들의 행동을 호소하여, 시청사를 점거하고, 수상 관저를 포위하여, 수상은 황제 퇴위, 왕위 포기를 발표하고 헌법제정의회 선거를 예고하기도 했다. 한편 헝가리에서는 1919년 3월 내정의 실패, 파리강화회의로부터의 최후통첩 등에 의해 부르주아 정권이 물러나자, 사회민주당과 공산당과의 통합에 의해 결성된 헝가리 사회당은 헝가리 다나치 공화국의 평화적 수립을 선언했었다.

동조합주의의 대표적 이론가라고 이야기하는 것이 잘못일 수도 있고, 또한 '정치적' 사회주의에 대한 대안으로서 생산자 군대를 지지하고 실천한 것이 비록 소수파의 입장이었지만, 이는 사회주의적 방법의 문제에 하나의 일관된 해답을 제공하고 있다. 영국의 길드사회주의자들[6]이 지지했던 산업 내에서 "통제력을 획득해가는" 전략은 이러한 일반적 입장의 한 시각이라고 볼 수 있다.

급진 노동조합주의가 제2인터내셔널의 주요한 흐름의 바깥에 있었다면, 대체적으로 영국사회주의 역시도 전혀 다른 방식으로 존재해왔다. 윤리적 사회주의의 도덕주의와 페이비언주의의 합리주의 양자는, 입헌주의에 더욱더 깊이 몰입되어 있었다. 윤리적 사회주의자들은 어떤 종류의 폭력도 거부했으며 도덕적 설득과 의회에서의 선동에 전념했다. 케어 하디가 종종 말하듯이, 그들은 계급에 대한 전쟁이 아니라 체계에 대한 전쟁을 수행해왔다.

반면에 페이비언주의자들은 혁명이 불필요한 이유와 이미 잘 진행되고 있는 개량의 과정이 점진적으로 자본주의를 사회주의적 집산주의로 변형시킬 수 있는 이유를 자신있게 (베른슈타인으로부터 영향받은 것처럼 보이는 이론적 토대 위에서) 증명해왔다. '사회민주주의로의 이행'에 대한 『페이비언 논문집』에 기고한 글을 끝맺으면서, 버나드 쇼는 "현재의 실천적 사회민주당의 무미건조한 강령"의 특성을 다음과 같이 평가했다.

이제 새로운 항목은 하나도 없다. 모든 것들이 이미 허용된 원칙들을 적용하였을 뿐이고, 이미 충분하게 움직이고 있는 관행들을 연장시킨 것

---

6) guild socialism : 영국에서 1910년대 등장한 중산계급 지식인들을 중심으로 한 사회주의 조류 중 하나. 이 사상적 조류는 사회의 미래 권력은 국가로 대표되는 소비자와 정치적 기구와의 동반적 결합을 지원하는 노동조합들로 조직화된 생산자들에게 배분될 수 있다고 주장했다.

뿐이다. 모든 것들에 영국인의 정신과 걸맞는 교구의 낙인이 찍혀져 있다. 어느 누구도 사회주의나 혁명이란 말의 사용을 강요하지 않는다. 어떠한 순간에도 그들은 길로틴을 사용하지 않으며, 인간의 권리를 선포하고, 그 나라의 제단 위에서 맹세하며, 또한 본질적으로 비영국적인 어떤 것도 포함하고 있지 않다. 그들은 자신들을 겁내는 정당의 정치가들일지라도 선견지명이 있다면 분명히 볼 수 있는 우리가 가는 길의 이정표가 반드시 나타날 것으로 믿는다.

이 '시시한 할부식 개선'과 같이 '지저분하고, 느리고, 반항적이고, 조심스러운 정의에 이르는 길'에 탄복할 필요는 없다. 그러나 페이비언주의가 이전의 사회주의적 파국주의를 쓸모없는 것으로 만들었다는 것은 인정해야 한다.

금세기의 숙명적 1920년대에 주장되었던 사회주의 방법론의 문제에 대한 주도적 입장들 중 일부의 구도를 살펴봄으로써, 이후의 경험에 비추어 약간의 관찰결과를 제공할 수 있게 되었다. 모든 전략들이 실질적 결과물을 가져다주는 데 실패했다는 결론을 피하기는 어렵다. 사회주의가 자리잡을 정도의 자본주의의 성숙성이라는 카우츠키적 관점은 자본주의의 만성적 과잉의 지속을 설명해주지 못한다. 전세계 혁명에 대한 레닌적 관점은 레닌주의가 태어난 직후 그 이론적 기초를 상실했고, 실제 적용에서도 서유럽 어느 곳에도 혁명을 전파시키지 못했다.

개량주의적 관점은 권력을 획득하고 개량을 전파시키긴 했지만, 1914년 이전의 주역들이 사회주의로 생각했던 것을 어느 곳에도 전파할 수 없었다. 급진 노동조합주의자들과 그 변종들은 제1차 세계대전의 영향으로 효과적인 운동으로서는 소멸되었다. 당시의 전체적 구도를 보면, 노동운동의 기반 위에서 강화되었던 양극화는 노동운동을 약화시켰을 뿐만 아니라, 노동운동을 활용해왔던 이론과 전략에 대한 여러 선택의 여지를 없애버렸다.

1919년 로자 룩셈부르크가 살해된 것은 비레닌주의적이면서 혁명적인 선택지의 종료를 상징한다(본질적으로 혁명적인 프롤레타리아트라는 신념으로부터 떨어져 나왔을 때, 이러한 선택이 실현가능한 것인가 아닌가는 다른 문제이다). 볼세비키가 맑스주의를 독점함으로써 최소한 한 세대 이상 동안 이론의 핵심으로서 존재했던 맑스주의를 화석화시켰고, 사회주의적 전략의 창조적 원천으로서의 맑스주의를 효과적으로 끝장내버렸다. 공산주의자의 시각에서, 맑스주의는 모스크바가 과학적 사회주의론(이 노선은 확실히 이들 위성 정당들의 국내적 상황과 부적합할 때, 그리고 그 노선이 밤 사이에 뒤집어질 가능성이 있을 때, 과학적 사회주의론은 더욱 필요했다)이라는 합법적 망토로 은폐한 채 위성 정당들에게 자신의 노선을 정립시키기 위해 사용하는 도구가 되었다.

비공산주의자들의 측면에서, 공산주의자들의 공격에 저항할 필요성이 많은 사회주의자들을, 그렇지 않았더라면 그들이 원했을 형태보다도 더욱 협소하고 안전한 사회민주주의라는 형태에 안주하게 만들었다. 그러나 양극화된 상태에서, 그들은 사회민주주의말고는 갈 곳이 없었다. 1945년 이후로 이러한 상황의 변화가 필요하게 되었지만, 어느 것도 그 기본적 형태 자체를 변경시킬 수는 없었다.

혁명적 사회주의는 일부 성공을 거두었지만, 장소와 형태 그리고 방법상에서 고전적 맑스주의가 제시했던 혁명적 강령과는 엄청난 차이가 있었다. 사회주의 이데올로기로서의 맑스주의의 동원, 혁명적 지침으로서의 레닌주의의 전개에도 불구하고, 이것은 사실이다. 사회주의자들은 혁명이 일어날 것 같지 않은 장소에서도 충분한 규율과 조직만 주어진다면 혁명을 할 수 있다는 레닌의 논증은 분명히 증명되었다. 그러나 그들은 고전적 맑스주의 전통이 예언했던 선진 자본주의의 심장부에서, 즉 혁명이 일어날 것 같은 곳에서도 혁명을 일으킬 수 있는가. 1945년 이후부터는 이야기가 상당히 달라진다.

사회민주주의는 (1959년 바트 고데스베르크에서 열린 독일 사회민주당

대회에서 채택된 기초적 강령의 수정으로 상징되는) 이 기간 동안에 더욱 확고하게 개량주의자가 되었을 뿐만 아니라, 더욱 안정적인 좌파가 되었다. 더구나 이 기간 동안에 서유럽 공산주의의 특성상 놀라운 발전이 있었다. 레닌은 유럽혁명의 실패를 사회민주주의 지도자들의 개량주의 때문이라고 비난했고, 유럽의 노동계급에게 진정한 혁명적 지도를 행하는 공산당을 건설했다. 자신들의 계급을 배반하고 부르주아적 의회주의에 젖어버린 지도자들이 속해 있는 개량주의적 사회민주주의가 서구 혁명의 주요 장애물이라는 생각은 공산주의 전통의 금언이 되었던 것이다.

그러나 과거 20년 동안 서유럽에서 공산당은 어떠한 혁명적 의도도 없음을 천명하면서 정확하게 (특히 이탈리아에서 현저하게, 프랑스에서는 느리게 전개되었던) 개량주의와 입헌주의의 방향으로 나아갔다. 더구나 '유로공산주의'의 이러한 처신은 아이들(즉 선거민들)이 놀라는 것을 피하기 위한 장치가 아니라 부르주아 민주주의의 정치제도에 적극적으로 관여하기 위한 것으로 제시되었다. 스페인의 새로운 수정주의적 공산주의 이론가인 까리요[7]가 지적하듯이, "대의제적 정치제도 — 의회, 정치적·철학적 다원주의, 권력분립론, 탈집중화, 인간의 권리 등등 — 에 기반을 두고 확립된 서유럽 정치체계는 본질적으로 유용한 것이다."

유로공산주의자들은 정치권력을 추구하거나, 정치권력을 행사하는데, 이 '본질적인 유용성'을 존중할 것이다. 이 모든 점은 분명 레닌주의 및

---

7) Carrillo, Santiago(1915~) : 스페인에서 출생. 전후 유럽 공산주의 지도자 중 주요 인물 중 한 사람인 그는, 스스로 맑스주의 이론가라기보다는 실용적인 정치적 행동가로 더 잘 이해될 수 있다고 한다. 그는 스페인 공산당의 서기장이었고, 유로공산주의의 이론가로서 스페인 밖에서 더 잘 알려져 있다. 그가 주장한 유로공산주의는 결코 세세하고 정교하게 다듬어진 전략도 아니며, 서유럽 공산당들의 목표와 수단을 표현하기 위한 전술적 접근이 아니라, 당시 서유럽에서의 맑스-레닌주의 파산에 대한 당의 지도자급 인사들의 답변을 제공하는 지침서였다고 평가되기도 한다(김유향 역, 『유로코뮤니즘과 국가』, 새길, 1992).

레닌이 이 정당들에 부여했던 역할로부터도 멀리 떨어져 있는 것이다. 좌파적 입장에서 유로공산주의를 비판하는 사람들이 지적하는 것처럼, 오히려 사회민주주의에 무척 가깝다(그러한 비판 중의 하나가 에른스트 만델이다. 그는 다음과 같이 지적한바 있다. "오늘날 유로공산주의가 과거 사회민주주의가 구사했던 추론방식을 그대로 반복하고 있다는 것은 두말할 나위도 없다"). 물론 유로공산주의자들은 이러한 지적을 철저히 부인한다. 까리요는 자본주의를 '변형하는' 것을 목적으로 하는 유로공산주의와 자본주의를 단지 '감독하고자' 하는 사회민주주의 사이에는 차이가 있다고 주장한다.

비록 서로 비슷하게 보일지라도 타협을 의미하는 개량주의도 있고 그렇지 않은 개량주의도 있는 것처럼, 개량주의에도 여러 종류가 있다는 것이다. 그 차이는 (밀리반트가 『맑스주의와 정치』에서 설명하고 있듯이) '현실적 관점에서' 사회민주주의의 지도자들은 "선진 자본주의 나라들의 보수세력의 구성 부분, 그것도 아주 중요한 부분으로 간주되어야 한다"는 사실에 있다. 그래서 맑스주의와 사회민주주의라는 경쟁적 개량주의가 존재한다는 사실로부터 야기되는 당혹스러움은 객관적으로 말해 사회민주주의자들이 경쟁자의 역할을 하고 있다는 사실이 이해된다면 극복될 수 있다. 최소한 맑스주의 세계에서 일부는 동일한 상태로 남아 있다.

그러나 새로운 경향들이 제기하는 또 다른 문제들이 존재한다. 맑스주의적 관점에서 무용성이 그렇게 오랜 동안 주장되어왔음에도 불구하고, 서구민주주의 정치구조가 현재도 '유용한' 것으로 간주되는 이유는 무엇인가. 전통적으로 혁명의 필수불가결함은 자명한 것으로 간주되어 왔음에도 불구하고, 혁명이 불필요하다고 여겨지게 된 이유는 무엇인가. 그러한 문제를 곰곰히 생각해볼 때, 맑스주의 전통 내에서 개량주의 및 의회주의적 행위 등과 관련된 사회주의적 방법의 쟁점들이 항상 전술의 문제로 나타났다는 것을 상기해야 한다. 즉 자본주의적 민주주의의 정치적 장치들은 맑스주의 전략에 새로운 전술적 기회를 제공하는 경우를 제외하고는 고유한 장점을 갖고 있지 않다.

자본주의이 고유한 장점이 없다는 것을 신조로 갖고 있었기 때문에, 맑스주의자들은 배후에 감추어져 있는 계급억압(아더 스카르길은 1984~1985년 광부들의 파업기간 동안에 경찰이 보여준 행태가 영국의 민주적 외양 뒤에 '진정한' 경찰국가로서의 모습이 숨겨져 있음을 드러내주었다고 주장했다)을 폭로하기 위해 지속적으로 자본주의의 허위적인 민주주의적 겉치레를 벗겨내왔다. 맑스주의적 논의는 부르주아 의회주의가 사회주의적 목적을 위해 사용될 수 있는 정도에 대해 흥미를 갖게 되었다.

맑스가 그 문제를 논의했고, 그 논의가 그후에도 지속적으로 이루어진 것은 이러한 생각하에서였다(예를 들어 레닌이 1920년 『'좌익'공산주의 : 소아병 *Left-Wing's Communism-An Infantile Disorder*』[8]에서 극좌적 반의회주의에 대항해 논쟁을 벌였던 것을 포함하여). 이러한 배경과는 반대로 비록 일부 사람들에게는 너무 늦은 감을 주고, 불만스러운 것처럼 보이기도 하며, 다른 사람들에게는 전환이라는 의미를 갖는 서구 민주주의의 새로운 발견이 여전히 전술적 대응인 것처럼 보인다는 이유로 다소 가치절하되었음에도 불구하고 유로공산주의가 서구 민주주의의 '유용성'을 발견하게 된 것은 하나의 출발점을 나타낸다.

두 종류의 상이한 개량주의가 존재해왔다는 것과 서구 민주주의는 그 자체가 가치있는 것이라는 두 가지 사실의 발견은 민주사회주의자들에게는 새로운 사실이 아니다. 그들은 최소한 반세기 동안 사회민주주의 전통 내에서 이러한 입장을 견지하면서 전진해가고 있었다. 1914년 이전의 사회민주주의는 사회주의가 자유민주주의의 유산을 자신의 구조 내로 확장하고 포괄해간다고 주장할 수 있었다. 왜냐하면 자유민주주의를 사회민주주의의 사회변화 발전모델의 일부로 받아들이기 때문이다.

---

8) 김남섭 역, 『공산주의에서의 '좌익' 소아병』, 돌베개, 1989.

자유민주주의를 사기꾼으로 비판하거나(공산주의자들처럼) 아니면 가치로서 받아들여야 하는(사회민주주의자들처럼) 선택만이 남게 되는 1917년 이후에는, 더이상 이러한 가정은 존재할 수 없었다. 경멸적인 의미로 사용되었든 칭찬하는 의미로 사용되었든지간에, 만약 '사회민주주의'가 분명하게 개량주의적 입장을 나타내게 되었다면, 이는 또한 민주주의를 정치적이고 시민적인 영역에서 사회적이고 경제적인 영역으로까지 넓히고자 하는 사회민주주의가 경쟁적 민주주의라는 정책을 여전히 고수하고 있다는 것을 의미한다.

사회민주주의의 현존하는 형태는 맑스주의자들이 주장하는 것처럼 내용이 없다기보다는 불완전하다. 유사하게 '민주사회주의'는 사회주의와, 또한 사회주의 사회의 구조적 형태와 변형방식으로서의 민주주의와도 관련되어 있음을 묘사하기 위해 고안되었다. 20세기 동안에 민주사회주의는 일부 사회주의자들이 그러한 문제들을 명확히 하는 데 아주 요긴하였다.

볼셰비즘은 사회주의가 비민주적일 수도 있다는 것을 증명해보였다. 반면에 파시즘은 자본주의적 민주주의가 더 나쁜 어떤 것이 될 수 있음을 증명해보였다. 그러므로 역사적 선택의 범위는 1914년 이전 과학적 사회주의의 명확한 범주들 너머로 확장되었다. 이로 인해 민주사회주의자들은 자유민주주의의 유산과 자신들과의 관계를 자신들이 추구하는 사회의 관점에서 정의하게 되었다. 이 유산은 상당한 업적으로 간주되었고, 사회주의는 동일한 문명의 전통하에 있는 더 나아간 발전으로 간주되었다. 더구나 이것은 단순히 정치이론의 문제가 아니라 민주적인 정치문화의 성장과 확산을 반영하는 것이었다. 토니는 1930년대에 썼던 저서에서 영국에서는 "자유주의 전통하에서 2세기 동안 젖어왔던 정치문화 중 어떤 것이 영국에서 사회주의를 의미하는가"를 밝혔다.

그 결과는 대부분의 다른 나라들에서보다 개인적 자유, 언론, 집회, 신앙의 자유, 정치로부터 폭력의 배제, 의회정부(폭넓게 말하면 공정한 게임과 이를 보장해주는 것으로 간주되는 것)와 같은 문제들에 민감한 여론의 존재이다. 대중적 지지를 얻을 기회를 가장 적게 갖고 있는 사회주의에 대한 유일한 해석이 바로 위와 같은 입장을 인정하는 것이다. 이러한 입장의 주창자는 경제적 착취의 희생물인 계급이 바로 이러한 기초적인 예의를 가장 중요하게 생각하는 계급이라는 것을 깨달아야 한다. 그들은 만약 대중들이, 특히 노동계급대중이 구역질날 정도로 부정직한 자본주의적 민주주의와 비민주주의적 사회주의 사이의 선택에 직면한다면, 매번 전자를 선택할 것이라는 사실을 직시해야 한다.

그들은 자신들이 설파하고 있는 사회주의 공동체가 민주적인 토대 위에서 건설될 것이라는 점을 의심의 여지 없이 명확히 해야 한다. 그 사실은 우둔함의 증거가 아니라 지적이라는 증거이다. 즉 헨리 덥[9]은 좋은 것 한 개보다는 두 개의 좋은 것을 선택할 분별력이 있음을 의미한다.…사회주의자가 되고자 할 때도, 그는 예전에 힘들게 투쟁하여 획득한 시민으로서의 자신의 권리를 포기할 의도가 없다. 그러나 경탄할 일이건 유감스러운 일이건간에, 그러한 심성은 하나의 사실로 존재한다. 현실적인 전략가라면 이러한 사실에 기초해야만 한다.

다음의 사실을 분명히 인식해야 하는데, 토니는 단지 헨리 덥의 생각이 전술적으로 고려될 필요가 있었음을 지적하는 것이 아니라, 헨리 덥이 옳았음을 지적하고 있다. 그러나 이러한 입장을 택한다고 해서 민주사회주의자들이 항상 정치적으로 순진해야 할 필요는 없다. 그들이 행하는 방식은 단지 정치적 민주주의의 전통과 실천이 존재하는 사회에만 적합한 것이다. 민주주의가 존재하지 않는 곳이나 민주주의를 하찮게 여기는 곳에서는 다른 식의 방법들이 사용되어야 할 것이다. 특히 만약 민주사회주의적인 정부가 탈입헌적 적대자들에 의해 전복된다면, 그때는 똑같이 해야 한다고 충분히 답할 수 있다.

---

9) **Henry Dubb** : 일반적 영국 대중을 뜻함.

그러한 전복에 대한 두려움이나 예상도 1930년에 영국 좌파 사이에서 폭넓게 애기되고 논의되었다(그러한 논의는 너무도 많았으며, 나중에 수상이 된 흠잡을 데 없는 온건파 클레멘트 애틀리조차도 1932년에는 사회주의자들은 만일의 경우를 대비하기 위해 민중이 군대에서 사용하는 명령들을 받아들이는 것과 같은 정도의 규율을 지니도록 훈련해야만 한다고 제시하기까지 했다). 그러므로 1945년 노동당정부의 강령수행 능력은 민주사회주의 전략의 생존력(코울의 말에 의하면, 맑스주의자들의 의문에 대한 답이 이제 '실제'로 존재한다)을 증명해주는 것으로 볼 수 있다. 민주적으로 선출된 맑스주의 정부는 (칠레에서처럼) 쿠데타에 의해 축출되거나[10] 또는 (그리스에서 일어났던 것처럼) 총선거에서 사회주의 정당이 권력을 잡을 전망이 군사쿠데타를 통하여 미리 봉쇄할 것이라는 점에 대해 맑스주의자들보다 민주사회주의자들이 더 놀랄 이유가 없다.

민주사회주의자들이 새로운 종류의 '민주적' 공산주의가 아닌 더욱 영구적인 명칭을 주창하는 것이라면, 그들은 개량주의의 다양성에 대해 다소는 알고 있는 것이다. 공산주의에 대한 이러한 반응과 자유민주주의의 수용에서, 사회민주주의는 분명히 사회주의적 결의를 느슨하게 생각하는 경향이 있었다. 이러한 경향의 역사는 이론적 발전과 공무의 집행, 양 측면에 나타나 있다. 그러한 경향은 수사적인 경우를 제외하면 자신들의 개혁을 위한 노력이 사회변형의 폭넓은 전략의 일부라는 받아들이기 어려운 주장을 늘어놓는 등, 종종 단순한 선거주의와 집권주

---

11) 1970년 대통령선거에서 좌파인민연합(사회당·공산당·급진당 등의 좌파가 선거를 위해 결집한 조직)의 후보인 사회당 출신의 아옌데는 보수와 중간의 기독교민주당을 누르고 대통령으로 선출되어, 인민민주주의정책을 실시함으로써 사회주의로의 평화적 이행을 시도하였다. 그러나 1973년 9월 피노체트 주도하의 군사쿠데타가 발생하여 칠레의 정치, 경제, 사회를 현저하게 퇴조시켰다(강문구 편저, 『자본주의 체제하의 사회변혁운동:칠레혁명과 아옌데노선 연구』, 친구, 1990 및 필립 J. 오브라이언 엮음·최선우 역, 『칠레혁명과 인민연합』, 사계절, 1987 참조).

의로 타락할 수도 있다는 것을 보여주었다. 그렇다고 사회민주주의가 일반적인 의미에서 항상 어디서나 (여기에서 채택된 분석방식은 그러한 경우에 해당하지 않지만) 자본주의에 민주적으로 도전하기보다는 자본주의를 지지하는 것이라고 비난할 수는 없다. 역사적 증거로 볼 때, 사회민주주의는 상이한 형태를 취해왔고 다양한 결과를 낳아왔다. 물론 사회민주주의 역시 '사회주의'를 가져다주지는 못했지만, 사회주의 도래의 예측시기는 근본적으로 수정되어야 한다. 이는 현재 계속 진행중인 사안이다.

그러나 만약 계속 진행중인 사안이라고 한다면, 이 사안은 지향점과 전략에 대한 분명한 입장을 요구하거나, 그렇지 않으면 그저 단순히 개량주의나 적응적 통합으로 귀결될 것이다. 이 점에서 다시 사회민주주의의 우익을 구성하고 있는 민주사회주의자들은 합리적으로 이러한 전망을 생생히 유지해왔다고 주장할 수 있다. 더구나 민주적 방식에 대한 그들의 옹호는 정치적 행위 면에서 볼 때 민주적 방식이 포함하고 있는 활력 있고 폭넓은 분별력과 연결되어 있다.

토니가 주장하듯이 이는 정치적 기제로서만이 아닌 '해방되어야 할 힘'으로서 민주주의를 사고하는 것을 의미한다. 이는 정치적 수동성으로의 퇴보가 아니라 민중의 동원을 요구하는 것이다. 그래서 밀리반트와 같은 맑스주의자는 부르주아 헌정주의가 혁명운동에 부과하는 '커다란 제약'에 주의를 기울이는 반면, 아뉴린 베방과 같은 민주사회주의자는 의회민주주의가 사회주의적 정치행위에 제공하는 많은 기회들을 강조한다. 그러나 이 기회들은 충분히 이용되어야 할 것이다. 그렇지 않으면 동요와 권태감만이 초래될 것이다.

베방의 말에 의하면 "대담함은 민주적 가치라는 완벽한 무기를 현재의 문제들에 적용하고자 할 때, 사회주의자들이 젖어있어야 할 분위기이다." 즉 민주사회주의는 정치적 행위의 특성과 특질에 특별한 중요성을 부여한다. 이 점이 바로 맑스주의자들이 전통적으로 이러한 입장과 그 실천가들을 이론적으로 불쌍히 여긴 이유이다.

여기에 민주사회주의에 대한 검토로부터 마지막 일반적 문제가 야기되었다. 이것은 사회주의의 목적과 수단 사이의 관계에 대한 것이다. 여태껏 보아왔듯이 민주사회주의자들은 사회주의적 수단과 사회주의적 목적 양자에 대한 논쟁과, 그들 사이의 필연적 관계에 대해 많은 논쟁점을 갖고 있다. 마찬가지로 이제까지 보아왔듯이, 이 문제에 대해 수단의 선택을 도구적이고 전술적인 것으로 간주하는, 그리고 (예를 들면 레닌처럼) 전위당의 철의 규율에 의해 영향받는 혁명과 국가 없는 민주주의라는 혁명 후의 강령을 완벽하게 결합하는 것이 가능하다는 다양한 관점을 취할 수도 있다.

이러한 정치적 수단과 목적의 분열은 불가능한 것처럼 보일 뿐만 아니라, 그에 반한 많은 역사적 증거를 갖고 있다. 즉 정치적 수단과 목적은 연결되어야 할 뿐만 아니라 연결되어 있다. 만약 의회주의·헌정주의적 사회주의가 (여태까지) 단지 사회민주주의로만 귀결되었다면, 혁명적 사회주의는 (여태까지) 오로지 국가권위주의로만 귀결되었다. 로자 룩셈부르크는 분명히 옳았다. 사회주의적 방식은 역사라는 판매대에서 —냉·온 음료수처럼— 자유롭게 선택할 수 없다. 자신이 선택한 메뉴는 자신이 먹게 될 음식의 종류에 영향을 끼치는 것이다.

5. 사회주의 사회의 구조

내 마음 속에는 항상 사회주의 사상에서 두 개의 근본적인
균열이 존재해왔다. 혁명가와 개량주의자 사이의 균열,
중앙주의자와 연방주의자 사이의 균열 ― 코울

개량과 혁명 사이의 적대관계가 사회주의의 역사에서 친숙한 주제라
면, 사회주의의 구조적 형태에 대한 논쟁은 별로 익숙치 않다. 무정부주
의자들과 급진 노동조합주의자들의 활동으로 인해 이 논쟁들은 여러
시기 동안 주요한 사회주의적 흐름에서 야기된 혼란스러운 난제를 설
명하는 것으로 축소되어왔다. 그러나 20세기 말에 구조적 원리와 사회
주의의 형태에 관련된 문제들은 또 다시 사회주의 논쟁의 중심에 등장
했다. 이것은 다양한 주장, 논쟁 그리고 전통의 일부를 규명할 필요성을
제기한다.

이러한 문제가 현재 흥미를 끄는 이유를 솔직히 밝히는 것은, 몇 가
지 문제를 명확히 하는 데 도움이 될 것이다. 맑스주의의 역사에 대한
엄격한 해석을 추구하는 콜라코프스키는 "프로메테우스적 인간주의에
서 시작되고 스탈린의 흉폭한 전제에서 절정에 달한 한 사상의 기묘한

운명”에 대해 언급하고 있다. (최소한 잠시 동안이라도) 맑스로부터의 스탈린의 암묵적 탈선은 논외로 치더라도, 이러한 언급은 전체 사회주의로까지 확대될 수 있을 것이다.

19세기 초 사회주의는 자유주의, 민주주의, 공동체주의 그리고 자주관리적인 다양한 형태를 띠고 있었다. 이 형태들은 프루동의 상호주의, 푸리에의 팔랑쥬[1], 오웬의 협동생활 실험, 생시몽의 정치가에 의한 인간지배에서 생산자에 의한 사물 관리로의 대체 등으로 나타났다. 물론 맑스도 인간해방을 위한 포괄적인 강령을 통해 이러한 유형의 형태를 제시했다. 그러나 대조적으로 20세기 후반의 사회주의는 모든 측면에서 중앙집권주의와 국가주의와 연관되었다.

이러한 연관은 상대적으로 좋은 것(자유주의적인 사회민주주의)으로 또는 실증적으로 나쁜 것(권위주의적인 공산주의)으로도 보여질 수 있었지만, 양쪽 모두에 연결되어 있었다. 20세기의 공산주의는 사회주의의 조직모델로서 단일체의 당독재를 고안해냈다. 20세기의 사회민주주의는 국가에 더욱 커다란 권력과 책임을 부과하는 방식으로 현대 관료제적 복지국가를 설계했다. 두 경로 모두 사회주의를 국가 없는 공산주의라는 원래의 전망으로부터 멀어진 길로 이끌어왔다. 1940년대에 슘페터는 (『자본주의·사회주의·민주주의』[2]라는 그의 저서에서) “중앙집권적 사회주의라고 불리는 것이 나에게는 그 분야를 너무 명백하게 장악하고 있어서 다른 형태들를 고려할 여지를 남겨두지 않는 것처럼 보인다”고 말했다.

이러한 ‘다른 형태들’은 지금은 역사적·기술적으로 정치적 주변으로 비껴난 비국가적이고 관념적인 사회주의 옹호자들과 함께 폐기되어버린 것으로 평가되고 있다. 그 옹호자 중의 한 사람인 코올은 1950년대

---

1) phalange : 푸리에가 건설한 농업을 기초로 한 공산주의적 생산협동체. 푸리에는 이것을 조화로운 이상사회로 제시하였다.
2) 이상구 역, 『자본주의·사회주의·민주주의』, 삼성출판사, 1990.

말에 『사회주의 사상사』[3]란 저서에서 광범위한 조사를 토대로 자신은 "공산주의와 사회민주주의 양자를 중앙집중주의와 관료제의 교리로 간주하기 때문에, 공산주의자도 사회민주주의자도 아니다"라는 외로운 입장표명을 결론으로 이끌어냈다.

그렇지만 한 세대 후에 급진 좌파와 급진 우파는 국가에 대한 혐오라는 이해가 일치되어 통합되었다. 그러나 우파가 국가 대체물이 포괄하는 것(예를 들면 탈규제, 탈민족화, 복지를 고려하는 사적 시장, 불평등에 대한 더 많은 자유라는 관점에서)과 포괄하지 않는 것(무엇보다도 국가 정치권력의 축소 내지는 오히려 국가권력의 강화)에 대한 분명한 생각을 갖고 있었던 반면, 좌파는 사회주의의 대안적인 소견에 내용을 채워야 하는 어려움을 겪고 있었던 것 같다.

우파와 달리 좌파는 민주적 책임성과 시민적 자유라는 말로 국가의 정치권력을 축소하려 했으며, 비중앙집권주의적인 사회주의 경제를 발전시키는 것이 무척 힘들다는 것을 깨닫게 되었다. 20세기 말 국가사회주의가 현대 서구 좌파에 우군을 거의 갖지 못했다는 것은 중요하다. 그러나 마찬가지로 사회주의의 대안적 형태가 이론적으로나 실천적으로 분명치 않았다는 것 역시 중요하다.

국가주의로서의 사회주의가 발전한 것에 대해 몇몇 근거들은 간략히 얘기될 수 있다. 이러한 근거는 세계 최초의 혁명이 발생했던 특수한 환경, 즉 훈련된 당에 의해 조직된 후진국 혁명이라는 이유에서부터 사회민주주의 정당들의 개량주의적 야심 때문이라는 이유에까지 폭넓게 걸쳐 있다. 전자는 단일 정당에 기초한 권위주의적인 국가관료제라는 사회주의의 조직모델, 즉 몇몇 곳에 강제로 이식되었고, 사회주의를 민족국가 건설과 경제발전의 기제로 생각한 나라들에서 의도적으로 선택된 모델을 낳았다. 후자는 점증하는 (세기 초에 미헬스가 『정당들』에서

---

3) 이방석 역, 『사회주의 사상사 Ⅰ』, 신서원, 1987.

독일을 언급하면서 밝혔던 과두제적 특성의) 관료제적 사회민주주의 정당에 기초한 사회주의의 조직모델을 낳았다. 이 관료제적 사회민주주의 정당의 핵심 활동은, 이러한 활동이 가져올 결과에 대해서는 별다른 생각도 없이 확대된 국가의 조직 또는 더 광범위한 사회주의적 목적이라는 관점에서 경제와 사회복지를 위해서 더 많은 기능과 책임성을 국가에 부여하여 이를 확대하는 데 있었다.

이것들은 사회주의적 국가주의의 발전과 관련된 실천으로부터 나오는 논쟁들이지만, 이론으로부터 도출된 논쟁들 또한 당연히 존재한다. 이미 살펴보았듯이, 조직사회주의에는 주요한 전통이 있다. 자본주의를 경쟁적 무정부상태에서 비롯하는 낭비적이고 비효율적이라는 이유에서 비판하거나, 이 모순들을 사회주의적 계획의 장점으로 대체하는 것이 이 전통의 주요한 논점이다. 계획이라는 주장이 사회주의적 입장에 기초적인 많은 주제들을 포괄하고 있는 것은 분명하며, 마찬가지로 강한 중앙집권주의적 편견과 경제적 사회적 주도세력의 다양성에 대한 반감을 갖고 있는 주장이라는 것 역시 분명하다. 앙드레 고르쯔[4]는『노동계급이여 안녕』에서 이 점을 잘 지적하고 있다.

그러므로 자본주의에 대한 사회주의의 이론적 우위성의 원천은 또한

---

4) Gorz, Andre(1924~) : 오스트리아 태생. 현재 프랑스에서 주도적인 위치의 급진적 사회이론가. 그는 스위스에서 철학을 공부했고, 특히 싸르트르의 실존주의 영향을 받았다. 그의 저작은 실존주의적 맑스주의자로서의 사고의 결과물이라고 평가된다. 특히 1970년대에는 사회운동에 관심을 쏟았고, 생태학에 관한 저작을 썼다. 고르쯔는 현재 개인적인 자유와 자율을 최대한으로 표현할 수 있는 협동적 사회의 창조에 관심을 갖고 있다. 그가 쓴『경제이성비판 *Critique of Economic Reason*』일부가 번역되어 있다. 신원철 역, 「노동사회에서 '문화사회'로의 이행 : 노동시간의 단축 - 쟁점과 대책」, 이병천 · 박형준 편저, 『마르크스주의의 위기와 포스트마르크스주의 Ⅲ : 후기자본주의와 사회운동의 전망』, 의암출판, 1993.

실천적 열위성의 원천이기도 하다. 사회 구성원의 활동이 통제와 계획의 결과여야 한다고 주장하는 것은, 모든 성원이 가시적인 전체 사회적 결과에 기능적인 행동을 해야 한다는 요구하는 것이다. 그래서 일반화하면, 계획된 사회적 결과로 귀결되지 않는 어떠한 형태의 행위의 여지도 존재할 수 없게 된다. 고전적인 사회주의적 교의는 단순히 정당이나 노동조합의 다양성으로서가 아니라 다양한 노동, 생산, 생활방식의 다양하고 독특한 문화영역과 사회적 존재의 다양한 수준으로 이해되는 정치적·사회적 다원주의와 공존하기 힘들다.

그래서 지나치게 평등을 추구하는 것은 자연히 집단적 규정과 획일적 통치라는 중앙주의적 정치를 융성하게 했다. 현대 통치국가는 전국적 규정이 점차 지역 규정을 대체하는 과정에서 출현했으며, 획일성이 혼란스러운 다양성에 부과되었다. (관료제가 상당한 장점을 갖고 있다고 굳이 말할 필요가 없듯이) 많은 실제적인 업적을 이룩했다고 굳이 말할 필요가 없지만, 이 과정은 사회주의에 많은 영향을 미친 것은 사실이다.

점차 중앙국가권력의 입법 가능성에 주의가 모아져감에 따라, 노동계급의 자조(自助)와 민주주의의 여러 측면이 상당한 정도로 후퇴하였다. 그래서 핼지는 영국에서 "노동운동이 민주주의와 복지를 국가로 이관하고, 우애와 평등과 자유를 지역공동체에서 전국적 범위로 이전시키는" 동안에 "역설적이게도 자신들의 정당이 관료제 국가의 위험을 증가시키게 되는" 과정을 묘사했다.

그러므로 여러 측면에서 대안적인 사회주의 전통들을 희생시킨 채 사회주의적 국가주의의 전개과정을 정식화할 수 있다. 그러나 이러한 문제들을 좀더 분명히 하기 위해서는 전통적 사회주의 사상에서 그러한 문제들이 차지하는 위치에 대해 언급하는 것이 필요하다. 여러 측면에서 가장 중요한 것은 사회주의 경제조직의 관점이건 사회주의 정치체계의 관점이건간에, 왜 사회주의의 구조적이고 구성적 측면에 대한 진지한 논의가 그다지 존재하지 않느냐는 것이다.

맑스가 과학적 사회주의와의 차별성을 분명히하려 했던 '공상주의'의 몇 가지 특징이 그러한 측면을 집중적으로 논의하고 있다. 맑스가 사회주의 사회의 미래 조직에 대해 의문을 제기하는 사람들을 "미래에 생길 과자가게를 위한 영수증을 미리" 만들기를 좋아하는 격으로 쓸데없는 시간낭비라고 계속해서 비판했다는 것은 잘 알려진 사실이다. 미래사회의 조직은 당연히 그 사회를 만드는 데 참여하고 있는 사람들의 문제이기 때문이었다.

이러한 접근이 고전적인 맑스주의 전통을 특징짓는다. 그래서 카우츠키는 『계급투쟁』(1892)에서 미래의 사회질서는 미래사회를 발생시키는 경제적 발전과정에 의해서 결정되는 산물이기 때문에, 미래사회의 질서구조에 대한 관심은 "전적으로 현대과학의 관점과 양립할 수 없다"고 설명했다. 그러므로 자신이 추구하는 공동체의 상(象)을 그리려고 하는 사회주의자보다 더 유치한 것은 없다. 만약 이것이 충분히 가능한 것처럼 보인다면, 이것이 갖는 가정과 의미들을 생각해보라.

그러한 시도는 조직적 세부사항뿐만 아니라 사회주의 사회의 구조적 원칙을 통해 사고하기를 거부하는 것이다. 중요한 문제는 오직 하나의 단일한 구조적 원칙, 즉 생산수단의 공적 소유에 의한 사적 소유의 대체일 뿐이며, 다른 것들은 이러한 대체를 실천하는 과정에서 파생된다고 그러한 주장은 가정하고 있다.

물론 그렇다고 하여 맑스가 이러한 단일한 구조적 변화에서 야기되는 인간조건의 포괄적 변화를 묘사해내지 못하였다는 것은 아니다. 오히려 "오늘은 이 일을, 내일은 저 일을 하고, 내가 마음 속에 두고 있는 바로 그것, 즉 사냥꾼이나 어부나 목동이나 비평가가 되지 않고도, 아침에는 사냥하고 저녁에는 고기잡고, 저녁에는 가축을 기르고, 저녁식사 후에는 비평하는 것"이 가능하게 될 때, 자유의 영역, 노동분업의 폐지에 영향을 미치는 소외되지 않은 창조성의 영역이 열리게 된다.

이 유명한 정식을 인용하는 목적은 이에 대한 대표적인 반대 견해(예를 들면 기술적 반대—이러한 일이 어떻게 뇌수술이나 비행기 운전과 같은 일에도 적용될 수 있는가) 또는 여성해방주의적 반대(누가 요리하고, 누가 설거지하는가)를 살펴보고자 하는 것이 아니라, 초기의 구조적 변화에서 중간단계를 거치지 않고 무척 대담하게 이끌어낸 결론으로 도약할 수 있도록 한 사유방식을 규명하려는 데 있다. 사실 이러한 중간단계의 특성을 규명하려는 시도는 비과학적이고 비역사적이라고 비판받기 쉽다.

그래서 맑스는 자본주의의 정치경제 분석을 더욱 확대한다. 그러나 사회주의에 대한 분석 같은 것은 하지 않는다. 아마도 맑스에게는 사회주의란 비자본주의이면 충분했을 것이다. 『자본론』에는 "확고한 계획에 따라 자유롭게 연합된 사람들에 의해서 의식적으로 규제되는 생산"이라는 관점에서 사회주의를 언급하는 말이 나온다. 그러나 이 언급은 자유로운 연합, 의식적 규제 그리고 확고한 계획 등이 실행 가능한 비강제적 사회주의 경제의 기초로서 조정될 필요가 있는지에 대해 단순한 용어 이상의 진지한 고려를 필요로 하지는 않는 것 같다.

맑스는 자신의 엄청난 노력에도 불구하고 사회주의 경제의 실행 가능한 모델을 만들어내지는 못했다. 그의 접근은 사회주의 경제가 여전히 희소성, 선택, 갈등과 결정의 영역 내에 존재한다는 사실을 인지하지 못함을 보여준다. 그러한 인식은 그 자체로도 중요하지만, 맑스주의 경제사상에 내재한 중앙주의적 편견과 중앙적인 것의 소규모적이고 부분적인 것으로의 대체라는 맑스주의 사상에 비추어볼 때 더욱 중요하다.

공업과 농업의 소규모 생산을 대체하고 단일한 사회주의적 합리성을 갖춘 경제구조를 이루기 위해서는 단지 사회화만이 요구되는 사회주의의 필수적 전제조건을 제공하는 것이 바로 자본주의의 중앙주의적인 욕망이다. 카우츠키가 주장하듯이, 사회주의 사회는 그러므로 "단일하고 거대한 산업집중에 다름 아닌" 것으로 보여졌다.

이러한 관점에서 보면, 전체적으로 중앙집중화된 사회주의 경제가 어떻게 누구에 의해서 운영되는가의 문제는 단순한 흥미거리 이상으로 중요하다. 『실행 가능한 사회주의의 경제학』에서 알렉 노브는 (동구의 계획경제에 대한 주요 권위자로서 그는 자신의 관점에 입각해서) "중앙집중적 계획의 기능적 논리는 너무도 쉽게 중앙집중적 전제주의의 행사로 '전락해'버린다는 사실"에 관심을 쏟는다.

맑스가 급진적 민주주의자이고 공화주의적인 자유의 사도라는 것을 보여주는 것은 어렵지는 않지만, 다른 한편으로 맑스는 이러한 종류의 실제적인 '적합성'에 의해 제기되는 문제들을 고려하는 것을 불가능케 한 분석방식을 고안해냈다. 가장 먼저 중앙집중적 경제를 어떻게 정당과 양립시킬 것인지의 문제를 제기한 사람은 무정부주의자 바쿠닌이었으며, 맑스는 이 문제에 대해 적절한 답을 내놓지 못했다. 바쿠닌은 (이는 무정부주의자와 급진 노동조합주의자들이 맑스주의에 대한 행하는 일상적 비판이 되었다) '과학적' 사회주의자들에 의해 새로운 종류의 국가전제주의가 창출되는 결과를 낳았다고 지적한 바 있다.

> 우리가 라쌀레주의자 및 맑스주의자들의 저작과 연설에서 부단히 접하게 되는 '과학적 사회주의자'와 '과학적 사회주의'란 말은 소위 인민의 국가라 불리는 것이 진짜 또는 사이비 '과학자'라는 새로운 소수의 귀족에 의해서 행사되는 대중에 대한 전제에 다름 아니라는 것을 증명하는 것으로 충분하다. 배우지 못한 인민들은 통치임무에서 완전히 배제될 것이며 지배받는 무리로 전락하게 될 것이다. 아주 훌륭한 해방이다!

맑스의 분석이 너무 많은 것을 요행(僥倖)에 맡겨 놓았다는 것을 보여주기 위해서는, 단지 맑스의 전제적 성향을 인정하는 것만으로는 충분하지 않다. 이러한 점에서 바쿠닌의 주장은 귀기울일 만하며, 이러한 주장은 맑스주의 '과학'의 권위가 (이제는 전 세계에 알려진) 일련의 전제적 결과를 낳은 맑스주의 정당의 지배권력을 유지시켜주고 있는 20세기 혁명 이후의 사회주의 사회의 경험에서 더욱 근거를 획득해왔다.

고전적 맑스주의가 사회민주주의의 전반적 문제를 진지하게 고려하기를 거부하고, '연합생산자'가 모든 것이 잘 되도록 보장해줄 것이라고 계속 분명히 생각했는데도 그러한 결과가 고전적 맑스주의와는 무관하다고 주장하는 것은 전적으로 부당하다(물론 부당하다고 해서 주장도 못한다는 것은 아니지만). 존 던은 (『미래에 직면한 서구 정치이론』에서) "맑스주의 정치이론이 해방이라는 기획을 실현시킬 방법을 알고자 한다면, 민주주의와의 투쟁에 있어서 실천과 원칙이라는 면에서 승리를 어떻게 획득할 것인가의 문제에 대해 새로운 수준, 새로운 방식의 사고가 필요하다"고 주장했다.

이는 전체 논의의 핵심인 맑스주의 정치이론 그 자체에 대해 주목하도록 한다. 맑스가 사회주의의 구조적 원리를 부적당하게 처리한 것은 정치 일반을 종속적이고 파생적 지위로 축소시키는 등 부적절하게 다루는 입장의 반영이다. (밀리반트가 『맑스주의와 정치』에서 주장하듯이) "유용한 고전 저작들은 정치와 정치이론의 주요 문제들에 대해 단지 침묵을 지키거나 극히 형식적이라는 점에서," 고전적 맑스주의에는 체계적인 정치적 이론화가 존재하지 않는다. 그래서 맑스에 의한 일관된 국가분석의 부재는 마찬가지로 사회주의의 조직적 문제들을 무시하는 것과 맞물려 있다.

한시적인 '프롤레타리아트의 혁명적 독재'[5]나 뒤이은 '모든 계급의 폐지'의 특징에 대한 맑스의 이해방식을 추적하는 사람들은 종종 흩어져 있는 일관되지 않은 언급과 용례를 샅샅이 찾으러 다닌다. 이러한 것들은 맑스 해석가들에게 지속적으로 재충전과 변화를 가져다주지만, 다른 한편으로는 일관된 정치적 분석이 행해지는 곳에 존재하는 공백을 강

---

5) 프롤레타리아 독재론에 대해서는 레닌 외, 『마르크스-레닌주의 프롤레타리아트 독재론 Ⅰ·Ⅱ』, 이웃, 1989 및 에띠엔 발리바르·최인락 역, 『민주주의와 독재』, 연구사, 1988 참조.

조하고 있다.

최소한 정치조직의 측면에서 볼 때 이 공백에는 "소위 정치권력이라고 부르는 것이 더이상 존재하지 않는" 국가 없는 공산주의가 뒤이어 곧 나타나게 되어 있는 (비록 '활력적'이긴 하지만) 일시적이나마 프롤레타리아트 독재의 필요성에 대한 맑스의 관련 언급만이 존재한다. 맑스에 의해 예언된 프롤레타리아트에 의한 권력의 혁명적 행사가 갖는 특징은 논쟁의 원천으로 남아 있다.

한편으로 이는 맑스가 1850년 『3월 연설』에서 "진정으로 혁명적인 당의 임무는 엄격한 중앙집중을 통해 행사된다"고 주장했던 것처럼, 프롤레타리아트 수중으로의 국가권력의 집중을 강화하는 것으로 나타난다. 그렇지만 다른 한편으로 1871년에 『프랑스 내전』에서 파리꼬뮌을 논하면서 맑스는 현존 국가의 잔재를 분쇄하고 건설한 파리꼬뮌의 탈집중적 민주주의를 "드디어 노동의 경제적 해방이 실행되는 정치적 형태"라고 칭찬한다. 이는 사회주의가 '정부 기능의 탈전문화'(맥렐란[6]의 말에 따르면)에 의해 구별된다는 맑스의 신념을 나타내준다. 맑스는 '정부 기능의 탈전문화'가 의미하는 바를 꼬뮌을 통해 보여주었다.

> 꼬뮌의 대다수 성원들은 당연히 노동자들이었거나 노동계급의 공인된 대표부였습니다. 꼬뮌은 의회기구가 아니라 활동하는 행정부인 동시에 입법부였습니다. 경찰은 중앙정부의 하수인으로 계속 남아있지 않고, 즉시 그 정치적 속성을 벗게 되어, 책임감 있고 언제든지 소환 가능한 국민의 집행인으로 바뀌었습니다. 여타 행정부서의 모든 관리들의 경우도 마찬가지입니다. 꼬뮌의 의원에서부터 말단 직원까지, 공직은 노동자들의 임금 수준에서 수행됐습니다. … 공적 기능은 더이상 중앙정부의 도구이거나 사적 자산이 아닙니다. 시 행정뿐만 아니라 여태껏 국가가 행사해온 주도권 전부가 꼬뮌의 수중에 놓이게 되었습니다.

---

6) McLellan, David : 신오현 역, 『칼 마르크스의 사상』, 민음사, 1982.

　그러나 꼬뮌의 구조가 과연 맑스가 이전에 제시했던 것과는 다른 (나중에 엥겔스가 천명한) 프롤레타리아트의 독재를 나타내는가. 또는 맑스가 뒤이어 꼬뮌 자체는 "단지 예외적인 조건에서 한 도시가 봉기한 것"이라고 묘사하고 있는데도, 이를 사회주의 사회의 영구적인 정치구조를 예시하는 것으로 받아들일 수 있는가. 중요한 것은 이 문제가 답변되지 않은 채 남아 있다는 것이다. 중앙 정치권력이 탈중앙화된 꼬뮌구조와 연결되어 있으며 [바쿠닌적 의미에서] '전체로서의' 프롤레타리아트가 집권하게 되는 프롤레타리아 독재의 조직에 관한 핵심 질문에 대해서는 맑스는 아무런 설명도 하고 있지 않다.

　더욱 중요한 것은 모든 정치체계에 대해 제기되는 기본적인 문제에 직면한 사회주의 정치체계에 대해 고전적 맑스주의는 어떠한 진일보된 설명도 내놓지 못하고 있다는 점이다. 제기된 문제들이란 대표성과 책임성의 본질, 정치적 경쟁과 적대조직, 갈등이 해결되는 방식, 정치적 자유의 다양한 형태에 관한 것이다. 이러한 사회주의적 정치체계의 문제가 무시되는 이유는 쉽게 알 수 있다. 그 이유는 맑스주의 전통에서 정치가 차지하는 부차적 위치에서 연유하며, 국가와 '부르주아'의 정치적 생존장치는 자본주의의 계급적대의 표현이다.

　이러한 사고가 사회주의가 계급적대의 원인을 제거하게 되면 없어지게 될 것이라는 신념에 반영되어 있다. 맑스의 말에 따르면, "소위 정치권력이라고 불리는 것은 더이상 존재하지 않는다." 계급이 존재하지 않는 단일한 사회는 계급이 분할된 사회가 필요로 하는 정치적 기제를 필요로 하지 않을 것이다. 물론 실천상에서 이러한 점은 단일계급의 지배라는 미명하에 단일정당의 지배로 변화되어왔으며, 정치적 분할과 적대의 어떠한 근거도 존재하지 않는다는 원칙적인 부정에 의해 유지되어 왔다.

　또한 이러한 변화는 정치적 (또는 여타의) 적대를 본질적으로 계급적

대의 변종과 동일시하는 이론적 전통에서 유래되었기 때문에, 이것을 정당치 못한 변화라고 비난할 수도 없다. 비록 정치적 종속모델 자체가 동일한 이론적 전통으로부터 형성된 것일지라도, 20세기 정당국가는 마침내 이러한 정치적 종속모델을 사장시켜왔다(또한 사장시켜야만 했다).

그러므로 그러한 무시가 핵심적인 가정을 간과하는 것이 아니라 진정으로 표현하는 것이라는 점을 이해하지 못한다면, 고전 맑스주의 전통이 사회주의의 조직적 구조에 대해 진전된 설명을 제공하지 못했다는 사실을 밝혀내는 것만으로는 충분치 않다. 중요한 단 하나의 구조적 변화는 다른 모든 관계가 파생되고, 공상적인 사변가들이 내다볼 수 없으며, 역사의 주체에 의해서만 결정되는 소유관계의 변화였다.

그러나 자본주의의 정치기제들을 유지시켜주는 계급적대의 사회주의에 의한 폐지는 전일적인 사회의 반영인 사회주의하의 완전한 민주주의를 보장하는 것이었다. 더이상의 포괄적 보장이란 있을 수 없었다. 사회주의는 말 그대로 정치의 종언을 약속했다. 일정한 종류의 '공적 권력'은 잔존하지만, 사회주의가 취하는 단순한 행정적 형태에 대해 변명을 늘어놓을 필요는 없었다.

의도했던 형태는 아닐지라도 그러한 약속은 이행되어왔다. 이러한 사유방식을 자신들의 공식적인 이데올로기로 변화시켜온 정권들은 사실상 정치의 종언 또는 최소한 여태껏 세계가 지켜본 대로 정치의 종언과 유사한 형태를 보여주었다. 이러한 과정에서 중요한 인물이 레닌이었다. 레닌은 볼세비키 혁명 전야에 저술한『국가와 혁명』에서 정치의 종언에 대한 일반적 개념을 혁명 후 사회가 국가를 대체할 대중적인 자주관리 구조에 대한 설명으로 해석했다. 또한 레닌은 혁명과정에서 단일 정당과 억압적인 국가관료제에 기초한 권위주의의 발전을 주도했다.

이러한 변화를 설명하기 위해 냉소적인 표현을 사용할 필요는 없다. 전자는 혁명 후의 조직문제에 대해 맑스주의의 이론적 관점에 입각한 레닌의 해결책을 나타내주고 있다. 반면에 후자는 실천과정에서 레닌이 제시한 해결책을 나타내준다. 이론과 실천의 통일에 대한 특수한 관점에 집착하는 사람들만이 이러한 이론과 실천의 부정합에 놀랄 것이다.

레닌을 혁명적 기회주의자로서 파악하는 기존의 관점과는 반대로, 자신의 정치적 입장을 맑스주의 이론의 안정된 토대 위에 구축해야 했던 그의 당면과제에 대해서는 이미 많이 논의된 바 있다. 만약 혁명을 가능케 했던 조건에 대한 레닌의 설명이 정확한 것이었다면, 혁명 후의 사회에 대한 그의 설명도 사실이었을 것이다. 그는 부하린처럼 맑스주의 혁명이 현존 국가기제를 파괴할 필요성이 있다는 것, 맑스처럼 현존 국가기제가 꼬뮌적 모델에 기초한 대중적인 자주관리체계에 의해 대체될 것이라는 점을 확신했다. 그래서 레닌은 『국가와 혁명』에서 (하딩이 주장하듯이) "꼬뮌이 망각의 늪 속으로 사라지는 것을 구해냈다."

하딩은 꼬뮌에 대한 맑스의 묘사가 사회주의적 조직의 정확한 형태를 확립해냈다고 주장했다. 또한 자본주의적 제국주의가 대중들의 자주관리체계를 통해서 단순화된 라인을 운영할 수 있는 지점으로까지 생산과 분배 과정을 발전시켰다고 주장했다. 이것이 의미하는 바를 레닌은 다음의 유명한 어귀로 자신있게 묘사했다.

> 우리 노동자들은 자본주의가 이미 창조해낸 것을 기초로 하여, 무장 노동자들로 구성된 국가권력을 배경으로 엄격한 철의 규율을 확립해온 노동자로서 여태까지 쌓아온 경험에 의존하여 대규모 생산을 조직화해 낼 것이다. 우리는 국가관료의 역할을 우리의 지시만을 수행하는 책임성 있고, 소환가능하고, '십장(什長)이나 회계사들'과 같은 정도로만 지불받는 그러한 역할로 축소시킬 것이다.… 이것이 우리 프롤레타리아트의 임무이며, 프롤레타리아 혁명 완수를 위해 출발할 수 있고, 또 출발해야만 될 지점이다.
>
> 대규모 생산에 기초한 이러한 출발은 자연스럽게 모든 관료제를 점진적으로 '소멸시키고' 하나의 질서를 점진적으로 창출하는 일로 이어질 것이고… 그 아래에서 더욱더 단순해질 통제와 회계의 기능은 모두에 의

해서 순번제로 수행될 것이고, 그 후엔 차츰 습관화되고 마침내 인구의 특수한 부분의 특별한 기능으로서의 회계와 통제기능은 사라져가게 될 것이다.

이러한 ("모두가 돌아가면서 통치하고 곧 어느 누구도 통치하지 않는 것에 익숙하게 될") 사회주의하의 탈집중적·참여적 민주주의에 대한 설명은 한 전통이 정점에 도달해 있음을 나타내준다. 이것이 맑스가 원래 가져오고자 했던 프로메테우스의 불과 같은 것, 즉 능동적인 자주관리라는 해방적 전망, 고전적 민주주의 이상 그 자체의 최종적 실현인 것이다.

그러나 한 전통의 정점으로서 그 안에는 또한 (폴란이『레닌과 정치의 종언』에서 아주 효과적으로 주장했듯이) 결함이 두드러져 보이는 지점이 있다. 여기에는 정치적·행정적 영향들을 경제발전의 분석을 통해 파악할 수 있다는 가정이 존재한다. 또한 사회주의하에서 인간의 지배가 사물의 지배로 대체된다는 사상은 받아들이고, '부르주아' 정치는 거부한다. 사회주의로 표현되는 사회적 단일화는 조직된 분열에 대한 정당한 근거가 존재하지 않는다는 가정을 받아들인다.

레닌은 분열되지 않는 민주주의, 정치 없는 행정적 통치, 시민적 자유가 없는 시민적 창조성을 제시하는 전통을 받아들였다.『국가와 혁명』에서 당에 대해 논의가 부재하다는 사실이 채워져야 할 정치적 공백을 규명하는 데 도움이 되는 반면, 자주관리 사회라는 낭만적 설명의 배후에는 "무장 노동자의 국가권력"이 존재한다. 레닌의 초기 저작인『무엇을 할 것인가』[7]는 사회주의 혁명의 조직적 필수명제에 비추어 더욱 신뢰할 수 있는 지침임이 판명되었다.

다른 사상에 비추어보았을 때 다양한 사회주의의 발전에서 레닌주의

---

7) 김민호 역,『무엇을 할 것인가?』, 백두, 1988.

적 운동이 갖는 중요성은 아주 지대하다. 기존에 확립된 입장들과 전통적인 가정들은 혼란에 빠지게 되었다. 제2인터내셔널로 대표되는 고전 맑스주의는 사회주의가 민주주의를 부정하는 것이 아니라 현존 민주주의의 제형태를 확장할 것이라고 보았다. 그래서 카우츠키는 볼셰비즘의 정치적 전제주의를 비판했다. 그러나 이러한 비판은 또한 맑스주의적 전통의 정치적 가정들이 얼마나 검토되지 않고 있었는가를 드러내주었다. 아마도 맑스주의 전통 내에서 쏟아져 나온 볼셰비키의 정치적 억압 통치에 대한 비판 중 가장 효과적인 비판은 자유주의적 근거들에 기초한 카우츠키의 비판이 당에 의한 정치적 독재가 계급의 자유로운 발전을 저해한다는 이유에 근거하고 있는 로자 룩셈부르크로의 비판이었다.

혁명은 정치적 자유와 민주주의를 요구한다. "보통선거가 없다면, 언론과 집회의 자유가 없다면, 자유로운 견해 사이의 대립이 없다면, 삶은 모든 공적 제도속에서 질식되어버릴 것이고, 단순히 외형적으로만 살아 있는 것이 될 것이고, 오직 관료제만이 살아있는 요소가 될 것이다." 그러나 룩셈부르크의 주장을 좀 다르게 볼 수도 있다. 사회주의 혁명이 반드시 민주주의적이고 자유주의적 형태를 취한다는 로자의 주장이 착각이며, 전제적이고 관료적인 형태 또한 (아마도 가장) 유용하다는 것을 볼셰비즘은 실제로 증명해보였다.

이러한 문제들이 볼셰비키 혁명의 직접적 영향하에 있거나 또는 제1차 세계대전 후 격동의 시기에 있던 대다수 사회주의자들에게 명확하게 인식되지는 않았다. 소비에트를 정치조직의 문제에 대한 사회주의적 방식의 해결책으로서 사회주의하의 직접 민주주의의 구체적 형태로 간주할 수도 있었다. 그래서 1918~1920년 이탈리아에서, 그람시는 튜린 공장위원회운동[8]을 당, 의회 또는 관료제에 의한 지배와는 대립되는 사

---

8) 그람시는 1919년 튜린에서 『*Ordine Nuovo*(신질서)』를 몇몇 동료와 창간하여 급격히 발전하고 있는 공장평의회운동에 대한 의견을 제시함으로써 러시아혁명의 교훈을 이탈리아의 상황으로 해석하였다. 생산영역이 새로운 문명사회를

회주의적 민주주의에서 사용하는 것과 동일한 '위원회' 개념의 일부로 제시한 바 있다. 이것은 위로부터 부과되는 것이 아니라 아래로부터 분출되는 권력형태였고, 사회주의 사회의 조직구조는 노동계급단체들 사이의 관계망이라는 관점에서 파악되었다.

"한편으로는 이들 제도들을 서로 연계시키고, 또한 매우 집중화된 권능과 권력의 위계로 조정하고 강제하며, 다른 한편으로는 각각의 필수적인 자율성과 부분들을 존중하면서 서로를 연계시키는 것이 진정한 노동자민주주의—부르주아 국가에 대립되는 효율적이고 능동적인 노동자민주주의를 즉각적으로 창출하는 것이며, 그 즉시 부르주아 국가를 대체하여 민족적 유산을 통치하고 통제하는 본질적 기능을 즉각적으로 수행하도록 준비하는 것이다."

이 '위원회' 공산주의[9](네덜란드의 ¾볼세비키인 판넨쾨크[10]와 같이 잊

위한 토대를 제공할 수 있다는 소렐의 사상에 영향을 받은 그람시는 공장평의회가 노동자계급을 결속시키며 노동자들로 하여금 생산 및 사회체제 내에서 자신의 위치를 이해하게 할 뿐만 아니라, 부르주아지가 더이상 생산력의 발전을 보장할 수 없는 시기에 새로운 사회와 새로운 형태의 국가를 창조하는 데 필요한 기술을 터득하게 해줄 것이라고 생각하였다.

9) 양차 대전 사이의 기간중 소비에트 레닌주의에 대한 가장 포괄적인 이념적 도전으로 간주되는 사상적 입장. 이들은 의회제도나 노동조합이 프롤레타리아 해방을 위한 견인차 역할을 할 수 있다는 주장에 반대했다. 한편 이들은 당의 개념 또한 레닌주의적 당 개념이 러시아혁명이 진전되어감에 따라 의심스러워졌으며, 점차 부르주아 지배의 또다른 변형으로 옮아가고 있다고 주장했다. 루카치도 이러한 입장을 표방한 적이 있으며, 코르쉬와 판넨쾨크가 대표적 인물이다. 판넨쾨크는 네덜란드, 벨기에 등의 대중봉기를 목격하면서 '프롤레타리아의 투쟁은 부르주아에 대항하여 국가권력을 얻기 위한 투쟁을 목적으로 하는 것이 아니고, 국가권력 그 자체에 대한 투쟁이며, 의회나 노조는 모두 반혁명적이기 때문에, 노동자계급이 자본가의 이익에 대항하여 그들 자신의 이익을 방어해야 할 때, 그 조직은 노동자평의회의 형태를 띤다고 주장했다. 한편 그는 심지어 정부가 존재하지 않고, 통제기반으로서의 공장평의회와 함께 평의회들의 위계질서만이 존재하는 공산사회에 대한 전망을 을 내보이기도 하였

혀진 인물과 연계되었던 전쟁 동안에 이러한 형태는 지속적으로 지지되었
다)는 전후 노동계급 군대의 몰락 이후에 왜소한 전통이 되어버렸다. 대
부분은 개량주의적인 사회민주주의로부터 서구노동계급의 지도력을 빼
앗아간 레닌의 전세계 공산주의 조직에 흡수되었다. 중요한 점은 심지
어 비레닌주의자들까지도 '개량'에 반대하는 모든 사람들을 '혁명'에 위
치짓는 양극화 상황에서는 어쩔 수 없었다는 점이다. 이 때문에 그람시
는 조직모델을 설정하는 데 있어서 자신의 강조점을 위원회에서 당으
로 이동시켜야만 했다.

또한 이러한 상황으로 인해 많은 반권위주의적 혁명가들은 '혁명 이
후' 또는 더욱 정확히 말하면 혁명을 공고히 하기 위해 필요한 규율과
독재의 시기 이후에야 레닌의 『국가와 혁명』에서 대략적으로 묘사된
종류의 자주관리 사회를 확립하는 방식이 분명해질 것이라는 신념을
갖게 됐다. 예를 들면, 급진 노동조합주의자인 톰 만[11]은 "예측된 미래
의 모습은 노예와 같은 종속민들에게 지도와 명령을 행하는 집중화된
관료적 민주주의와 같은 것이 아니라…평등한 인격의 결합이 도래하는
것"이라고 선언했다.

그러나 "우리를 이끌어가는 러시아의 경험을 통해, 나는 길 수도 있
고 짧을 수도 있지만 프롤레타리아트 독재에 호소해야 할 시기가 있을
것이라는 견해에 전적으로 동의한다"는 이유로 제3인터내셔널을 지지

다.

10) Pannekoek, Anton(1873~1960) : 네덜란드 바센에서 출생. 독일의 사회민주주
  의자. 1907년 독일 사민당 좌파인 'De Tribune'을 결성했고, 1909년에 헝가리
  사회민주당을 결성했다. 제1차 세계대전중 독립적인 국제주의자였으며, 짐머발
  트 좌파의 기관지에 기고했고, 1918~1921년에 폴란드 공산당원이었으며, 코민
  테른에 참가했다. 노동자평의회를 통한 노동계급의 혁명적 자기조직화 이론을
  주장한 '평의회 공산주의' 운동의 지도적 인물 중 한 사람이었다.

11) Mann, Tom : 영국의 생디칼리스트. 그는 중앙집권화된 집단협상을 반대하고
  단결과 직접행동을 주장했다.

한다고 밝혔다. 이 말이 기록될 당시에도, 소비에트는 당과 국가에 의해 장악되어가고 있었다. 곧 모든 것이 '소비에트' 권력에서 '소비에트' 곡마단으로 옮겨졌다. 그러나 오직 단 하나, 바로 소비에트만은 그곳에 존재하지 않았다.

전후 노동계급의 호전성이 약화되고 1920년대 초 자유주의적이고 자주관리 지향적 입장의 맑스주의가 권위주의적 공산주의에 의해 사멸해감에 따라, 전세계 사회주의 내에서 조직적으로 나타나는 분열현상이 한층 가속적으로 진행되고 있었으며, 이와 유사한 과정이 다른 사회주의자에게도 나타나고 있었다. 버나드 쇼는 『페이비언 논문집』에 실린 글에서 "사회민주주의자란 독특한 말"은 "민주주의를 통해 전인민을 국가로 모으며, 그 결과 국가가 전지역을, 최후에 가서는 토지, 자본, 국가공업 조직 등—즉 현재는 신용할 수 없는 사적 개인들의 탐욕에 내맡겨진 모든 생산자원을 신탁하기를 원하는 사람들을 지칭하는 것"이라고 설명했다.

지방정부의 주요 역할로 자치를 강조하는 것을 보면, 초기 페이비언들은 종종 묘사되는 것같이 엄격한 국가집중주의자들이 아니었다. 또한 국가주의의 일정 기간을 단지 자치공산주의의 필수적인 예비기로 생각한 케어 하디의 윤리적 사회주의나, 더욱 중요하게는 혁명적이건 개량주의적이건 국가사회주의를 강력하게 거부하고 일관되게 탈집중화된 자치정부가 연합되어 있는 연합적 사회주의를 지지했던 윌리엄 모리스에게서 나타나는 것처럼, 초기 영국 사회주의의 다른 입장들은 조직적이라기보다는 연합적이었다는 사실은 페이비언주의의 역사적 명성에도 불구하고 명백하게 드러나 있다.

그러나 이러한 조건들을 따져볼 때, 고전적 페이비언주의는 특별한 종류의 사회주의를 나타내주고 있다. 이는 전국 및 지방 주의 통제를 통해서 효율적인 생산과 평등한 분배를 실현한다는 사회주의의 조직적 속성을 강조하는 집산주의적 종류의 것이다. 또한 단지 혁명적 사회주의뿐만 아니라 (특히 생산자에 의한) 자주관리를 매우 중요한 것으로 강조하는 다른 모든 종류의 사회주의에 단호히 반대했다. 따라서 금세기의 1920년대, 즉 페이비언적 집산주의가 길드사회주의에 의해 도전받던 시기(산업군대는 노동자 통제라는 요구를 내밀고, 국가주권은 다원주의자들로부터 지적인 도전자들의 수중으로 넘어가 있던 때)를 살펴보면 참으로 흥미롭다.

주도적 인물이 코울인 길드사회주의자들에게 있어 사회주의란 바로 작업장에서의 자유와 자주관리에 관한 것이며, 이를 전사회적으로 확장시키는 것이다. 또한 노동조합을 현재의 부정적이고 방어적 역할로부터 산업을 책임감있게 통제하는 자치적인 산업적 길드로, 그리고 길드사회의 핵을 형성하는 데까지 발전시킬 것을 기대했다.

길드사회주의는 스스로가 급진 노동조합주의와 집산주의의 종합이라고 주장했다. 전자는 산업적 자유가 핵심적이라고 강조한다는 점에서 옳았지만 소비자의 이익을 포함한 일반적 이익을 인정하지 않는 분파주의적인 면에서 결함이 있었다. 후자는 급진 노동조합주의의 핵심적 결함에서 벗어나 있지만 동시에 핵심적 장점에서도 벗어나 있다. 길드사회주의자들의 정교한 체계는 이 양자의 입장을 종합하도록 고안된 것이다. 만약 집산주의의 취약성과 위험성이 강조된다면, 이는 취약성과 위험성이 이미 현재에 내재되어 있는 미래를 나타내고 있기 때문이다.

코울은 『산업에서의 자치정부』라는 자신의 저서에서 "현재 우리가 어떻게 사람들의 생활을 '전국적'으로 통제하는 방향으로 급속히 이동해 가고 있는가", 그리고 "의회를 통한 민주적인 통제가 코미디나 다름없는 오늘날의 국가에서, 집산주의적 국가가 어떻게 관료제의 지상낙원으로 되어가는가"에 주목했다. 이러한 지적은 좀더 많은 위안을 줄 수는 있지만, 노동자들의 종속적 지위를 변화시키거나, 자유와 민주주의의 행사에 대한 전체적인 관점을 제공하지는 못한다.

이러한 이유에서 길드사회주의는 인간의 동기에 의미있는 변화를 초래하는 데 영향을 미치지 못하며, 영속적인 기초하에서 대중적인 반응을 얻을 수 있는 종류의 사회주의임을 증명해주지도 못한다.

맑스주의 내의 '위원회'운동처럼, 길드사회주의는 1920년대 초기부터 대분열의 또 다른 희생자로 사멸될 운명에 있는 것으로 예견되었다. 그러나 한때 길드사회주의와 관련된 사상들은 영국에서 사회주의의 대안적 방향을 제시하는 것이었다. 영국에서 정치이론과 실천적인 실례를 결합시키는 사회주의의 구조적 형태에 대한 논쟁이 몇 년간 지속되었던 때가 있었다.

이 논쟁은 생산자와 소비자의 이익, 민주주의와 효율성, 지역적 위임과 기능적 위임 사이의 균형과 같은 핵심적 문제들을 제기했다. 1920년에 코울(『길드사회주의 재론』에서)과 웹 부처(『사회주의 영연방 현장』에서)는 사회주의의 구조적 형태에 대해 자신들이 발전시킨 사상을 제시했다. 그들의 강조점은 비록 다를지라도, 양 입장은 모두 사회주의하에서의 권력분배의 구조적 형태를 고려하는 것이 중요하다는, 당시 널리 퍼져 있던 (또한 그러한 문제들은 사회주의가 도래할 때까지 남겨지거나, 사회주의의 도래에 의해서 해결될 수 없다는) 신념을 반영하고 있다. '공동소유'와 '대중에 의한 통치'라는 두 사상을 중심으로 하여 1918년에 노동당에 의해서 채택된 사회주의적 기초는 이처럼 당시 널리 퍼져 있던 사상적 분위기를 반영하고 있는 것이다.

그러나 탈집중화와 사회주의에 대한 자주관리적 해석을 지향한 이러한 움직임은 다음 반세기가 시작될 때까지 철저히 봉쇄되어 있었고, 공산주의와 사회민주주의 사이에 형성된 적대적 관계 내에서 아무런 존재근거를 갖지 못했다. 전자는 권위주의적인 당 모델을 택했고, 후자는 현존 의회질서에 신념을 갖고 있음을 단언하면서 조심스럽게 개량주의에 안주해 있었다. 경제적 불경기는 노동운동의 활력과 상상력을 빼앗아가버렸고, 이에 대한 보상수단으로 국가에 눈을 돌렸다. (러시아 모델에 영향받은) 경제계획이라는 사상이 갖는 매력은 국가집중주의를 더욱 강조하는 데 일조했다.

파시즘과 스탈린주의에 의해 드리워진 어두운 그림자는 새로운 정치형태에 대해 경계할 필요성이 있으며, 이미 확립된 정치형태에 만족해야 할 필요가 있다는 식으로 해석될 수 있었다. 물론 이것은 역사적으로 너무 이른 평가이기는 하지만, 이러한 여러 영향의 결과는 점차 사회주의적 다원주의의 주장에 귀를 기울이려 하지 않았던 정치적 실천에서 분명히 드러났다. 예를 들면, 영국에서 사회화는 국유화가 되었고, 생산자 민주주의와 관련된 제반 주장을 거부하는 공적 기업의 관료제적 형태로 되었다. 다른 한편으로 전자인 길드사회주의가 노동당 정부의 수상을 지지했음에도 불구하고, 1945년 노동당 정부는 현재 '엄격한 집중주의자들'(모건, 『집권노동당 1945~1951』)로 파악된다.

그러나 한 가지 중요한 측면에서, 이 이야기를 덜 부정적으로 말할 수 있다. 금세기의 정치적 경험은 최소한 '민주사회주의'를 건설할 수 있는 토대에 권위주의적인 형태와는 분명히 구별되는 정체성을 제공했다(비록 서구의 많은 사회주의자들이 이 임무를 그렇게 오랫동안 얼렁뚱땅 넘겨왔다는 사실 또한 우리 시대 역사의 한 부분일지라도). 더이상 생산수단의 사적 소유에서 공적 소유로의 개조가 자유로운 정치조직에 대한 관심을 풍부히 하는 데 충분한 것이라고는 생각되지 않았다.

토니는 핵심을 지적하고 있다. "따라서 사회주의를 정치권력을 제외한 모든 것을 국유화하는 것, 다른 모든 것이 의존하는 것으로 파악하는 개념화는 명확하지 않다. 단지 국가가 생산수단을 소유하고 통제하느냐 하지 않느냐가 중요한 것이 아니다. 중요한 것은 누가 국가를 소유하고 통제하느냐이다."

더구나 이 문제는 사회주의가 경제권력을 정치권력에 부가함으로써 국가의 일반적 권력을 증가시키는 것에 대해 왈가왈부하고자 하는 사회주의자들에게 더욱 중요한 것으로 간주될 수 있다. 이 마지막 사항은

170

이전에 조레스가 (자신의 저서 『사회주의 조직』에서) 경제권력의 세분화와 정치권력의 탈집중화라는 관점에서 사회주의를 제시하면서 이미 강조한 바 있다. "만약 국가의 외교와 군대를 이미 통제하고 있는 정치가와 행정관료들에게 전체 노동력에 대한 통제력을 부여한다면, 또한 그들이 현대 군 장교를 임명하는 것과 동일한 방식으로 모든 경영자를 임명한다면, 아시아의 전제군주들이 결코 꿈꾸지 못했던 그러한 권력이 소수의 사람들에게 부여될 것이다. ─ 왜냐하면 아시아의 전제군주들은 오직 공적 생활의 표면만을 통제할 뿐 국가경제를 통제하지는 못했기 때문이다."

그러므로 민주사회주의들은 그들의 사회주의가 시민적·정치적 자유와 정치적 대표성과 책임성을 갖는 효율적인 기제를 포함한다고 밝혀주어야만 한다. 이는 자본주의하에서 획득한 민주적 자유를 포섭하고 확장하는 것이지, '사회주의적' 자유라는 환상적 개념으로 민주적 자유를 폐기하는 것이 아니다.

그러나 이러한 종류의 민주사회주의적 입장을 확립하는 데는 많은 어려움에 부닥치게 된다. 우선 '자본주의적' 자유와 민주주의라는 전체 장치는 그 계급적 특성 때문에 본질적으로 허위라는 ('붉은 10년'이라고 불리는) 1930년대에 성공적으로 유포됐던 견해를 선전해온 맑스주의의 공산주의적 해석에 의해 이러한 입장은 커다란 타격을 받았다. 또한 자신의 이론적·정치적 자신감의 상실을 사회주의에 대한 집착을 떨구고 현존 헌정질서를 수용하는 것으로 대응하는 사회민주주의적 해석에 직면해야 했다. 2

0세기에는 사회주의와 민주주의를 연계시키는 것이 그 필요성에도 불구하고 더욱 어려워졌다. 또한 사회주의와 의회민주주의의 양립 가능성을 인정하지 않을 뿐만 아니라, 민주주의를 능동적이고 조직화된 원칙으로 상정하는 사회주의를 제시함으로써 양자의 양립 가능성을 재론할 여지를 없애버린 민주사회주의를 옹호하는 주장을 펴기도 곤란하다.

과연 그러한 종류의 유용한 민주사회주의가 존재했고, 현재도 존재하는가. 아니면 사회주의에 대한 비판가들이 오랜 동안 주장해왔듯이, 사회주의 조직에 대한 명제들은 (잘해 봐야) 관료제의 법칙과 (최악의 경우에는) 더욱 전제적인 형태로 이끌어져 갈 수밖에 없는가? 슘페터는 "나 혼자로서는 현대사회라는 상황하에서 모든 것을 포괄하는 거대한 관료제적 장치에 다름아닌 사회주의적 조직을 실현할 수 없다"고 쓴 적이 있다. 사회주의자들이 이론적 수준에만 머물러 있다면, 그러한 문제는 아마 모면할 수 있을 것이다.

그러나 금세기 동안 그 문제들은 전세계적인 정치적 실천의 긴급한 문제가 되어왔다. 심지어 유고슬라비아처럼 자주관리 사회주의[12]가 확립되어온 곳에서도, 당의 지배적인 정치적 역할이 유지됨에 따라 자주관리 사회주의 역시 사회주의와 민주주의의 결합이라는 증거가 되지는 못함을 보여주었다. 양자가 결합되지 않는다는 증거, 양자의 결합에 긍정적인 증거의 부재는 사회주의적 사고(그리고 사회주의에 대한 사고)에 커다란 영향을 미쳐왔다.

1940년대에 하이에크[13]의 『노예에의 길 *The Road to Serfdom*』[14]을 평가

---

12) 노동자 자주관리의 경제적 이념은 인간의 노동이 자본가와 국가관료제 모두로부터 해방되어 잉여가치의 생산자인 노동자 스스로 잉여가치의 처분자가 되도록 한다는 것으로, 이에 의해 노동에 따른 분배라는 사회주의 원칙이 실현된다는 것으로 유고의 자주관리가 가장 대표적이다. 유고슬라비아에서는 1950년 이후 소련형의 중앙집권적 계획을 점차 해체하여 1965년 국가의 경제개입을 축소하고 분권화된 의사결정 모델을 채택, 실행해왔다.

13) Hayek, F. A.(1899~) : 오스트리아계 미국 경제학자. 비엔나에서 법과 정치학 학위 취득. 현대 경제학에서 보수파의 대변자. 경제에 대한 정부의 간섭을 반대하고 복지국가를 비판했으며, 주된 경제학의 흐름에서 벗어나 있다가 1970년대 대처가 영국을 이끌며 다른 보수파들이 그의 경제철학을 수용함에 따라 다시 부상했다. 1974년 노벨 경제학상을 수여했다(박우희 저, 『하이에크』, 유풍출판사, 1982 참조).

14) 정도영 역, 『노예에의 길』, 삼성문화문고, 1973.

하면서, 조지 오웰은 다음과 같은 말로 "현재 우리가 빠져 있는 곤경"을 요약했다. "자본주의는 실업수당을 받기 위한 길다란 줄서기, 시장쟁탈전, 전쟁으로 나아가고 있다. 집산주의는 수용소, 지도자숭배, 전쟁으로 나아가고 있다. 계획경제가 어떻게 해서든 지식인의 자유와 결합되지 못한다면 이러한 상황으로부터 빠져나갈 길은 없다."

오웰은 계속해서 어느 누구도 이러한 '어떻게'를 실천적인 강령으로 만들어낼 수 있을 것 같지 않다는 침울한 사실을 적고 있다. 이것이 금세기 중간 정도의 시기에 스탈린주의에 대한 반향이라면, 민주사회주의자들의 곤경 역시 20년 후에는 동일한 말로 표현될 수 있다.『기나긴 혁명』에서 레이몬드 윌리엄스는 "우리는 사변가를 좋아하지 않으며 관료 또한 초대하고 싶지 않다. 그렇지만 우리는 사변가와 관료 사이에서 어느 한쪽을 선택해야만 한다. 그러한 상황에서 활력은 모두 소진되어 버리고, 희망은 희미해지고, 현재 사변가와 관료 사이의 타협은 당연히 그대로 유지되고 있다"는 사실로부터 도출되는 사회변화에 대한 관념 상의 마지막 종착점을 기술하고 있다.

사회주의의 권위주의적 모델은 공산주의자들이 제시한 것이며, 사회민주주의적 집산주의는 단지 복지자본주의의 조직적 모델로서 확대강화된 국가관료제에 대한 전망만을 제시할 뿐이다. 만약 이러한 전망이 공산주의적 모델에 저항하는 가운데 나타났던 몇몇 사회주의적 주장들(예를 들면 전후에『새로운 페이비언 논문집』에서 리처드 크로스만은 "계획경제와 권력집중은 더이상 사회주의적 목적이 아니다"라고 주장했다)을 야기할 수는 있지만, 이 주장들은 오랜 동안 왜소한 목소리로 남아 있었고, 이들의 영향은 사회주의의 후퇴를 조장했을 뿐, 사회주의를 민주적으로 개조하는 데 도움을 주지는 못했다.

그러나 다른 입장에서처럼, 이러한 입장하에서 1950년대와 1960년대에 경쟁적인 사회주의 블록의 약화는 많은 영향을 미쳤다. 독자적인 맑스주의 분파는 레닌주의로부터 그람시로 노선을 전환하고, '위원회' 공산주의의 전통을 다시금 주창했으며, 20세기 후반의 세계에 확신을 줄수 있는 원래적인 맑스주의의 해방을 위한 약속을 다시금 주장하고자 하면서, 소련 국가에 대해 자기 나름의 비판을 가했다. 1960년대 서구에서의 문화혁명은 조직화된 공산주의와 조직화된 사회민주주의 양자의 관료제적 특성을 거부하면서, 그리고 자유주의적(그러나 항상 자유주의적 방식인 것은 아니다)이고, 자주관리적 전통을 주장하면서 자신을 정치적으로 (1968년의 사건에서 가장 두드러지게 나타났다) 표출해갔다.

유로공산주의의 핵심적 측면은 서구적인 정치적 민주주의 모델의 유효성을 인정하는 데 있다. 다른 한편 유럽의 사회주의 정당들은 생산자 민주주의와 권력의 민주주의적인 분산에 새로운 관심을 보여왔다. 예를 들면, 프랑스에서 '자주관리'는 1970년대에 프랑스 사회주의의 부흥과 정에서 주장되던 핵심적인 이데올로기의 한 요소였다. 동일한 시기에 스웨덴 사회주의는 (부분적으로는 급진적 자유주의의 도전에 반응하여) 지금은 민주사회주의의 독특한 기획으로 평가되는 일반 민주주의 확장에서 생산자민주주의가 갖는 역할을 강조하는 식으로 자신의 이론적 기초를 재공식화했다.

또 독일사회주의의 탈급진화를 되돌리려는 시도는 1959년 바트 고데스베르크 강령에서 절정에 달했는데, 여기에서 그들은 '기본집단들'이 국가와 권력을 공유하는 민주적이고 비관료제적인 사회주의의 필요성에 주목했다. 바트 고데스베르크 강령은 "가능한 만큼 경쟁을, 필요한 만큼 계획을"이라는 유명한 공식을 포함하고 있다. 1974년에 이 공식은 (사회민주주의 우파인 슈트라서에 의해) "가능한 한 많은 자주관리, 필요한 한 많은 중앙계획과 통제"[15]라고 분명하게 재정식화되었다.

좀더 일반적으로, 유럽에서 최근에 가장 혁신적인 사회주의 사상 중

---

15) W. 아이힐러·이태영 역, 『독일 사회민주주의 100년』, 중앙교육문화, 1989에
   수록됨.

174

의 몇몇(예를 들면 고르쯔와 바로[16]의 저작)은 자율적이고 탈집중화된 사회주의라는 해석의 적합성과 조직적·생산주의적인 해석의 부적합성을 주장해왔다. 이전에 소규모의 자주관리 사회주의에 대항해 전개되어왔던 기술적인 논쟁들은 이제는 짜증스러운 것이 되어버렸다. 하지만 새로운 이론적 전망들을 실현 가능한 사회주의적 기획으로 전환시키는 데는 상당한 어려움이 존재한다. 왜냐하면 상이한 방향을 가리키고 있는 사회주의적 입장들의 힘이 여전히 강하기 때문이다.

관료제적 집산주의는 서구에서 공산주의와 사회민주주의 운동 내에 여전히 강력한 요소로 남아 있다. 더구나 이러한 어려움들을 다양한 형태의 반(反)정치(좋은 것이건 나쁜 것이건, 개인적인 것이건 집단적인 것이건간에)를 통해 모면하고자 하는 시도는 어려움을 해결하는 데 일조하기보다는 현대 사회주의의 딜레머를 그대로 보여주는 환상으로의 도피로 간주되어야 한다.

민주사회주의가 사회주의와 민주주의 양자에 관련되어 있고, 사회주의를 민주주의적인 용어를 통해서 민주주의적으로 정초할 수 있는 구조를 이론화할 필요를 나타내고자 노력해왔다는 것은 분명하다. 정치적인 의미에서는 계속해서 의사결정을 할당하는 주요한 힘이 국가에 남아 있고, 정치적 대표성, 정치적 경쟁, 정치적·시민적 자유의 발달된 구조에 안정적으로 뿌리내릴 필요가 있는 사회주의의 헌정 구조에 주목할 필요가 있다.

민주주의가 더 많이 존재하는 정치구조. 경제적인 의미에서는 이는

---

16) Bahro, Rudolf(1935~) : 폴란드 태생. 1977년 반역죄로 체포되기 전까지 동베를린에서 살았다. 1979년 국제적 항의로 풀려나 이후 서독에 거주하였다. 독일 '녹색당'의 주도적인 사회주의 이론가이며 선전가. 1977년에 출간된 그의 저작 『The Alternative』는 만델에 의해 "제2차 세계대전 후 사회주의에 관한 논쟁 중 가장 중요한 공헌의 하나"로 찬양되었다. 그는 이제 더이상 노동계급이 모두를 위한 인간해방을 달성할 수 없다고 주장하며 녹색운동, 여성운동, 생태주의 운동 등 모든 진보적이고 비폭력적 사회운동 그룹의 연합에 호소하였다.

(알렉 노브가 『실행 가능한 사회주의 경제학』에서 주장했듯이) 사회적 소유의 지배가 다양한 형태를 취하는 경제구조를 필요로 하며, 소규모적인 자주관리를 선호하며, 중앙경제계획은 주요한 전략적 결정에만 제한적으로 운용되며, 시장에서의 선택과 경쟁은 여전히 일정한 기본법칙에 종속되어 작동하고, 일부 육체적인 불평등은 자유노동시장에 필수적이지만 의식적으로 제한되는 것으로 받아들여진다.

즉 계획과 시장, 중앙집중화와 탈중앙집중화, 국가통제와 생산자민주주의가 존재하는 경제구조. 이러한 종류의 민주사회주의는 민주주의가 공장입구나 출구에서 멈춰서지 않는 사회주의일 것이다. 그러나 이러한 종류의 민주사회주의는 또한 사회주의의 역사에서 왜소한 전통으로 존재해온 사회주의일 것이다.

6. 누가 사회주의를 실현시킬 것인가

사회주의의 위기는 무엇보다도 프롤레타리아트의
위기의 반영이다. ― 앙드레 고르쯔

만약 사회주의가 도래한다면, 누가 그것을 실현시켜줄 것인가? 사회
주의의 행위자와 담지자는 누구인가? 지금까지 살펴본 논쟁의 일반적
인 흐름에 따르면, 이미 익숙한 이 질문들은 더욱 정교하게 다듬어야
한다. 어떤 종류의 행위자들이 어떤 종류의 사회주의에 의해 예시되고
포괄되는가? 오랫동안 사회주의자들은 그 경계의 설정과 관련된 다소
의 어려움에도 불구하고 이러한 사회주의의 담지자와 관련된 핵심적인
문제에 대해 확고하고 분명한 해답을 갖고 있었다.

그러나 20세기 말에 이르면 상황이 확연히 달라지게 된다. 현재 앙드
레 고르쯔와 같은 사회주의자들이 『노동계급이여 안녕』에서처럼 확신
에 차서 노동계급에게 작별인사를 고하는 것은 그렇다손치더라도, 사회
주의자들이 지금 누구를 향해 확신에 찬 환영인사를 하고 있는지는 분
명하지 않다.

왜 담지자의 문제가 사회주의자들의 논의의 중심에 위치하게 되었는

가? 왜 (사회주의 담지자로서의 노동계급이라는) 금언이 의문으로 바뀌게 되었는가? 많은 쟁점들이 이와 연관되어 있지만, 특히 핵심적인 중요성을 갖는 두 가지 문제가 우선적으로 밝혀져야만 할 것이다. 이곳에서는 두 가지 쟁점을 간략하게 살피고, 나중에 다시 보기로 하자.

첫째 사회주의자들의 정치적 실천에는 계급운동이 정당조직으로 변모하는 경계선이 있다. 사회주의 행위자로서의 노동계급은 계급의 대행기관인 당에 의해 대체되었다. 한 측면에서 이러한 문제는 단지 당에 대한 계급의 관계라는 필수적인 문제를 제기했을 뿐이라고 말할 수 있다. 그러나 다른 측면에서는 정당이 단지 계급행위를 보완하는 데 그치는 것이 아니라 계급을 위해 계급행위 자체를 대신하게 되는 지적인 '대체주의'라는 전반적인 문제를 제기했다.

더구나 1904년에 트로츠키[1]가 경고했듯이, 이 과정은 더욱더 진전되어왔다. "처음에 당조직은 전체로서의 당을 대신하게 된다. 그 후 중앙위원회는 조직을 대신하게 된다. 그리고 최후로 단 한 명의 '독재자'가 중앙위원회를 대신하게 된다." 여러가지 이유에서 이러한 대체과정은 20세기 공산주의 전통 속에서 특이한 적응과정으로 파악되어왔다. 그러나 동일한 분석이 사회민주주의 정당과 관련해서도 행해져왔다는 점 역시 주목해야 한다.

사회주의 담지자의 문제에 대해 동시대인들이 관심을 갖는 두번째 주

---

1) Trotsky, Leon(1879~1940) : 우크라이나 야노브카에서 출생. 본명은 Lyov Davidovich Bronstein. 1905년과 1917년 혁명에서 탁월한 역할. 1918년에는 외무부 인민위원을 지냈고, 1918~1925년에는 육·해군의 인민위원을 지냈다. 하지만 1923년 이후에는 소비에트 관료정치에 의한 혁명의 '배반'에 대항한 저항운동을 전개하면서, 그는 소비에트 사회를 '타락한 노동자국가'로 간주함에 따라, 1929년 스탈린에 의해 추방되었다. 그는 1938년 스탈린주의에 반대한 제4인터내셔널을 창립했다. 1940년 스탈린이 보낸 자객에 의해 살해되었다. 그의 주장 중 대표적인 것은 '불균등 결합 발전론'과 그것에서 유추된 '영구혁명론'이다 (정성진 역, 『영구혁명·평가와 전망』, 신평론, 1989 참조).

요한 이유를 좀더 대략적으로 살펴보겠다. 사회주의의 전통적 행위자들은 각본에 따라 그대로 연기하는 믿음직스러운 재능을 보여주지 못했다. 그들은 종종 그릇된 역할을 선택했으며, 또한 때때로 다른 작품에 출연한다고 생각하고 있는 듯이 보였다.

서구의 노동계급은 고전적 맑스주의가 그들에게 부여한 혁명적 역할을 수행하는 데 실패했을 뿐만 아니라(1920년대에 마지막으로 빛을 발했을 뿐이다), 유례없이 혁명적이지 않게 되어버린 듯하다. 1914년 이후에 레닌이 느꼈던 두려움, 즉 단호한 혁명적 지도력이 부여되지 않는다면 서구 노동계급이 불경스러운 배반자 사회민주주의자들 때문에 '부르주아적 개량주의'에 포섭될 것이라는 두려움은 충분히 정당한 것이었음이 밝혀진 듯하다.

그렇지만 개량주의적 관점에서조차도, 사회민주주의에 대한 노동계급의 지지는 서구사회를 사회민주주의적 기초 위에서 지속적으로 재건하기에 충분한지 못한 것이었다. 파시즘의 경험(나치당원의 30%가 유럽에서 가장 기대되던 계급인 육체노동자였다는 경험까지도 포함하여)은 우파에게 대중동원의 전망을 열어주었고 사회주의자들의 전통적인 기대를 손상시켰다(심지어 몇몇 경우에는 상황이 역전되기도 했다).

최근 몇십 년간 서구의 계급구조상에 나타난 변화의 특징은 노동계급의 정치적 역할과 사회주의적 행위주체 일반의 정치적 역할과 관련된 새로운 문제들을 제시하는 것이라고 규정할 수 있다. 반면에 서구 바깥에서 그러한 문제들은 낯선 역할들에 새로운 류의 사회주의 행위자들을 도입하는 방식으로 질문되고 답변되어왔다.

이러한 배경에 비추어볼 때, 사회주의 담지자의 문제가 오늘날 상당한 중요성을 획득했다는 것은 결코 놀라운 일이 아니다. 1840년대에 맑스는 동일한 이유로 '공상적' 사회주의자들을 비난하고 조롱했다. 그들의 도식 내에 분명한 담지자가 존재하지 않는 것은 그들의 일반적 접근방식에서 드러난 비역사성과 비과학성을 반영하는 것이었으며, 이러한 점은 공상주의의 토대로 작용했다. 그래서 생시몽은 자신의 '체계'를 프랑스의 차기 정권에, 특히 새로운 생산주의적 기초 위에서 사회를 재조직하고자 했던 가장 선별된 집단들(기업가들)에게 제시했다.

반면 푸리에는 자신의 구상을 지지하고, 빈곤으로부터 세상을 구해줄 사회적 실험에 돈을 지원할 후원자를 기다리고 있었다. 청년 맑스가 역사발전의 동력에 대한 유물론적 설명을 내놓았던 것은 바로 이러한 공상주의자들에 반대하기 위해서였다. "여태까지 존재해온 모든 역사는 계급투쟁의 역사이다"라는 『공산당 선언』의 유명한 첫 구절이 이를 말해주고 있다.

현대적 의미에서 이는 사회주의자들이 사회주의적 기획을 위해 적합한 담지자를 만들어내는 것이 아니라, 그 기획과 담지자들이 역사과정 자체에 내재해 있다는 사실을 단지 인정하는 문제임을 의미한다. 필요한 것은 인정한다는 최초의 행위일 뿐이지 발명의 행위가 아니었다. 자본주의는 생산수단을 계급적으로 전유하는 현대적 형태인데, 이전 시대의 전유형태와 마찬가지로 그 자체 내에 적대적 세력들을 산출해내며, 궁극적으로는 극복을 이루어낸다. 이 세력들은 자본주의의 피조물인 동시에 자본주의의 적대자이자 혁명적 계승자인 프롤레타리아트에 의해 대표된다.

프롤레타리아트는 자본주의 자체의 발전과 더불어 수(數), 힘, 조직 그리고 의식에서 발전해간다. 이 과정에서 프롤레타리아트는 즉자적 계급으로부터 대자적 계급으로 발전한다. 완충항으로서의 소부르주아적 요소가 부르주아와 프롤레타리아트라는 "두 개의 거대한 적대적 진영"으로의 계급양극화에 의해 흡수됨에 따라 계급세력들의 진보적 단일화가 진행된다. 적대는 자본주의 위기와 프롤레타리아트의 궁핍화라는 상황에서 '결정적 시간', 즉 프롤레타리아트가 '거대한 다수자' 혁명을 통해 자신을 해방시키고, 자신을 해방시킴으로써 또한 계급억압과 적대의 최후형태로부터 인간성을 해방시키는 순간에 도달하게 된다. "그러므로

부르주아는 무엇보다도 자신의 무덤을 파는 인부를 만들어낸다. 자신의 몰락과 프롤레타리아트의 승리는 마찬가지로 불가피하다.”

여기에서 노동계급은 혁명의 주체이자 사회주의의 실현자로 설정된다. 비록 위의 서술은 이후의 정황을 설명하기 위해 여러 측면에서 과장되고 다듬어진 『공산당 선언』의 극적인 관용어로 제시된 것이라 할지라도, 맑스주의적 전망의 핵심을 보여주고 있다. 사회주의는 노동계급의 혁명적 행위를 통해 달성될 것이다. 따라서 사회주의는 노동계급의 혁명적 승리인 것이다. 계급투쟁은 자본주의하의 사회·경제적 삶에 핵심적 사항이기 때문에, 계급투쟁이 바람직한가 바람직하지 못한가에 대해서는 의문의 여지가 없었다. 계급투쟁은 다른 모든 것을 조건지었으며, 특수한 종류의 혁명으로 종결되게끔 예정되어 있었다. 계급투쟁은 자본에 대한 노동의 다양한 투쟁형태들과 노동세력의 발전하는 산업적·정치적 조직에 반영되어 있었다.

프롤레타리아트가 권력을 갖게 될 정확한 시점과 조건에 대해서는 논쟁과 수정의 여지가 있을 수 있지만, 프롤레타리아트가 권력을 잡게 되리라는 것은 밤이 지나면 동이 트는 것만큼이나 확실하였다. 계급은 생산수단에 대한 그들의 관계에 의해서 정의되며 행위를 통해서 스스로를 드러내기 때문에, 맑스가 사회계급의 본질에 대한 일관된 설명을 제공하지 않은 것 역사 문제가 되지 않았다.

맑스 자신이 제시한 혁명주체의 정체성과 관련된 다른 문제들을 살펴보기 전에, 정체성의 본질에 대해 살펴보아야 한다. 맑스주의 전통 내부로부터도, 계급지위와 계급행동 사이의 관계라는 익숙한 질문이 이야기될 뿐 아니라, 이러한 문제를 넘어 혁명주체 자체의 정체성에 관한 근본적인 질문도 제기되고 있는데, 이는 행위주체의 문제에서 사회주의 사상이 현대에 들어와 얼마나 심각한 위기를 겪고 있는지를 보여주는 것이다. 한 마디로 말해, 만약 맑스가 잘못 파악한 것이라면 어떻게 할 것인가?

182

이 질문은 이제는 단순히 강령과 강령의 실행 사이에 존재하는 분명한 간극에 대한 의심이 아니라, 본질적인 정체성의 근거에 대한 의심이다. 루돌프 바로가 말한 것처럼 "그것은 바로 특수한 한 계급, 즉 재생산과정에서의 위치에 의해 제한되는 한 계급에게 전체로서의 인간성이라는 운명을 부담지우는 헤겔적인 오류에 다름 아니다."

바꾸어 말해서 프롤레타리아트의 세계사적 임무가 이제는 맑스 편에서는 철학적 발명품인 것처럼 보인다. ─이전에 인용된 『신성가족』을 부연해보면, 더 중요한 것은 프롤레타리아트가 본질적으로 어떤 존재였으며, 또한 그 존재로 인해 필연적으로 어떤 행동을 행할 것이냐가 중요하다는 생각을 견지하는 입장의 산물이었다. 프롤레타리아트의 역사적 배역은 공개 테스트 한번 없이 떠맡겨졌다. 또한 역사적 배역을 주도적으로 수행함에 있어 프롤레타리아트에게 배우로서의 능력이 있는지조차 의심되지 않았으며, 심지어는 프롤레타리아트가 자신의 역할이 무엇인가를 모르고 있을지도 모른다는 점은 아예 생각조차 하지 않았다. 왜냐하면 프롤레타리아트는 반드시 "프롤레타리아트적인 면모를 갖추게 될 것"이기 때문이었다.

맑스가 이렇게 배역을 선정한 근거는 프롤레타리아트의 실천행위에 대한 관찰에서 비롯된 것이 아니었으며, 또한 노동계급의 정치활동에 자신이 제한적으로나마 참여하면서 획득한 것도 아니었다. 그러한 배역선정은 처음부터 그리고 무엇보다도 철학적 반추과정의 산물이었다. 이러한 생각은 자본주의 발전관, 즉 잃을 것이라고는 자신을 묶고 있는 사슬밖에 없는 집합적 노동자계급이 집단적 전유라는 행위를 통해 자신을 해방시킬 수 있는 능력과 필요성을 갖게 되는 지점까지 노동의 동질적 프롤레타리아화가 진전된다는 생각을 포함하는 관점으로 확대되었고, 이러한 관점에 의해 프롤레타리아트의 세계사적 임무라는 맑스의 생각이 유지되었다.

이러한 양극화 설명 역시도 역사적 분석의 산물이 아니라, 자신의 존재양태로 인해 본질상 프롤레타리아트가 어떻게, 무엇이 될 것인가, 무엇을 해야 하는가에 대한 생각으로부터 나온 것이다. 고르쯔는 이 점을 잘 지적하고 있다.

맑스는 프롤레타리아화 과정이 프롤레타리아트적인 자의식, 즉 프롤레타리아트는 당위적 현존재로 존재해야 한다는 불가피한 필연성에 의해 강제된 존재의식을 낳을 것이라는 점을 보여주기 위해서 프롤레타리아화 과정을 그러한 방식으로 묘사했다. 그러나 그러한 역사적 분석은 너무나도 취약해서 사실상 분석이 기초하고 있는 명제를 뒷받침해줄 수 없었다. 결론에서 맑스는 출발점으로 다시 돌아가게 되었고, 자신의 애초의 직관을 풍부하게 해줄 수 있는 분석을 발전시키는 데 근본적으로 실패했다.

물론 이로부터 사회주의가 단지 맑스의 철학적 고안과정만을 통해 담지자를 찾아냈다고 결론내리는 것은 어불성설이다. 자본주의에 의해 탄생되었고 맑스가 행한 자본주의 경제의 분석을 통해 체계적 착취의 희생자로 밝혀진 임금노동자계급이 자본주의에 저항하게 될 계급이라고 믿을 수도 있다. 자본주의를 반대하는 데 직접적인 이해관계를 갖는 것이 바로 이 계급, 즉 노동계급이다. 이러한 이해관계는 노동계급의 산업적·정치적 발전에 반영되어 있다. 숫적으로나 조직적으로 19세기 노동계급은 떠오르는 계급으로 간주될 수 있었다. 그러므로 맑스가 프롤레타리아트를 사회주의의 담지자로 지목한 것은 비록 경험적 관찰의 산물이 아니라 철학적 연역의 산물이기는 하지만, 잘못된 것이라고 할 수는 없다.

그렇지만 문제의 핵심은 맑스가 단지 연기자를 발견했을 뿐만 아니라 각본까지 작성했다는 점에 있다. 프롤레타리아트의 역사적 역할은 자본주의를 전복하고 사회주의를 확립하는 것이었다. 맑스의 각본은 사회주의를 달성하기 위한 능력과 필연성을 발전시키기 위한 것이었다. 이 역할을 수행함에 있어서, 프롤레타리아트는 자신을 대표할 뿐만 아니라 인간성 전체를 대표하여 행동한다. 그리하여 보편계급으로 간주되었다. 사회주의 담지자로서의 프롤레타리아트는 이러한 형태로 맑스주의 정치학에 편입되었다.

이러한 프롤레타리아트의 등장은 사회주의 사상에 많은 중요한 결과들을 가져왔다. 그러한 결과 중의 하나는 사회주의를 보장해주는 것이 혁명적 프롤레타리아트가 아니라, 사회주의의 필연성이 혁명적 프롤레타리아트를 보증해준다는 사회주의자들의 신념이다. 이러한 신념이 프롤레타리아트가 자신의 본성을 되찾기를 기다려온 맑스주의자들을 유지시켜주었으며, 또한 맑스주의자들이 다음번(또는 그다음)에는 상황이 달라질 것이라는 기대하에 자본주의의 최후 위기가 계속 미루어지는 상황을 설명할 수 있게 하였다.

서구 노동계급이 (1914년에서와 같이) 해서는 안되는 방식으로 행동했을 때, 그것은 지도부의 배신 때문이었다고 비난할 수 있었다. 자본주의적 민주주의가 대중운동에 의해 도전받았을 때(1930년대에 파시즘에 의해서 도전받았던 것처럼), 비록 일반인들의 눈에는 이러한 상황이 상당히 다른 종류의 운동에 의한 정권의 출현 가능성으로 비췄지만, 맑스주의자들에게는 자본주의 위기의 최후 단계로, 따라서 사회주의의 서곡으로 이해되었다.

비록 프롤레타리아트가 혁명적 계급처럼 보이지 않는다고 할지라도, 과거의 본질적 사실이 프롤레타리아트의 특수한 지위를 보장했다. 프롤레타리아트가 자신의 어깨에 전인류의 기획을 짊어지고 있는 한, 어떠한 희생도 대수롭지 않았다. 급진 노동조합주의자인 소렐은, 전투적이며 역사적인 행위주체인 프롤레타리아트의 '영웅적' 역할에 대한 집착으로 말미암아, 프롤레타리아트의 역할을 사회주의의 담지자라는 역할로 대체해버렸다.

물론 급진 노동조합주의 일반은 정당과 의회라는 우회적이고 오도된 경로를 통하기보다는, 생산의 관점에서 산업노동자를 자본주의에 도전하는 직접적이고 비타협적인 사회주의의 담지자로 간주한다. 이것은 배타적인 프롤레다리아트주의라는 형태로 나타나는 권위의 상징과 관계되어 있다. 하얀 손들, 그러나 못이 박힌 손들의 진군! 프롤레타리아트가 어떻게 즉자적 계급에서 대자적 계급으로 발전하는가라는 질문에, 급진 노동조합주의자들은 총파업이 가져다주는 계급적 발전을 지적할 것이다. 지도력과 조직에 대한 강조에도 불구하고, 레닌 역시 혁명적인 상황이 어떻게 기존의 진부한 가정을 무너뜨리고 사회주의 담지자로서의 계급을 위한 정치교육 학교로 기능할 수 있는가를 설명했다. "평상시의 지루한 삶이 계속될 때 1년 걸려 배울 것을 혁명중에 있는 수백만 아니 수천만의 인민들은 단 일주일 만에 배운다."

레닌의 이 말은 강조상 중요한 변화를 보여준다. 프롤레타리아트는 단순히 격변기의 필연적 서곡으로서가 아니라 혁명적인 격변기 동안에 자신의 혁명적 역할을 수행하는 방법을 배우게 될 것이다. 즉 프롤레타리아트는 여전히 사회주의 담지자로서의 자신의 역할을 지니고 있지만, 이 역할을 수행할 수 있는 능력, 심지어 이것이 자신의 역할이라는 의식조차도 이제는 프롤레타리아트 계급의 발전이 나타나게 될 조건을 촉진시켜주는 다른 행위자들의 능력에 의존하게 되었다.

이러한 강조점의 변화는―이에 대해서는 곧 더 많이 언급되어야 하겠지만―사회주의 행위자의 문제에 대해 맑스주의 전통 내부에 존재하는 항상적인 긴장에 주목하게 한다. 강조점의 변화는 사회주의 담지자인 프롤레타리아트의 (철학적으로) 필수적인 역할과 이러한 역할을 수행하기 위한 (실제적인) 능력과 의식을 조화시켜야 할 필요에서 초래되었다. 맑스는 자본주의 발전 자체의 특징으로 나타나는 이러한 적절한 조화의 형성과정을 서술했다. 그러나 심지어 맑스 자신의 저작에서도 자본주의의 이데올로기적 헤게모니에 사로잡힌 프롤레타리아트와 자기 자신의 해방을 위해 혁명적 담지자로서 행동하도록 기대되는 프롤레타리아트 사이의 불안정한 공존이 나타나 있다. 비록 인정되지도 탐구되지도 않았지만, 이러한 공존은 하나의 문제점을 지적해주고 있다.

어쨌든 이것은 맑스주의 전통 내에서 특징적인 긴장으로 남아 있다. 그 긴장은 자본주의의 허위위식에 사로잡힌 허수아비로서의 프롤레타리아트와 새로운 사회와 새로운 인간성의 창조자로서의 (동일한) 프롤레타리아트 사이의 긴장이다.

이러한 긴장은 레닌에게서 가장 두드러지게 나타나지만, 또한 이 문제를 그 근원에서 가장 직접적으로 맞부딪쳤던 사람 또한 레닌이다. 문제는 프롤레타리아트, 노동운동 그리고 사회주의 사이의 관계이다. 노동계급은 노동계급 운동을 창출했지만, 노동계급 운동과 사회주의 사이에 필연적인 연관이 과연 존재하는가. 이러한 골치아픈 문제들이, 조직과 의식을 향해 계급이 유기적으로 진화해 나가리라는 맑스의 설명, 즉 제2인터내셔널의 정통적 관점의 토대가 되었던 설명의 배후에 감추어져 왔다.

맑스 자신이 프롤레타리아트가 혁명적 계급으로 발전해가는 과정에서 노동계급 운동에 실천적이고 이론적인 서비스를 제공하는 '공산주의자들'의 특수한 역할을 밝힌 것은 사실이다. 그들의 정치적 역할은 (『공산당 선언』에서 주장되듯이) "이론의 영역에서 공산주의자들은 거대한 프롤레타리아트 대중에 대해 진군방향, 조건들, 프롤레타리아트 운동 궁극의 일반적 결과들에 대한 분명한 이해라는 이점을 가지고 있다"는 사실에 기초해 있다.

노동계급운동의 가장 선진적인 부분이라는 공산주의자들의 특수한 지위는 자신의 거대한 목표와 혁명적 운명의 관점에 기초하고, 프롤레타리아트란 본질적으로 어떤 존재이었는가에 대해 확보한 월등한 이해력으로부터 확립되었다. 그렇지만 공산주의자들은 자신들의 정당을 별도로 만들지 않았으며 "전체로서의 프롤레타리아트의 이익과는 별개이고, 또한 동떨어진 이해관계를 갖지 않는다."

이것이 사회주의의 담지자로서의 프롤레타리아트의 역할과 관련된 여러 문제들을 제기하는 것처럼 보일지라도, 그러한 문제제기는 허용될 수 없었다. 비록 프롤레타리아트의 배역은 각본에 대한 우수한 지식을 가진 다른 행위자들의 측면지원하에서만 수행될 수 있는 것이었지만, 이러한 여러 행위자 사이의 관계는 전혀 문제되지 않는 것으로 간주되었다. 이런 이유에서 맑스는 그 어느 곳에서도 프롤레타리아트와 선진적 부분 사이의 관계, 달리 말하면 계급과 당 사이의 일반적 관계에 대해 설명하지 않았다. 이러한 문제는 그 문제가 나타날 때, 유기적이고도 발전적인 방식에 의해 존재하지 않는 것으로 정의된다.

이처럼 문제되지 않는 것으로 처리하는 방식은 제2인터내셔널 시기의 정통주의자들에게서도 나타났다. 노동계급이 의식화와 권력으로 나아가는 도정에서 사회주의 이론의 도움을 받을 필요가 있음이 인정되었지만, 이러한 도움은 계급발전의 유기적 과정의 자연스런 한 부분으로 간주되었지 그 자체에 특별한 어려움이 있을 것으로 간주되지는 않았다.

레닌이 이러한 문제들을 논의할 때 종종 정통적 관점에서 벗어나는 것처럼 보이기 때문에, 위의 모든 사항들에 유념할 필요가 있다. 레닌은 계급, 정당·의식의 문제를 다룰 때, 중요한 측면에서 사회민주주의의 정통적 관점에 공감할 수 있었다. 그래서 『무엇을 할 것인가』에서 레닌은 사회주의와 노동계급 사이의 관계에 대해 권위있는 카우츠키의 '올바르고 중요한' 언급을 인용하고 있었다. 카우츠키는 다음과 같이 썼다 (그리고 이 부분을 레닌이 인용했다).

사회주의 의식이란 프롤레타리아트 계급투쟁의 필연적이고 직접적인 결과인 듯이 보인다. 그러나 사실은 전혀 그렇지 않다.… 사회주의와 계급투쟁은 나란히 성장해온 것이지 어느 하나가 다른 하나로부터 생성된 것은 아니다. 각각은 서로 다른 조건에서 발생한 것이다. 현대의 사회주의 의식은 심오한 과학적 지식에 기초해서만 생성될 수 있다.… 과학의 담당자는 프롤레타리아트가 아니라 부르주아 지식인이다.

부르주아 지식계층 중에서 몇몇 개인의 정신으로부터 현대의 사회주의가 발원된 것이며, 바로 이들이 지적으로 좀더 발전된 프롤레타리아트에게 사회주의를 전파하였고, 역으로 노동자들은 조건이 허락되는 한에서 사회주의를 프로레타리아트의 계급투쟁에 도입하여 실행했다. 따라서 사회주의 의식은 외부로부터 프롤레타리아트의 계급투쟁에 도입된 것이며, 내부에서 자연발생적으로 생성된 것이 아니다.

이 인용문은 마치 정통 레닌주의적인 주장처럼 보이지만, 또한 정통 사회민주주의자들의 주장이기도 하다는 점에 유념해야 한다. 더구나 위의 인용은 적절한 이론적 장치로 혁명적 행위자를 무장시키는 데 있어 사회민주주의 정당이 행해야 할 핵심적 역할을 밝혀주고 있다. 카우츠키의 정의에 따르면, 당은 '사회주의와 노동계급의 결합점'이었다.

계급적 지위가 사회주의적 의식을 자연적으로 발생시키는 것이 아니며, 사회주의적 의식을 발생시키기 위해서는 당과 전위가 적극적으로 개입해야 한다고 주장한다는 점에서, 레닌은 새로운 이론을 개척하지 못했다. 또한 레닌은 전위당이 노동자 및 그들의 투쟁과의 밀접한 연계를 유지해야 한다고 강조했는데, 이는 이론과 실천의 본질적 통일을 표현한 것이었다. 그러나 이 또한 별로 새로울 것이 없는 주장이다.

레닌이 맑스와 엥겔스는 부르주아 지식계급의 성원이며, 사회주의 이론은 일반적으로 이러한 원천에서 발생되는 것이라고 지적한 사실도 별로 놀랍거나 충격적이라고 할 수는 없다. 그러나 그럼에도 불구하고 레닌주의가 행위자와 담지자라는 측면에서 사회주의 사상의 발전, 특히 당과 계급간의 관계에 대한 중요한 계기로 간주되는 이유는 무엇인가?

그 답은 노동계급의 의식이라는 문제에서 종종 인용되는 『무엇을 할 것인가』에서는 찾아볼 수 없다. "우리는 노동자들만으로는 사회민주주의적 의식을 갖지 못할 수도 있다고 말해왔다. 노동자들은 외부로부터 사회민주주의 의식을 가져와서 취하였을 것이라고 했다. 모든 나라의 역사는 노동자계급이 전적으로 자신의 노력에 의해서 단지 노동조합 의식만을 발전시킬 수 있음을 보여준다.”

여태까지 살펴보았듯이, 레닌주의적 혁신은 당시 널리 퍼져 있던 정통적 견해의 일부였던 “외부로부터 가져온” 의식이라는 문제를 제기했다는 데 있는 것이 아니다. 레닌주의가 처음으로 제시한 것은 같은 책에 나오는 이런 구절에 나타나 있다.

그러므로 노동계급 운동의 발전과정에서 노동자대중 스스로 정식화한 독립적인 이데올로기란 불가능하기 때문에, 유일한 선택은 부르주아 이데올로기냐 아니면 사회주의 이데올로기냐의 양자택일이다. 중간적인 노선이란 없다(왜냐하면 인류는 아직 ‘제3의’ 이데올로기를 창조하지 못했으며, 게다가 계급적대에 의해 분열된 사회에서 비계급적인 이데올로기 또는 초계급적인 이데올로기는 결코 있을 수 없기 때문이다). … 자연발생성에 대해서는 여러가지로 말할 수 있다.

그러나 노동계급운동의 자연발생적인 발전은 결국 부르주아 이데올로기에 종속된다.… 왜냐하면 자연발생적인 노동계급운동이란 노동조합주의이며… 그리고 노동조합주의란 부르주아 계급에 대한 노동자들의 이데올로기적 노예상태와 다름없기 때문이다. 그러므로 우리의 임무, 사회민주주의의 과제는 자연발생성에 대항해 투쟁하는 것, 즉 노동계급운동을 부르주아 계급의 보호 아래로 몰아가는 자연발생적인 노동조합주의로부터 혁명적 사회민주주의의 보호 아래로 데려오는 것이다.

바로 이 인용문에서 계급과 당 사이의 균형이 결정적으로 계급에서 당을 향해 이동해가는 것을 볼 수 있다. 카우츠키의 계급-당 관계에 대한 확고한 정식화(이 정식의 장점과 단점에 대해서 어떻게 생각하든지간에)가, 이제는 유사하지만 매우 문제점이 많은 입장으로 전환되었다. 계급과 당 사이의 관계라는 문제는 이제 더이상 ‘나란히’ 제기되고, 당과 그 이론가들이 관계를 맺어주어야 하는 사회주의와 노동계급의 투쟁 문제가 아니었다.

레닌의 정식에 따르면, 홀로 남게 된 프롤레타리아트는 사회주의적 의식을 발전시킬 수 없을 뿐만 아니라 부르주아 이데올로기에 빠지게 된다. 다른 말로 하면, 이것이 '자연발생성'을 따라 행동하는 자연스러운 프롤레타리아트의 발전과정이며, 달리 선택할 수 있는 중간적 길이란 존재하지 않는다. 그래서 당의 임무는 계급이 사회주의 의식의 필연적인 길을 따라 발전하도록 돕는 것이 아니라 부르주아적 의식을 향해 나아가는 자연적인 발전노선으로부터 계급이 나아갈 길을 '바꾸는 것'이다. 이는 단지 ('경제주의자들'의 관점과 반대로) 경제적 계급투쟁이 최상은 아니며 혁명적 프롤레타리아트를 생산해내지 못하리라는 것이 아니다. 오히려 그러한 경제주의가 프롤레타리아트를 현존 사회 내로 포섭할 뿐, 그들을 혁명적 초월의 수준으로 이끌어가지 못하는 노동조합주의적 의식을 발생시키게 되리라는 것이다. 이것이 정확한 혁명적 이론에 의해 훈련되지 못한, 정확한 혁명적 지도를 박탈당한 계급의 불가피한 운명이었다.

그러한 이론과 지도력의 원천은 당이었다. 이제 계급의 운명을 결정하는 것은 당이었다. 당은 여전히 계급을 사회주의의 행위주체로 생각한다는 의미에서, 레닌주의적 입장을 대체주의라는 용어로 묘사하는 것은 부적절하다. 그렇지만 계급과 당의 관계라는 관점은 결정적으로 변화되었다. 당은 이제 사회주의 혁명의 진정한 동력, 즉 (만약 자체의 의지만을 지닌 채 남겨진다면) 잘못된 방향으로 움직일 것으로 예측되는 계급을 이동시키는 데 필요한 동력으로 파악되었다. 이는 당의 지위, 조직과 관련해 많은 함의를 지니고 있다. 당의 지위는 과학적 사회주의를 해석하고 적용하는 데 따르는 이론적 신뢰성으로부터 나오게 되었다.

본질적으로 프롤레타리아트가 어떤 존재였고, 프롤레타리아트가 "자신의 본질을 되찾기 위해" 필요한 바가 무엇인지를 파악하고 있던 것은 당이었기 때문에, 당은 정확한 혁명이론의 전달자로서 프롤레타리아트의 '진정한' 대변자였다. 이를 위해서는 정확한 이론적 전망이 효율적인 정치적 지도력으로 변환될 수 있도록 하는 조직된 특수한 종류의 당이 요구된다. 그러한 당은 공개적이거나 다원적이어서는 안되며, (특히 러시아적 상황에서는) 주도면밀하고, 중앙집중적이며, 규율을 지녀야만 했다. 그래서 ('직업적 혁명가들'로 구성된) 레닌주의적 전위당은 프롤레타리아트가 맑스로부터 부여받은 역사적 역할을 수행하는 데 필요한 중재의 종류에 대한 수정된 견해의 진정한 표현이었다.

물론 다른 한편으로 이는 노동계급(또는 나중에 '근로대중'이라고 표현되는)의 진정한 이해관계에 대한 뛰어난 이론적 지식을 기초로 한 맑스주의 정당이 주장할 수 있는 권위의 표시(또는 기대)이기도 했다.

계급과 당의 관계에 대한 레닌의 견해가 다른 맑스주의자들에게 의해서 당시와 그 이후로도 계속해서 도전받아왔다는 것은 별로 놀라운 일이 아니다. 당시의 주요한 도전자는 로자 룩셈부르크였는데, 그는 사회민주주의 정당의 지도력에 반대했으며, 레닌주의에 대해서도 역시 계급의 자생적인 혁명적 창발성을 당의 조직적인 지도로 대체하려 한다고 비난했다. 그는 레닌주의의 당 모델이 "음모적 집단의 조직이라는 블랑키주의적인 원칙을 노동계급의 사회민주주의운동에 기계적으로 모사한 것에 불과한 것"으로 파악하였다.

룩셈부르크가 '자발성'에 애착을 둔 것은 당·지도력·조직의 역할에 대한 부정이 아니라, 그것들을 계급의 자체적인 혁명조직보다 상위에 설정하는 입장에 대해서 분명하게 거부한 것이다. 핵심적인 것은 계급과 당에 대한 관계의 조건이며, "진정으로 혁명적인 노동운동에 의해 저질러진 오류가 모든 '중앙위원회'의 무오류보다 역사적으로 확실히 더 풍요롭고 귀중하다는 사실"을 솔직히 인정하는 것이 필요했다.

레닌(또는 카우츠키)과 달리, 로자 룩셈부르크는 프롤레타리아트는 가만히 혼자 두어도 본질적으로 혁명적이라고 믿었다. 파업과 봉기 때 프롤레타리아트는 자신의 본질과 운명을 표현한다. 그러므로 혁명가들의 임무는 그러한 자기표현을 지속시키고 고무하는 것이지, 자기표현을 강제로 조직적 틀로 형태지음으로써 프롤레타리아트의 자기표현을 질식시키는 것이 아니었다. 이러한 관점은 혁명조직에 대해 상당히 귀중한 기초를 제공해주는 것처럼 보이지만 (또한 룩셈부르크 스파르타쿠스 연맹[2]의 운명을 이러한 점에 비추어 해석할 수도 있다), 그럼에도 불구하고 이러한 관점은 그 문제에 대한 맑스의 입장을 재진술하는 것이다.

이러한 주장은 단지 로자의 주장만이 아니라 계급과 당의 관계에 대한 레닌의 입장에 반대하는 다른 맑스주의자들의 주장이기도 했다. 맑스는 항상 (제1인터내셔널 임시규약에서) "노동계급의 해방은 노동계급 자신에 의해 이루어져야 한다"고 주장해오지 않았던가. 맑스와 엥겔스가 가졌던 생각, 즉 사회주의는 프롤레타리아트의 해방에 관한 것일 뿐만 아니라 프롤레타리아트 스스로에 의한 해방이기도 하다는 생각에는 어떠한 잘못도 없다. 그러므로 맑스주의를 블랑키주의 또는 레닌주의와 혼동할 수는 없을 것이다. 그래서 맑스의 저작들을 되살펴보면 당의 행위로서의 레닌주의와는 반대되는 계급의 행위로서의 맑스주의에 대한 확신을 재확인할 수 있다.

---

2) Spartacus League : 1914년 8월 독일 사회민주당 국회의원단이 전시 공채 발행에 찬성표를 던졌다. 이에 로자 룩셈부르크, 프란츠 메링(F. Mering) 등은 당의 전쟁협력 방침과 싸울 것을 결의하였고, 클라라 제트킨(C. Zetkin), 칼 리프크네히트(K. Liebknecht)가 여기에 가세하여 그룹을 형성하였다. 이 그룹은 룩셈부르크와 메링이 잡지 『디 인터내셔널』을 발행했다고 해서 '인터내셔널파'로, 그리고 『스파르타쿠스(BC 1세기 로마 노예반란의 지도자) 통신』을 출판했다고 해서 '스파르타쿠스파'로 불리었다.

   이들은 1917년 4월 독일 사회민주당 내의 반전파 국회의원들과 함께 '독일독립사회민주당(USDP)'을 결성했으나, 1918년 11월 스파르타쿠스파는 독자적인 지도부를 결성하고 스파르타쿠스 연맹으로 활동을 개시하였다. 이 연맹은 1919년 1월에 독일공산당(KPD)을 창립했다.

그러한 재확인이 갖는 단 하나의 문제는, 레닌주의가 갖는 실제적인 함의를 곰곰히 따져보기보다는 프롤레타리아트는 본질적으로 혁명적인 특성을 갖는다는 맑스의 (철학적) 신념에 관계된 논쟁으로 다시 돌아가게 된다는 점이다. 명백한 핵심적 함의는 노동계급이 실천 속에서 혁명적 의식을 발전시키지 않을 수도 있으며, 사회주의 행위자로서의 역할이 수행되기 위해서는 규율잡힌 지도를 필요로 할 수도 있다. 즉 달리 말하면, 문제는 노동계급운동의 비혁명적 본성에도 불구하고, 혁명이 어떻게 발생될 수 있는가 하는 것이다.

또 다른 문제는 프롤레타리아트가 사회·경제적으로 주도적 위치에 있지 않을 때, 프롤레타리아 혁명이 어떻게 발생할 수 있는가하는 것이다. 레닌은 이러한 문제들에 직면하였고, 자기 나름대로 해답을 제시한 바 있다. 프롤레타리아트 혁명은 비록 운동 자체가 프롤레타리아트로 구성되어 있지 않으며, 프롤레타리아트가 역사가 요구하는 자신의 역할을 인식하지 못할 뿐 아니라 심지어 발전된 사회구성체가 존재하지 않을지라도, 이론적 파악을 통해 프롤레타리아트의 객관적 이해와 역사적 역할을 이해할 수 있게 된다는 의미에서 '프롤레타리아트적'인 프롤레타리아 운동에 의해서 추진될 수 있었다.

그래서 레닌은 맑스가 말한 사회주의의 담지자가 어떻게 실천 속에서 이 역할을 수행할 수 있을 것인가에 대해 설명했다. 더구나 비록 고전적 맑스주의 주창자들에게는 문제가 많은 설명인 것처럼 보일지라도, 레닌의 설명은 최소한 현실세계로부터 몇 가지 적절한 (물론 마찬가지로 논란이 되고 있지만) 증거를 댈 수 있었다. 이 증거는 계급지위로부터 단순히 계급행동을 읽으려는 시도 또는 계급지위가 특수한 표현을 통해 계급행동을 발생시키는 과정이 필연적이라거나 직접적이라고 믿으려는 시도에는 많은 어려움이 따른다는 것을 보여주었다.

프롤레타리아트의 동질화와 의식의 진보적 발전 대신에, 레닌은 서구 노동계급이 부르주아 사회 속으로 편입되는 과정과, 이 과정에서 노동귀족과 개량주의적 사회민주주의 지도부라는 형태로 존재하는 노동계급 분파주의의 역할을 규명했다. 더욱이 러시아 사회주의 혁명의 특징을 밝히면서, 레닌은 대리 프롤레타리아트로서의 당의 중심적 역할을 강조했을 뿐만 아니라, 다른 행위자들 특히 농민과 민족의 중요한 역할을 밝혀주었다.

나아가 서구 노동계급이 제국주의의 사슬이 끊어졌다는 러시아로부터의 신호에 반응하는 데 실패했을 때(서구 노동계급운동의 퇴행적인 특징에 대한 그 자신의 이전의 설명에도 불구하고, 레닌이 혁명의 이론화를 통해 혁명이 뒤이어 일어나리라고 주장해왔던 반응), 레닌은 사회주의 담지자의 범위를 서구 자본주의의 희생자인 전세계 피억압 인민으로까지 확장하였다. "우리는 이제 모든 나라 프롤레타리아트의 대표일 뿐만 아니라 억압받는 인민의 대표이기도 하다."

그러므로 전통적인 사회주의자 배역 목록을 확장하고 해체하는 결정적 계기가 바로 여기에 존재한다. 프롤레타리아트로서의 당은 서구 제국주의적 착취자들에 대항하는 전세계 피억압 대중을 이끈다. 전세계 혁명은 여전히 확언되지만, 그 담지자는 더이상 서구 자본주의의 노동계급에서가 아니라 "혁명적이고 민족주의적인 동양"의 대중들에게서도 발견될 수 있다. 선진 자본주의의 노동계급은 이제 외부로부터의 해방이라는 새로운 견해를 필요로 하면서, 제국주의 편에 서 있는 것으로 분류된다는 것은 중요한 의미를 갖는다. 그렇지만 이러한 주장은 (레닌이 설명하듯이) 전세계적인 세력균형에 의해 확신되었다.

결국 투쟁의 산물은 러시아, 인도, 중국 등이 세계 인구의 압도적 다수를 차지하고 있다는 사실에 의해 결정될 것이다. 과거 몇 년 동안 바로 이들 다수가 놀라울 정도로 신속하게 해방을 향한 투쟁에 나섰으며, 이러한 측면에서 전세계적 투쟁의 최후 결과가 무엇일 것인가에 대해서는 추호도 의심의 여지가 없을 것이다. 이러한 의미에서, 사회주의의 완전한 승리는 완전히 그리고 전적으로 보장되어 있다.

대단원의 막은 여전히 남아 있지만, 이제 새로운 사회주의 행위자들이 새로운 배역을 맡고 새로운 혁명의 실마리를 풀어가는 국면으로 변화했다.

그래서 20세기에는 사회주의의 힘의 중심이 옮겨졌다. 1917년의 최초의 신호를 기점으로 하여, 그 이후의 여러 증거들에서 보여지듯이 행위자의 문제는 사회주의 사상과 실천에서 근본적으로 변화되었다. 맑스주의라는 어휘는 남아 있지만, '프롤레타리아트'는 당이 그 존재를 대신하는 상황에 대한 은유가 되었다. 공산주의자들이 민족민중적인 대중운동에 농민을 동원해낸 중국의 경우가 그러하였다. 잡다한 반제국주의적인 근대화의 교의 속에서 '계급'이 '인민'과 융합되었기 때문에, 이제 상당히 많은 형태의 '민족적 공산주의'가 존재하게 되었다.

(파농[3]과 카브랄[4] 같은) 민족적 공산주의의 몇몇 이론가들은 진정으로 혁명적인 계급으로서 산업프롤레타리아트 대신에 빈농을 설정할 뿐만 아니라, 보편적인 서구 문화전통을 총체적으로 거부하면서 맑스주의도 폐기해버린다. "우리는 노동계급을 찾아왔지만, 결국 찾지 못했다"라고

---

3) Fanon, Frantz(1925~1961) : 프랑스 태생. 리용대학에서 의학과 정신치료법을 연구했다. 알제리 혁명의 열렬한 후원자였고, 제3세계의 반제국주의 혁명을 증진시키는 저술활동가이자 실천가였으며, 그의 저작은 미국에서의 억압받는 유색인종과 제3세계에 광범위한 영향을 미쳤다. 파농은 생산수단에 대한 개인적 관계에 따라 계급이 규정된다는 정통적 맑스주의에 동의했으나, 정치적 행동은 계급에 의해 결정되는 것이 아니라 개개인의 상대적 부(富)와 개인이 속한 계급의 규모 등에 의해 규정된다고 보았다(대지의 저주받은 자들』, 광민사참조).

4) Carbral, Amilear(1926~1973) : 서아프리카 공화국의 민족주의자. 1956년 앙골라 인민해방운동의 창설에 기여했고, 기니로 돌아와 1963년 기니와 카페 베르데 독립을 위한 아프리카 당을 건설했다. 그는 혁명에서 대중정치교육과 참여의 중요성을 강조했다.

카브랄은 말했다. (게오르그 리히트하임과 같은) 고전적 맑스주의 해설자가 마오주의, 카스트로주의, 아프리카사회주의, 그밖에 여러가지 이데올로기적 형태에 비판적인 시각을 갖는 것은 놀라운 일이 아니며, 그리하여 한동안 이론적인 절망감이 양산되었다. "민족주의가 사회주의와, 농민이 프롤레타리아트와, 반제국주의가 반자본주의와 동일시됨에 따라 지난 1세기 동안 맑스주의 문헌에서 힘들여 정교화시킨 모든 구분들이 단순한 이분법, 즉 서구 제국주의 대 제3세계의 굶주린 대중에 자리를 내주기 위해 내던져지고 말았다.

맑스가 프롤레타리아트를 사회주의 담지자라고 규정했을 때, 이는 다른 한편으로 담지자를 통해 형성될 사회주의가 어떤 종류의 것인가를 동시에 밝힌 것이었다. 이러한 사회주의는 자신이 초월할 시대의 문화적·경제적 자원을 계승하는 사회주의였다. 그래서 제2인터내셔널 맑스주의의 이론적 지도자들이 볼셰비키 혁명을 비난한(잘못된 행위주체, 잘못된 시간, 잘못된 장소에서 발생했다는 비난) 근거 역시도 장차 귀결될 정권에 대한 음울한 예감과 관련되어 있었다.

레닌주의와 그 뒤를 잇는 변종들에 있어, 맑스주의가 경제정의, 근대화 그리고 독립이라는 선별된 대중운동의 이론적 토대로서 전개되어온 것만큼이나, 그 불길한 예감은 20세기 전체 기간으로까지 일반화되었다. 때때로 이는 맑스주의의 비극(산뜻한 이론, 고약한 세계)으로 묘사되었다. 그러나 이는 이론적 교리의 세계를 따라 행동하지 않는다고 실천의 세계를 비난하는 것과 같다. 물론 고전적 맑스주의는 이론적 탁월함 때문에 두드러졌던 것은 아니었다. 고전적 맑스주의는 역사의 수수께끼를 풀었다. 고전적 맑스주의는 선진 자본주의의 노동계급이라는 행위주체를 통해 실천적으로 증명될 이론적 성과이다.

그러므로 왜 농민이 사회주의 담지자로서의 역할을 갖지 않는가, 또는 왜 쁘띠 민족주의가 국제경제의 발전과 이와 연결된 계급균열에 의해 흡수되어버릴 것인가, 또는 왜 서구 노동계급이 필연적으로 혁명적인 사회주체인가에 대한 이유를 보여주는 것은 별로 어렵지 않다. 물론 이러저러한 어려움은 있을 것이다. 맑스가 처음부터 사회주의 행위자와 프롤레타리아트를 동일시한 것이 갖는 특징은 이미 부분적으로 언급한 바 있지만, 이러한 동일시는 계급행위가 발생하는 사회적 현실의 기본적 결정요인으로서 임노동-자본 관계라는 관점에 그 뿌리를 두고 있다.

그런데 왜 계급지위가 그런 특수한 종류의 계급행위를 발생시키는가? 또한 왜 사회적 결정의 성격에 대한 일반이론은, 그러한 결정이 발생시키는 현실적인 형태와 결과에 대해 믿을 만한 지침을 제공해주어야만 하는가? 더욱 근본적으로는, 왜 생산양식과 연관되어 있는 계급적대는 인종적, 종족적, 종교적, 성적 그리고 다른 갈등과 비교해보았을 때 단일하고 결정적인 중요성을 갖는 것으로 간주되어야만 하는가?

만약 이러한 문제들이 19세기의 맑스주의에 의해서 무시되어왔다면, 최소한 20세기 말의 맑스주의자들은 그 문제들과 맞부딪쳐야 한다. 예를 들면 1848년에 맑스주의 창시자들은 자신있게 국가의 사회화를 예측했다. 그러나 한 세기가 지난 후에는 (카아[5]의 표현대로 하면) '사회주의의 국가화'로 기록하는 것이 더 그럴듯해 보인다(또한 맑스가, 민족주의가 자체의 종속적이고 파생적 지위에 만족하지 못한다는 표식을 내보이기 시작할 무렵인, 유럽 역사의 바로 그 순간에 계급적 관점에 입각하여 민족문제의 해결을 선포했다는 점을 상기해야 한다). 아무리 공산국가 내에서 (확정된) 계급을 대신하는 당의 능력이 존재한다지만, 기대된 대로 행동하지 못한 서구 노동계급의 실패는 자연스럽게 중요한 이론적 문제로 파악되었다.

'상부구조'를 연구하는 새로운 맑스주의가 대두하기도 하였는데, 때

---

5) Carr, E. H.(1892~1982) : 영국의 정치학자이자 역사학자. 역사가의 사회적 조건과 객관적 역사의 불가능성을 주장한 논쟁적 저작 『역사란 무엇인가』로 유명하다. 그의 『러시아혁명』, 나남, 1983가 이원우 역, 『위기의 20년』, 아세아문화사, 1985 등이 번역되어 있다.

때로 (마르쿠제[6]와 같이) 노동계급의 의식과 행위에 대해 어두운 비관적인 결론이 내려지기도 하고, 다른 한편으로는 (근자의 그람시 제자들처럼) '유기적 지식인'에 의해 도움을 받는 노동계급의 문화적 헤게모니 획득이라는 기획이 가능하다는 더욱 낙관적인 시나리오를 갖기도 하였다. 그렇지만 일반적으로 문제점은 계급지위와 계급행동 사이의 불일치에 대한 설명과 같이, 여전히 공식적인 맑스주의적 관점에 내재해 있었다. 그러나 이러한 형태에 있어서, 문제는 논의되는 용어에서부터 파생되어 자신들이 머물러 있을 필요가 없는 궁지에서 벗어나기 위해 싸우고 있는 많은 당대 맑스주의자들의 모습을 만들어냈다. 능란한 발놀림에 경탄이야 하지만, 왜 그렇게 쓸데없이 많은 노력을 소비하는지 참으로 유감이다.

맑스주의적인 관점에 따르면, 서구 노동계급이 '본질적 존재로 되는데' 실패한 책임은 사회민주주의 정당과 그들의 지도력에 있다. 20세기 사회민주주의에 대한 비난은 사회민주주의가 의회주의와 개량주의를 통해서 노동계급을 배신했으며, 그러므로 사회민주주의의 이데올로기적

---

6) Marcuse, Herbert(1898~1979) : 베를린 태생. 프랑크푸르트학파의 중심 인물. 제1차 세계대전중 군복무를 마치고 잠시 베를린 병사평의회에서 정치운동에 가담했으나, 1919년 평의회운동에 대한 배신에 항의하여 사회민주당을 떠났다. 1933년 사회연구소에 들어가 그 후 호르크하이머와 아도르노와 더불어 프랑크푸르트학파의 중심 인물이 되었다. 정치운동과 사회적 투쟁에 대한 명확한 입장 표명으로 1960년대와 1970년대 초에 신좌파운동의 탁월한 대변인 및 이론가로 부상했다. 그가 사회에 비판적 접근을 시도한 목적은 자기해방, 즉 탈집중화된 정치운동의 활성화와 인간성과 자연의 조화였다. 그는 특히 맑스의 『경제학 및 철학 수고』에 중요성을 두었으며, 그의 노동과 소외의 일반이론은 그의 모든 저서의 배경이 되었다. 그의 일반 이론과 프로이트 연구와의 정교한 통합은 특히 마르쿠제 연구의 독창성을 특징짓는다. 마르쿠제의 저서 중 번역된 것들로는 다음과 같은 책들이 있다. 김현일·윤길순 공역, 『이성과 혁명』, 중원문화, 1984 ; 김인환 역, 『에로스와 문명』, 나남, 1989 ; 차인석 역, 『일차원적 인간·부정』, 삼성출판사, 1990.

허식과 사회민주주의에 대한 노동계급의 상당한 지지에도 불구하고, 사회민주주의는 '객관적으로' 현존 질서를 옹호하는 쪽에 있는 것으로 간주되어야 한다는 것이다. 이러한 비난은 레닌에 의해 처음으로 행해졌다(레닌은 실제적으로 노동계급으로 구성되었음에도 불구하고, 영국노동당이 왜 프롤레타리아트 정당이 아니며, 반대로 볼셰비키 정당은 프롤레타리아트 성원이 없음에도 불구하고 왜 프롤레타리아트 정당인가를 설명했다는 점 또한 상기해야 한다).

　이러한 주장은 공산당의 정통 입장이 되었다. 또한 그것은 많은 현대 맑스주의에 기본적인 요소로 남아있다. 간략히 말하면 사회민주주의가 종종 단순한 선거주의와 현존 질서와의 항상적인 조화 속으로 타락시키려는 자유주의적 자본주의의 항상적인 유혹을 받아들이려고 하는 경향을 스스로 보여왔던 것은 분명한 사실이며, 또한 (때때로 몇몇 곳에서) 사회민주주의는 이러한 유혹을 거부할 수 있는 능력을 증명해보였을 뿐 아니라, 자신의 규정을 더 폭넓은 사회에까지 주장해온 것도 사실이다.

　바로 이 지점에서 논쟁이 일상적으로 전개되었지만, 항상 결론에 도달하지는 못했다. 사회민주주의가 노동계급을 배신하고 부르주아적 개량주의에 빠졌다는 맑스주의자들의 비난에 대해, 사회민주주의자들은 자신들이 정치적 민주주의라는 조건하에 있는 사람들과 함께 활동해간다고 반박한다. 언제나, 어느 곳에서나 노동계급의 "본질적으로 혁명적이고 자기해방적인" 능력을 믿는 사람들에 의해 자신들의 신념으로 선언되는 사회민주주의의 '객관적' 역할이(레닌주의 정당들에 의해서뿐만이 아니라) 사회민주주의 정치가들에 의해서 그러한 능력들이 명백하게 방해받게 되는 경우에도, 이러한 논쟁은 평온하고 안정적으로 유지되는 한, 별로 생산적이지 못할 것 같다.

　물론 중요한 측면에서(비공산주의적이고 때로는 비맑스주의적인, 스스로를 민주사회주의라고 묘사하기를 좋아했던 1917년 이후 등장 초기에 가졌던 의미에서) 사회민주주의적 전통은 사회주의 행위자들에 대해 나름대로 설명을 하고자 했다. 조직된 노동계급운동에 뿌리를 두고 있긴 하지만, 민주사회주의는 사회주의적 사상의 보편성과 이러한 보편성을 반영하는 운동을 결합시키고자 했다. 그래서 제2인터내셔널 동안에 맑스주의적 정통노선이 보편계급으로 프롤레타리아트를 선포했을 때도, 조레스는 사회주의 정당을 "모든 대의명분과 모든 위대한 사상의 기하학적 좌표"로 표현하기를 좋아했다.

맑스주의는 이상과 이해(利害)를, 보편과 특수를 결합시켰으며, 따라서 사회주의는 노동계급적 이해의 승리로 파악되었다. 그러나 민주사회주의자들은 이러한 정식을 거부하고 노동계급의 이해를 사회주의와 결합시키려 했다. 사회주의의 보편성은 노동계급 특수주의로 축소되어서는 안되는 것이었다. 자본주의 피착취계급으로서의 노동계급은, 사회주의의 주된 수혜자이며 대중적인 사회주의 정당의 기초이지만, 사회주의와 동일시될 수는 없었다. 그러한 동일시는 원칙적으로나 실천적으로 잘못된 것이었다.

사회주의는 그 근저에 가치의 문제를 깔고 있으며, 따라서 도덕적인 결단이 가능한 모든 사람에게 접근 가능한 것이기 때문에, 또한 오직 계급 범주로서만 다루고자 하는 맑스주의의 관행은 개인에 대해서 별다른 '여지'를 남겨놓지 않았기 때문에, 그러한 동일시는 원칙적으로 잘못된 것이었다. 맑스주의적 실천을 지탱하는 사회분석에 결함이 있기 때문에, 실천적으로도 잘못될 수 있다. 자본주의에 의해 타락되고 파편화된 노동계급이 발전해서, 통일되고 각성된 사회주의자들의 혁명적 계급이 될 것 같지는 않다. 버나드 쇼가 말하듯이 "포도가 엉겅퀴로부터 수확되지 않는 것처럼, 그와 같은 빛의 군대도 더이상 19세기 문명이 낳은 인간의 산물로부터 거둬들일 수는 없는 것이다." 더구나 자본주의의 위기가 노동계급의 급진화에 도움을 줄 것이라는 믿음도 환상이었다.

모든 정황이 계급의 다양화와 새로운 중간적 집단의 형성을 보여주고 있을 때, 계급양극화를 주장하는 것이 환상이었던 것처럼, 원칙과 정책에 입각해볼 때 이러한 점들로부터 끌어낼 수 있는 결론은 다양한 사회계급에 속해 있는 사람들에게 호소력을 가질 수 있는 설득과 개혁을 통한 사회주의 운동을 건설할 필요가 있다는 것이다.

영국에서 초기 페이비언주의자들은 행정감독가, 전문가 그리고 기술자들에게 직접 호소했다. 반면 페이비언주의적 합리주의와 사회주의적 도덕주의를 결합시킨 토니는 노동당에 대해 "살아가면서 이윤을 긁어모으는 것보다는 건설적인 활동에 관심을 갖고 있는"(비록 이러한 주장이 "자본주의의 주요 희생자인 산업노동자들의 요구에 부차적인 지위를 부여하는 것이 아니라 본질적으로 그러한 요구가 의미하는 바가 무엇이냐를 제시하는 점에서, 삶에 있어서 인간존재만큼이나 중요한 요구이며, 아무리 고상한 사람도 다른 사람을 억제할 수는 없다는 그러한 주장을 제시하는 문제일지라도") 모든 사람들에게 호소력을 갖기 위해서는 노동조합의 분파적 이익의 옹호자처럼 보여서는 안된다는 충고를 했다.

사회주의자들의 주장을 이러한 방식으로 틀 짓는다면, 급진적이고 애국적인 전통을 뽑아내어 사회주의의 대의명분과 연결시킬 수도 있다. 예를 들면, 영국 사회주의 내부에는 '진정한' 영국, 인민의 영국이라는 강력한 감정의 저류가 흘러왔으며(오웰이 "표면 바로 밑에 존재하는 영국"이라고 묘사했던), 그리고 이러한 영국을 사회주의적 목적으로 동원해내고자 했던 시도가 있어왔다.

일반적으로 공산당들이 전통적으로 노동자주의라는 입장에 따른 계급적 전망 내에서 활동해왔음에 반해, 사회민주주의 정당들은 조직된 노동운동이라는 토대를 더욱 일반적인 호소와 결합시키고자 해왔다. 1959년의 바트 고데스베르크 강령에서, 독일 사회민주당은 이와 관련된 사항을 공식화했다. "당에서부터 노동계급에 이르기까지 사회민주주의 정당은 인민의 정당이 되어야 한다."

그러나 '계급'을 '인민'으로 변화시킨 사회민주주의적 '대체주의'라는 특수한 견해로 인해 손상을 입은 것은, 특정한 종류의 사회주의 분파만이 아니라 모든 종류의 사회주의였다. 단순히 배우들만 새롭게 바뀐 것이 아니라 연극 자체를 바뀌게 되었다.

이는 부르주아에 포섭된 노동계급의 탈급진화와 새로운 사회집단들의 중요성이 증가하는 것에 대한 실제적인 반응이라고 볼 수 있다. 이는 행위주체 문제에 당대 사회주의자들이 갖고 있는 입장들이, 서유럽의 변화하는 계급구조에 중요성을 부여하고 있음을 지적하는 것이다. 일부 사회주의자들은 소비자 자본주의에 부속된 '새로운' 노동계급을 찾아내고 보수적인 결론을 이끌어냈다.

반면 다른 사회주의자들은 권력과 통제의 문제를 제기하는 '새로운' 기술노동자계급을 찾아내고 급진적인 시나리오를 제시했다. 또한 비록 종종 몇 가지 측면에서 사회주의의 역사적 실현자이며, 잠자는 거인인 프롤레타리아트에 매달릴 필요가 있다는 신념을 여전히 갖고 있기는 하지만, 좌파 쪽에서는(특히 1960년대 학생 '혁명'에서 두드러진) 전통적인 프롤레타리아트의 대리인을 찾으려고 시도해왔다.

이러한 모든 상황은 사회주의 내에 존재하는 행위주체의 동시대적인 위기의 증거로 간주될 수 있다. 예견되는 방식으로 행위하지 않았기 때문에 초래된 실패에서 드러나는 이러한 위기에도 불구하고, '노동계급'을 사회주의 행위자로 계속 유지하려는 시도는 풀란차스[7]가 사회주의

---

7) Poulantzas, Nicos(1936~1979) : 그리스 태생. 그의 일생은 국가이론의 혁신과 맑스주의 이론과 정치적 실천의 완벽한 결합을 추구하는 데 바쳐졌다. 맑스주의 기초에 대해서는 그리스에서 공부했고, 맑스주의 이론에 대한 발표는 프랑스 철학자들 특히 싸르트르의 영향하에 이루어졌다. 그는 국가가 생산관계의 반영이거나 지배계급의 이익실현 도구라는 관점을 거부하고, 국가는 어떤 자율성을 갖고 자본의 이익뿐만 아니라 국가 고유의 관심(이른바 공공 서비스)을 추구한다고 주장했다. 풀란차스에 대한 자세한 소개로는 손호철, 「니코스 풀란차스」, 『이론』 제5호, 1993년 여름호 참조. 풀란차스의 저작 중 한글로 번역된

계급분석을 하면서 '경계의 문제'라고 불렸던 것에 부여된 중요성에 반영되어 있다. 한편으로 현대 노동계급의 경계는 너무나 개방적이어서 사회주의는 더이상 전통적인 프롤레타리아트라는 행위주체에 의존할 수 없을 정도이다. 다른 한편으로는 경계가 너무 협소해서(이는 풀란차스 자신의 경우이지만) 노동계급은 어떠한 사회주의 전략에서도 다른 사회집단과 반드시 동맹을 형성해야 할 정도로 적은 비율로 축소된다. 이런 식으로 계급분석은 사회주의에 대해 직접적인 전략적 함의를 지니고 있다.

노동계급과 다른 사회세력간의 '인민연합'이라는 자신의 입장을 유지하기 위해 유로공산주의가 발전시킨 계급분석에서 분명히 나타나는 것처럼, 계급분석은 사실상 의도적인 것이다. 변화하는 계급유형에 대한 유사한 분석에 기초를 둔, 이러한 입장에 대한 반향이 에릭 홉스봄[8]의 중개로 영국에서부터 들려오고 있는데, 그의 글 『노동의 행군은 중단되었는가?』는 최근의 좌익 전략논쟁에 주요한 초점을 제공해주고 있다.

맑스주의 전통의 외부에서뿐만 아니라 내부에서도, 유로공산주의적 입장이 진실로 사회주의의 자기해방자를 보존·재정의하지 않고 포기하지 않았는가하는 질문이 던져지고 있다는 사실은 전혀 놀라운 일이 아니다. 만약 그러하다면, 그것은 또한 '계급'을 '인민'으로 대체하고, 그리하여 사회의 기본적인 적대로서의 자본과 노동 사이의 계급투쟁이 갖는 구심성과 관련된 기본적인 맑스주의 견해를 포기하는 것은 아닌

책들로는 다음과 같은 것들이 있다. 홍순권·조형제 공역, 『정치권력과 사회계급』, 풀빛, 1986 ; 박병영 역, 『국가·권력·사회주의』, 백의, 1994.

8) Hobsbawm, Eric(1917~) : 이집트 태생. 영국의 역사가. 저명한 맑스주의 학자. 노동계급의 역사와 고대 사회운동 그리고 현대 유럽 역사에 관한 권위자. 그의 저작 중 번역된 것들로는 다음과 같은 책들이 있다. 정도영 역, 『자본의 시대』, 한길사, 1983 ; 박현채·차명수 공역, 『혁명의 시대』, 한길사, 1984 ; 진철승 역, 『원초적 반란』, 온누리, 1984 ; 강명세 역, 『1780년 이후의 민족과 민족주의』, 창작과비평사, 1994.

가?

이러한 의문은 정통 맑스주의자들에게는 여러 문제를 제기하지만, 다른 사회주의자들에게는 별로 문제가 되지 못한다. 사회주의 그 자체가 임노동과 자본 관계에 의해 정의되는 한 계급의 승리로 정의되지 않는다면, 자신의 필연적인 혁명적 역할을 수행하기로 되어 있는 그 계급의 실패가 사회주의적 설계에 치명적인 손실을 끼치지는 못할 것이다. 노동계급이 사회주의의 유일한 수행자일 이유는 없다. 더구나 노동계급이 자본주의에 근본적으로 도전하기보다는 자본주의의 합리성을 반영하고 재생산할 것을 기대할 수도 있다(예를 들면 '일할 권리' 또는 '자유로운 임금협약'에 대한 애착).

제한된 사회주의의 전통적인 행위자(남성, 육체, 근육노동자)의 진부함과 그것을 지탱해주는 임노동-자본 관계의 제한된 특성을 규명한 것이 여성해방론의 주요 업적이라고 할 수 있다. 여성해방론은 사회주의적 설계의 정의를 '노동'으로부터 '생활'로 확대시켜 풍부화했고, 그 과정에서 가능한 사회주의적 행위자들의 가능 범위를 확대시켰다.

바우만은 "사회주의의 역사는 원점으로 회귀했다. 사회주의는 추종자를 찾아다니는 사상으로 출발했다. 그것은 최근에는 사상을 좇는 추종자가 되었다"고 썼다. 추종자들은 20세기 후반의 자본주의에 의해 제공된 것보다 사회(물론 자신의 인생과 공동체를 포함하여)를 질서정연하게 만드는 더욱 합리적이고 인간적인 방식을 찾고자 하는 모든 사람들로 구성되어 있다. 만약 이러한 추종자들이 사회주의와 관계를 맺는 데 어려움을 겪는다면, 이러한 어려움은 주어진 사회주의가 특정한 종류의 것이고 사회주의 담지자에 대한 정의가 전통적으로 제한적이었다는 사실과 연관되어 있다고 주장할 수 있다(그리고 여기서 그와 같이 주장하고자 한다).

앙드레 고르쯔가 탈산업적 사회주의의 선진적 행위자로 "비생산자들의 비계급"을 제시했을 때, 이는 일관된 사회주의 전략을 최후로 해체시켰음을 나타낸다. 또는 일반적 주체를 설정하는 일반적 설계와 같은 방식으로 사회주의 설계를 재주조하고자 하는 급진적 의미를 갖는 것으로 볼 수도 있다. 맑스는 사회주의 설계를 보편적 인간주의의 관점에서 마련했지만, 그 설계를 단일한 전선에서 싸우는 단일한 계급과 연결시켰다.

그러나 임무를 기대만큼 수행하지 못한 행위자가 실패한 결과 야기시킨 위기로 인하여, 오히려 그 때문에 사회주의는 자신이 애초 설계한 만큼이나 폭넓은 토대를 발견하게 될 수도 있을 것이다. 더구나 바로가 말해왔듯이 "현재 상황에서 탈출할 방도를, 사회주의를 짓밟고자 하는 사람들이 생각하는 동일한 방식으로 이해할 필요는 없을 것이다."

7. 사회주의의 미래

사회주의는 끝났다. ― 알렝 뚜렌느[1]
사회주의는 단지 하나의 가능한 미래상일 따름이다.
― 톰 보토모어

20세기 말에 사회주의자로 남아 있다는 문제는, 금세기의 나머지가 이미 지나가버렸다는 점이다. 자본주의의 고유한 자화상을 정립하는 데 있어, 19세기가 자본주의의 본질에 대해 많은 교훈을 제공했다면, 20세기도 역시 사회주의에 대해 똑같은 역할을 해주었다. 여러 측면에서 20

---

1) Touraine, Aiain : '후기 산업사회'라는 용어를 맨 처음 쓰기 시작한 프랑스 태생의 사회학자. 그의 저작들은 두 부분으로 나뉘는데, 첫째는 특별한 사회운동들(예 칠레혁명, 프랑스의 1968년 학생봉기)에 대한 구체적이고, 경험적 연구로서 하나의 사회그룹이 자발적 항의로부터 조직적 운동으로 응결되고 다른 조직적 운동에 직면하여 권력을 수립하고, 결과적으로 패배하거나 전화해가는가에 대한 것이었다. 두번째는 이러한 경험적 연구를 바탕으로 사회이론을 구축하려는 것이다. 그는 후기산업사회의 정치적 수준은 '역사성'과 일상생활의 특별한 규칙들 사이에서의 활동적인 전화의 대리인이 되어간다고 믿는다. 그의 저작 중 한글로 번역된 책으로는 조형 역, 『탈산업사회의 사회이론』, 이화여자대학교 출판부, 1994가 있다.

세기는 사회주의의 시대이다. 하나의 측면에서 보면 이것은 승리와 옹호의 이야기이지만, 다른 측면에서는 재난과 분열의 이야기가 된다.

바우만은 『사회주의 : 살아있는 유토피아』에서 사회주의를 다음과 같이 묘사하고 있다. "현대 사회주의 역사 200년은 유토피아의 복장을 걸친 장엄한 등장에서부터, 그 선언의 현실화과정에서 초래된 무능력화로 전개되었다."

1900년과 오늘날의 사회주의 세계를 비교해보자. 1900년에는 사회주의 국가들이 존재하지는 않았지만, 곧 도래하게 될 것이라고 자신감에 넘치게 기대하였다. 맑스주의자들과 페이비안들 모두 역사를 자신들의 입장에서 기술했고, 사회주의를 경제발전과정의 필연적인 산물로 제시했다. 맑스주의자들은 왜 자본주의가 자신의 경제적 모순의 무게를 견디지 못하고 붕괴할 운명에 처해 있는가, 왜 혁명적인 프롤레타리아트가 권력을 장악하고 계급없는 사회를 건설하게 되는가를 설명해주는, 사회에 대한 포괄적인 과학을 갖고 있었다.

페이비언들은 개량과 생산과 분배의 사회주의적 조직을 확립하고자 하는 개량주의자들이 통제할 수 있는 집산주의로 나아갈 추동력을 밝혀주는 역사과학을 지니고 있었다. 맑스주의자나 페이비안 모두, 사회주의는 성숙된 자본주의의 경제적·정치적·문화적 토대 위에서 건설되는 것으로 가정했다고 말할 수 있다.

대략 한 세기가 지나자 많은 것이 달라졌다. 전세계에 걸쳐 수십억의 사람들이 이제 사회주의 정권하에서 살고 있지만(역주 : 이 책이 출판된 것이 1986년임을 상기하자), 이들 정권들 중 어느 하나도 혁명가나 개량주의자들이 세기말에 제시했던 사회주의 상에 근접해 있지 않다. 서구 노동계급이 투표를 통해 사회주의로 갈 것이라는 개량주의적 관점은 복지자본주의라는 형태를 제시한 사회민주주의라는 유동하는 모래밭 속에서 멈춰 서 있는 듯하다. 사회주의 담지자들이 자신들에게 부과된 역사적 사명을 수행하기를 끝내 거부하였기 때문에, 서구에서는 혁명적 관점이 별다른 대접을 받지 못했다.

1917년 이후 그 이외의 다른 지역에서의 혁명의 성공은 20세기의 '현존 사회주의'의 전형으로 권위주의적인 정당-국가를 창출했을 따름이다. 20세기 초에 맑스주의는 자신을 보편적 인간주의라는 견지에서 제시해왔다. 20세기 말에 모든 맑스주의 국가는 자신이 독재를 행한다는 사실에 직면하게 되었다. 이는 (비판가들이 주장하듯이) 필연적 사실일 수도 있고, 아니면 (옹호자들이 주장하듯이) 우연적 사실일 수도 있지만, '사회주의'가 서구 자본주의의 인민들을 획득하게 되었다는 특징을 설명하는 데서는 결정적인 사실이다.

이러한 점에서 다음과 같은 결론을 내릴 수도 있을 것 같다. 개량주의적 사회주의는 자본주의적인 민주주의 국가들에서 자신을 사회주의에 적절한 형태로 확립해왔지만, 단지 사회민주주의를 가져다줄 수 있었을 뿐이다. 혁명적 사회주의는 자신을 다른 나라들에서 적절한 형태로 제시해왔지만, 그것은 오직 권위주의적인 형태로서일 뿐이다. 이러한 의미에서 세기초 서유럽 사회주의자들이 사회주의에 대한 자신들의 시각을 보편적인 경제적·사회적 발전과 연결시킨 것은 올바른 것이었다.

그렇지만 그러한 발전이 혁명을 통해서건 개량을 통해서건 반드시 사회주의를 낳을 것이라고 믿었다는 점에서, 그리고 사회주의에 대한 다른 시각들은 그 전제조건이 갖추어진 곳에서만 유용할 수 있다고 잘못 믿었다는 점에서, 그들은 잘못 생각하고 있었다. 그들은 자신들의 이론에 사로잡힌 죄수들이었다. 특히 그들이 자신들의 이론을 과학이라고 치장했을 때 더욱 그러했으며, 이는 왜 실천이라는 고집스러운 세계가 그들을 그렇게 불시에 놀래킬 수 있었는가를 설명해준다.

이 결론은 단지 다양한 사회주의와 다양한 사회 사이에 존재하는 분명한 연관성에 기초해 그럴 듯하게 꾸며진 것이 아니라, 20세기의 경쟁적인 사회주의 진영의 조직구조와도 상응하는 것이다. (동구의) 권위주의적 공산주의는 (서구의) 개량주의적 사회민주주의의 도전에 직면해 있다. 사회주의 월드컵대회에서, 소련과 스웨덴 사이의 경기는 금세기 대부분의 시기에 걸쳐 진행되어왔고, 앞으로도 오랜 기간 동안 (득점이나 벌칙도 없는 상태로) 계속될 것처럼 보인다. 바로 여기에 20세기 서구 사회주의의 중요한 딜레머가 있다.

금세기는 좌파에게 비민주적인 공산주의와 비사회주의적인 사회민주주의 사이의 단 두 가지 선택지만이 존재한다는 교훈을 일러주고 있다. 진정으로 이러한 선택이 행해져야만 하는 상황에서, 서구 노동자들이 (그리고 많은 사회주의자들이) 사회민주주의에 안주하고 더욱 위험한 길로의 초대를 거부했다는 사실은 별로 놀라운 일이 아니다. 리히트하임이 지적하듯이 "사회민주주의는 권태로운 것이지만, 최소한 친숙한 것이며 동시에 자유와 품위에 아무런 위협도 가하지 않고 있다."

사회주의자들이 사회민주주의자들에 대해 갖고 있는 신조는 반박할 수도 있고, 공직에 있는 사회민주주의 정당들이 변질되어가는 경향 또한 인정할 수 있지만, 그들이 견지하는 민주주의에 대한 신조는 건강한 것이다. 그러므로 그들은 이러한 사실을 근거로 우파에 의해 손상된 연합의 원죄를 말끔히 씻어냈으며, 반면에 좌파가 그들에게 퍼부었던 '선거주의'라는 비판은 그들이 갖고 있는 민주주의적 감수성을 확인해주는 것으로 간주될 수도 있다. 그들이 사회주의에 몰두하는 정도가 불확실하거나 사회주의의 실현이 무한한 미래로 연기되어 있을 수도 있지만, 민주주의에 대해서는 그렇지 않다.

최소한 20세기에 사회주의와 정치적 자유 사이에 교환 가능성이 존재하는 한에서 (그리고 이전의 전망과는 달리 사회주의와 정치적 자유 사이에 필연적인 연관이 존재하지 않는다는 점이 확실하므로), 서구 노동계급은 분별력있게 정치적 자유 위에 실수를 저지르는 쪽을 선택했다. 물론 이러한 선택은 민주주의를 복지와 결합시키는 지속적인 토대 위에서 자본주의로부터 개량과 개선을 얻어내는 사회민주주의의 능력에 의해 더욱 매력적인 것으로 되어갔다. 그러한 개량주의는 맑스주의적인 치장에도 불구하고 이미 1914년 이전에 사회민주주의의 실제적 정책으로 행해져 왔으며, 이후에 사회민주주의적 정치의 명백한 토대가 되었다.

공산당을 ‘유로공산주의’적 방향으로 이끌어간 서유럽에서의 정치적 삶의 사실들을 적절히 평가할 필요가 있다. 이 방향은 분명하게 사회민주주의를 향해 있으며, 또한 사회민주주의를 ‘부르주아’ 민주주의라고 비판해온 이전 시기의 레닌주의를 거부한다. 의회민주주의의 다양한 제도들을 신뢰하며, 혁명적 길을 거부한다고 하는 유로공산주의자들의 주장이, 이 과정과 연루된 사회민주주의가 행했던 종류의 이데올로기적 희석화는 결코 겪지 않는다는 주장과 함께 존재하는 것은 사실이다.

그러나 변화의 방향은 분명하다. 만약 유로공산주의의 건설자 중 한 사람인 카리요가 “이데올로기 영역에 있어 ‘유로공산주의’와 사회민주주의 사이에는 어떠한 혼동도 있을 수 없다.” 왜냐하면 전자가 “자본주의 사회를 통치하려는 것이 아니라 변화시키려 하기 때문”이라고 주장한다면, 이는 세기초에는 분명히 ‘수정주의’를 지지하는 것으로 간주되었을 것이고, 세기말에는 이데올로기적 수준에서 많은 사회민주주의 분파들에게 받아들여졌을 입장을 채택했음을 숨길 수 없다.

그렇지만 만약 유로공산주의가 사회민주주의적 방향으로 나아감으로써 자신의 정치적인 문제들 중 일부로부터 벗어나고자 노력해왔다면, 그들은 또다시 사회민주주의 자체가 안고 있는 현대적인 문제들에 직면하게 될 것이다. 유로공산주의자들이 자신들은 (단지 말뿐인 사회민주주의자들과는 달리) 사회주의로의 길을 개량화하려는 일에 착수하고 있다고 말함으로써, 그들이 실제로 의미하고 있는 바를 주장할 수는 있었지만, 그러나 이것만으로 효과적인 사회주의적 개량주의를 방어하기에는 충분하지 못하다. 만약 유로공산주의가 서구에서 공산주의 전통이 갖는 역사적인 쟁점들의 반영이라 한다면, 사회민주주의 전통 또한 자체의 주요 난제에 직면해 있다. 이것이 스스로를 서구에서 사회주의의 적합한 형태로 확립해왔다는 사회민주주의적 개량주의에 대한 이전의 무난한 결론이 왜 생각 밖으로 덜 무난한 것으로 판명됐는가 하는 이유이다.

사회민주주의 전략은 자본주의라는 암소에게서 젖을 짜내는 것, 즉 금세기에 걸쳐 탄력적으로만 행해진다면 지속적으로 계속될 활동을 해오고 있다. 그 결실은 이 시기의 사회정책사를 구성하고 있는 (그리고 역사적인 관점에서 보면, 노동계급의 생활안정의 측면에서 중요한 진보를 나타내고 있는) 보호입법과 복지규정의 증가를 통해 알 수 있다.

사회민주주의의 전성기인 금세기 중엽에는 이러한 과정이 부단하게 계속될 것이라고 믿을 수 있었다. 사회주의라는 우유는 자본주의라는 암소로부터 짜내어져서 풍부하게 지속적으로 흐를 것만 같았다. 실로 이러한 믿음에 기초하고 있었기 때문에 (복지와 사회적 평등으로 정의되는) 전통적인 사회주의의 목적들이 (생산수단의 사회적 소유라는) 전통적인 사회주의적 수단들에 의존하지 않고도 달성될 수 있다는 주장이 그럴듯해 보였다.

복지자본주의는 '사회주의'가 전통적으로 상징해온 그리고 '사회주의자들'이 이전에 생산수단의 사적 소유를 폐지함으로써만 달성될 수 있다고 믿었던 사회적 재화를 가져다주었다. 이러한 자신감 넘치는 사회민주주의적 수정주의의 고전은 크로스랜드의 『사회주의의 미래』이다. 이 책은 1950년대 중반에 씌어졌는데, 낡은 이데올로기란 자루가 배 밖으로 버려지고 있는 (실제적인 이익을 주는 선거효과에 관심을 쏟는) 독일과 스웨덴의 사회민주주의 정당에 존경의 눈길을 보내고 있다.

이제 이 입장이 상당히 자비롭고 양순한 현대 자본주의라는 관점에 의존하고 있음은 분명하다. 이 입장은 심지어 (티트무스[2]가 당시에 보여

---

2) Titmuss, Richard(1907~-1973) : 영국의 사회행정가. 영국 노동당의 사회보장 개
　혁에 관한 조언자

주었고, 그 이후로 충분히 확인되어왔듯이) 복지조직 자체를 통해서조차도 불평등을 감소시키기보다는 오히려 증가시키는 데 기여하는, 자본주의 내적인 불평등의 역동성을 고려하고 있지 않다. 바꾸어 말하면 사회복지와 생활수준의 증가에도 불구하고, 전통적인 사회주의의 목적들은 결코 성취되지 않았던 것이다. 그래서 그것은 단지 사회주의적 수단을 수정하는 문제가 아니라 또한 사회주의의 목적 그 자체를 재정의하는 문제였음이 드러났다. 이는 자본주의가 무엇을 실제적으로 가져다줄 수 있는가라는 방향으로 야망을 역사적으로 조정하고 실행함으로써 더 큰 목적을 폐기하는 일부 사회민주주의자들의 선택이었다.

영국에서 사회민주당이 창설된 것은 아마도 이런 류의 선택을 공식적으로 선언한 것이라고 간주할 수 있다. 만약 자본주의가 평등을 가져다주지 않는다면, 그때도 사회민주주의자들은 자본주의가 가져다줄 수 있는 것에 안주할 것이고, 자본주의가 제공할 수 있는 최대한의 우유를 짜내는 일을 수행할 것이다.

이것은 일반적인 사회민주주의적 전통의 근본적 특성과 난점을 지적하고 있다. 개량과 양보를 짜내는 정치를 통해, 사회민주주의자들은 자본주의하에서 분배양식을 변화시키는 데 많은 노력을 기울여왔다. 그러나 이러한 종류의 분배정책은 자본주의의 호황과 성장의 시기 동안에는 가장 성공적이었으나, 위기와 위축의 시기 동안에는 가장 성공적이지 못했다. 즉 그러한 정책은 적대와 변형의 정책이 아니라 종속된 정치를 나타낸다. 그러므로 전후 오랜 시기 동안의 자본주의의 경기 호황은 사회민주주의가 가장 당당하고 성공적인 시기였던 반면에, 이러한 확장기가 붕괴됨과 동시에 사회민주주의의 위기를 초래하였다.

고로 그 시기에 제한받지 않는 시장자본주의에 대항하며 복지규정과 보호법을 통해 성취한 사회민주주의의 업적은, 자본가들의 '상식'에 의하면 경제체계가 자체의 내적 역동성을 효율적으로 형성하는 것을 막고 있는 악몽과 같은 것이었다. 이러한 주장의 논리는 경제불황이라는 상황에서 현대의 신(新)우파들에 의해 상당히 채택되어왔으며, 반면에 사회민주주의 좌파는 종속적인 분배전략이 아니라 확실한 생산전략이 필요할 때 믿을 만한 저항이나 대안을 마련하는 것이 무척 힘들다는 사실을 알게 되었다.

이것은 사회민주주의가 더욱 일반적인 조직적·이론적 취약점을 갖고 있음을 암시해준다. 사회민주주의가 행하는 방법은 개량이며, 그 도구는 국가였다. 그 결과 통제, 자율 그리고 책임성의 관점에서 볼 때 사회민주주의가 갖고 있는 조직상의 문제들이 진지하게 고려되지 않은 채, 더욱 많은 권력과 책임성이 국가에 부여되었다. 그래서 복지사회에 대한 전망은 복지국가의 관료제적 장치로 변화되었다. 중앙집중주의와 획일성이 탈중앙집중주의와 다양성보다 우세해졌다. 자주관리 사회주의는 행정적 집산주의로 변질되어버렸다. 사회적 소유는 국가소유가 되었다.

이러한 과정은 대담하게 그리고 필수적인 검증도 거치지 않고 행해졌는데, 이것은 사회민주주의의 현재적 위기의 일부만을 차지하고 있다. 짜내어 분배하는 사회민주주의 전략은 경제위기에 의해 무능력해졌으며, 또한 (인민들이 국가를 '자신들의' 국가로 경험하지 못한 조건하에서) 국가에 대한 집착으로 인해 사회민주주의는 자유, 선택 그리고 자율성에 대한 자유주의적인 주장에서 취약해졌다. 그리하여 서구에서나 동구에서 공히 사회주의는 민주적인 자주관리가 아니라 국가주의와 관료제로 연결되었으며, 이것은 분배사회주의를 생산사회주의로 확장시키는 것이 바람직하다고 믿는 서구의 유권자들을 상당히 감소시켜왔다.

만약 이 모든 것이 사회민주주의가 현재 갖고 있는 어려움을 반영하고 있다면, 이는 또한 왜 이러한 전통이 여전히 유지될 수 없는지 그 이유를 설명해준다. 만약 하나의 선택이 백기를 들고 자본주의에 적응하고자 하는 것이라면, 다른 선택은 이론과 전략을 재정의하는 것이다. 이러한 모습은 한 세대 이전의 탈급진화 현상에서와 마찬가지로, 1970

년대와 1980년대에 유럽에서 사회민주주의 정당들이 급진화한 데서 분명하게 나타난다. 이는 또한 전통적으로 맑스주의 전통에 의해 제시되어온 사회민주주의의 '객관적' 본질에 대한 특징 묘사가 왜 거의 부적합한 것인가에 대한 근거도 제공해준다.

사실 맑스주의 자체의 난점들은 너무도 분명하다. 세기초에는 포괄적이고 과학적인 맑스주의가 존재했었다. 세기말에는 온갖 맑스주의 부류들이 있다. 맑스주의의 '재생'이 있는가 하면 맑스주의의 '위기'도 있다. 세기초에 유럽의 맑스주의적 지도자들은 동시에 제2인터내셔널 정당의 지도자들이었으며, 선진적인 정치적 실천행위의 지도자들이었다. 세기 말엽에 그들은 서재나 학술잡지에서만 모습을 드러내고 정치적 실천으로부터는 뒤로 물러서 있는 (파킨의 말에 따르면) '강단 맑스주의'의 실천가들이었다. 맥렐란이 지적하듯이 "맑스는 철학에서 출발하여 경제학으로 옮겨간 반면, 서구 맑스주의의 전형적인 사상가들은 그 반대방향으로 이동해갔다."

금세기에 우리는 중요한 측면에서 고전적인 제2인터내셔널 맑스주의를 구성했던 교리체계가 붕괴되는 것을 목도하고 있다. 1917년 볼셰비키 혁명에 앞서 발생했던 1914년의 프롤레타리아트 국제주의의 실패는, 실제 사건들이 맑스주의 과학의 주문대로 나타나는 것이 아니라는 점을 미리 지적해주었다고 볼 수 있다. 맑스주의 자체가 공산주의자들에 의해 전유되어왔고, 권위주의적인 해석에 봉사해왔기 때문에, 이것이 맑스주의 이론에 대해 갖는 함의는 오랜 동안 검토되지 않은 채 남아 있었다. 공산주의적 교조의 껍데기를 벗어던져버림으로써, 그리고 ('맑스주의'가 『자본론』 더하기 엥겔스'로 구성되어 있었던) 1917년 이전에는 인식되지 못했고, 1917년 이후에는 억눌려져 있던 맑스 저작 속의 모든 요소들을 뽑아냄으로써 서구에서 맑스주의의 활력은 되살아나고 있다.

그러나 이러한 많은 지적 활력은 맑스주의 자체가 만들어낸 문제들에 겨누어져 있다. 자본주의는 붕괴하지 않았고, 계급양극화는 심화되지 않았으며, 혁명적 프롤레타리아트는 나타나지 않았다. 이것들은 어떻게 설명될 수 있는가? 더구나 생산수단의 사적 소유의 폐지가 정치·경제적 불평등과 억압의 종말을 가져오지 못한 동유럽 사회주의 정당들의 문제가 존재한다. 그래서 현대 맑스주의는 생산양식의 결정요인에 약간의 중요한 의미를 갖는 '토대'와 '상부구조' 정식과 모호함만을 끝없이 증가시키면서 씨름하고 있으며, 다른 한편으로는 정치적 민주주의라는 조건하에서 강제를 행사하지 않고서도 스스로를 유지해가고 있는 자본주의의 능력을 설명하는 데서도 이데올로기 영역만을 강조하고 있다.

실로 현대 맑스주의는 서구에서 사회주의 전망에 대해 우울한 주석을 달 수밖에 없는 것처럼 보인다. 맑스는 사회주의를 만들어내는 자본주의의 작동방식에 대해 가장 통찰력 있는 이론을 제시했지만, 진지한 정치이론은 갖고 있지 않았다. 이로 인해 이론으로부터 사회주의의 미래에 관하여 전적으로 부당한 결론(후대의 맑스주의자들이 과학적 지위를 부여하고자 했던)을 지속적으로 추출해온 점을 일단 인식하면, 그렇게 많은 현대 맑스주의자들이 기대에 어긋나는 실패한 역사에 몰두해 있었다는 것은 별로 놀라운 일이 아니다.

레닌의 뒤를 이어 사회민주주의가 이 과정에서 핵심역할을 수행해온 것으로 규정되어왔는데, 더 적절하게 평가하자면 이는 한 계급을 자신의 진정한 이해의 본질로부터 그렇게 완전히 오도할 수 있다고 사회민주주의 정치인들의 능력을 다소 과도하게 평가한 것처럼 보인다. 더욱 일반적으로, 자본주의적 민주주의의 지속력의 '문제'는, 점점 더 자본주의의 이데올로기적 헤게모니의 관점에서 다루어져 왔다.

'이데올로기적 국가기구들'과 같은 것을 다루는 수많은 곡예들은 이러한 헤게모니가 유지되는 과정을 개념화하는 것과 관련되어 있다. 몇몇 견해에서는 어떻게 그러한 이데올로기적 억압력이 파괴될 수 있는가를 알아보기란 힘들었다(또한 실제로 일부 20세기 맑스주의자들은 사회주의의 전망에 대해 이러한 최종적인 우울한 판결을 내려왔다).

그러므로 맑스주의자들은 진행되고 있는 상황을 계속 설명할 수 있있다. 예를 들면, 왜 자본주의는 (멸망하도록 ― 역자) 운명지어져 있는가, 그리고 왜 자본주의는 멸망하지 않는가. 왜 노동계급은 혁명적인가. 그리고 왜 노동계급은 혁명적이지 않는가. 이는 도덕주의적이고 개량주의적인 다른 종류의 사회주의자들로부터 '맑스주의적'인 것을 계속해서 식별해낼 수 있는 탁월한 지혜를 요구한다.

속류 맑스주의자들은 만약 사회주의로 뻗어 있는 길을 가로막고 있는 사회민주주의자들을 그 길 밖으로 밀어낼 수만 있다면, 계급투쟁이 활성화되어 순조롭게 진행되고 사회주의 혁명이 또한 임박할 것이라고 생각한다. 강단 맑스주의는 이것이 왜 그렇지 않은가를 정확히 설명할 수 있다. 서구에서 현대 맑스주의가 취하는 두 가지 길은 모두 세계를 변혁시키고자 하기보다는 세계를 설명하고자 하는 것 같다(이는 맑스가 언젠가 지적한 적이 있는데, 진정으로 핵심적인 사안이다).[3]

이와 같은 위압적인 이데올로기적 상부구조에 직면하게 되면, 아마도 제 정신을 차릴 수 있는 사람은 극소수일 것이다. 결국 서구의 유권자들이 자본주의적 민주주의에 대해서는 애착을 느끼고 (사회민주주의적 대안에 반대하는) 사회주의적 대안을 받아들이는 데 거부감을 나타내는 것은 결코 놀라운 일이 아니다. 더구나 이는 자본주의의 이데올로기적 속성보다는 폭로되어온 사회주의의 속성과 더 관련이 있다. 결과적으로 20세기를 지나는 동안, 자본주의적 민주주의를 대체할 수 있는 활용 가능한 대안들의 특징 중 일부를 알 수 있었던 것이다.

서유럽 유권자들은 생산수단의 사적 소유가 사라진 사회를 관찰할 수 있었고, 또 그러한 사회를 자신들의 사회와 비교할 수 있었다. 세기초의 사회주의자들이 갖고 있던 확신과는 대조적으로, 그들은 사회주의와 정

---

3) 「포이에르바하에 관한 테제」 참조. 엥겔스·양재혁 역, 『포이에르바하와 독일 고전철학의 종말』, 돌베개, 1987에 부록으로 수록됨.

치적 전제주의가 결합될 수 있음을 알게 되었다. 그들은 자유민주주의에 대한 신념을 공언하는 공산당들이 또한 스탈린주의의 사도들이었다는 사실을 안다. 단순한 요점은 다음과 같다. 사회주의의 미래는 명백하게 자본주의적 민주주의 국가의 다수 시민들을 설득할 수 있는 사회주의자들의 능력에 달려 있다는 것이다. 사회주의자들은 더 많이, 더 나은 것은 정말로 제공할 수 있으며, 그것들을 실제로 가져다줄 수 있다고 믿게 할, 그럴듯한 근거를 내보여야 한다.

이는 사회주의자들이 자본주의를 비판하고, 분석하고, 폭로하는 것과 최소한 비슷한 정도의 시간과 정력을, 사회주의에 대해 설득력 있는 설명을 하는 데 바쳐야 할 필요가 있음을 보여주고 있다. 이것이 결국 현재 쟁점이 되고 있는 자본주의적 민주주의에 대한 대안의 본질인데, 왜냐하면 명백히 덜 좋은 대안들이 존재하기 때문이다. 다시 말하지만, 맑스는 미래에나 존재할 식당을 위해 미리 조리법을 만들어놓는 것과 같은 선입관들을 자신의 머리 속에서 털어버렸는데, 이는 미래에 실제 사회주의라는 요리를 만들 사람들의 손에 맡겨야 할 것을 미리 행하는 무의미한 연습과 같다.

일반적으로 사회주의자들은 이러한 문제에 대해서는 맑스를 능가하고자 해왔다. 이러한 입장은 이제 더이상 견지될 수 없는 입장이다. 사회주의는 단지 자본주의가 아니라고 말하는 것 이상의 언급이 있어야 할 필요가 있다. 비록 조리법들 중 일부는 신뢰할 수 있다고 할지라도, 사람들은 당연히 사회주의 사회의 부엌구조를 알고 싶어하고, 가능하다면 온도까지도 측정하고자 할 것이다.

이러한 측면에서 볼 때, 물론 사회주의가 실패한 것은 단순히 어떤 사실을 간과하거나 빠뜨렸기 때문만은 아니다. 사회주의의 실패는 무척 중요한 사실이며, (또 다시 맑스주의에 의해 예시되었던) 특수한 종류의 분석으로부터 유래된 것이기 때문에 더욱 중요하다. 자본주의가 모든 사회문제(심지어 일부에서는 모든 사적인 문제에 대해서조차도)의 근원이라는 주장은, 자연스럽게 사회주의하에서는 그러한 문제들이 존재하지 않거나, 의미있는 중요한 문제들이 발생하지 않을 것이라는 가정으로 확대된다. 그래서 자본주의의 붕괴는 국가, 권력 그리고 ('적절하게 그렇게 불릴 수 있는') 정치의 종언을 의미한다고 주장될 수 있으며, 그 이론이 유래된 맥락에서는 정의상으로 옳은 이 주장은, 그 이론의 지지자들(특히 레닌)에 의해 문자 그대로 받아들여져 왔지만, 이제는 믿을 수 없다.

사회주의의 지배적인 이론적 전통(예를 들면 맑스주의)이 전통적으로 진정한 정치이론을 결여하고 있다는 것은 상당히 중요한 의미를 지니는데, 왜냐하면 정치는 ('본질적으로') 무언가 다른 문제로 간주되었기 때문이다. 국가의 '상대적 자율성' 문제를 가지고 몸부림치고 있는 현재의 맑스주의자들은, 그러한 특수한 순환고리로부터 벗어나려는 시도라고 볼 수 있다.

이러한 배경에서 볼 때, 20세기 후반기의 사회주의가 다소간 심각한 신뢰성의 문제를 안고 있다는 것은 놀라운 일이 아니다. 이는 또한 왜 그렇게 많은 현재의 사회주의 논쟁이 서로에 대해 사적인 언어로 말하고, 사적인 언어로 글을 쓰는 사회주의자들로 구성되어 있는 것처럼 보이며, 그러한 논쟁이 왜 대중을 설득하는 데는 별로 효과가 없는지를 설명해주고 있다. 만약 이론으로서의 사회주의가 여러 사건들로 인해 훼손되거나 다치지 않은 채로 남아 있던 때가 있었다면, 그러한 시간은 오래 전에 지나가버렸다(또는 지나가버렸어야 마땅하다). 물론 '사회주의'를 사물의 본질만큼이나 탐색되지 않았고 탐색할 수 없는 답으로 간주하는 사회주의자들도 있다. 사회주의란 말은 그것이 적용되는 모든 문제를 해결할 수 있는 마술적인 속성을 지닌 것처럼 사용되었다. 최초의 지명모임에 나가게 된 야심만만한 노동당 정치가에게 한 노련한 정치인이 들려준 충고가 있다. 어떤 주택정책을 지지하느냐는 질문을 받았을 때 '사회주의적' 주택정책을 지지한다고 대답해야 한다는 것이다. 교육, 건강, 경제 등등에 대해서도 마찬가지이다.

이러한 사회주의는 경험으로부터 교훈을 얻을 수 없다. 이러한 사회주의는 ('이윤을 위한 생산이 아닌 사용을 위한 생산' 등등의) 주문을 계속 중얼거리면서, 그리고 왜 아무도 제대로 귀기울이지 않는가를 의아해하면서 무덤에 들어가게 될 것이다. 그러한 '사회주의'란 개념은 현존하는 사회주의 국가들의 경험, 즉 사회주의의 참모습에 비추어봤을 때 적합한 것이라고 생각되지 않거나 또는 결코 '진정한' 사회주의가 아닌 현존 사회주의 국가들의 경험에 의해 오염되지 않고 남아 있게 될 것이다.

'사회주의'를 찾아볼 수 있는 단 하나의 현존 사회도 존재하지 않는다는 사실이, 본래의 사회주의 모델과 관련하여 어떤 문제를 낳을 것이라고는 생각되지 않는다. 이러한 결단이 이론적인 비판의 형태를 띠든지, 아니면 더욱 실제적인 형태의 방어적 투쟁 형태를 띠든지간에 단호하게 반자본주의가 되는 것만으로도 충분해 보인다.

실제로 많은 사회주의자들은 분명 본질적으로 소극적이고 적대적이고 방어적인 역할에서 더 편안함을 느낀다. 그들은 자본주의적 민주주의 본질에 대한 많은 책들을 출간하였지만, 사회주의적 민주주의의 특징에 대해서는 별로 관심을 기울이지 않는다. 그들은 자본주의의 경제적 합리성에 저항하는 산업노동자의 투쟁에는 애착을 갖지만, 사회주의 경제학에 대해서는 체계화된 설명이 없기 때문에, 종종 미래에 비하여 과거를 옹호하는 것처럼 보인다. 세기의 전환기에, 버나드 쇼는 사회주의를 열망하는 많은 동시대인들에 의해 지지받는 사회주의 개념이라는 것이 얼마나 환상적인 것인가를 기술한 바 있다.

일과 후에 자신들에게 남은 모든 정력을, 그리고 자신들이 쏟을 수 있는 모든 열정을 그 '대의명분'에 바친 사람들에게 미래로서의 사회주의가 현실로 제시된다면, 그들 대다수는 사회주의를 위해서 손가락 하나도

움직이려 하지 않을 것이며, 심지어는 몹시 무미건조한 '부르주아적' 발전과 현재에 대한 중간계급의 책임성 확대를 이야기하면서 사회주의를 비난하거나 사회주의에 대해 지긋지긋해할 것이다.

사회주의적 주장의 일부가 구체적인 제안의 형태로 순수한 현실에 스스로를 드러낼 때, 그리고 실제 정부에 의해 채택될 수 있을 때, 실제 행정부에 의해 수행될 때, 공인된 사회주의자들은 그 나라에서 사회주의를 지탱하기 위해 의존해야 할 최후의 국민이 될 것이다.

아마도 사회주의는 쇼의 장난기어린 페이비언주의가 제시하는 것처럼 무미건조하고 품격을 갖춰야 할 필요는 없을 것이다. 쇼와 함께 수영을 하거나 윌리엄 모리스와 함께 물에 빠져죽을 필요는 없다. 그렇지만 쇼의 주장은 실제적인 것이고, 세기초뿐만 아니라 세기말의 사회주의가 처한 상황에 대한 논평으로서 강력한 힘을 갖고 있다. 실제로 쇼의 주장은 "최선의 사회주의 정부도 결국 단지 하나의 정부에 불과할 뿐"이라는 사실을 사회주의자들도 인식해야 한다는 중심적 주제를 가진 정치이론가 존 던의 최근 저작『사회주의 정치학』에서 직접적인 반향을 불러일으키고 있다.

그러나 사실상 많은 사회주의자들과 많은 종류의 사회주의는 이러한 점을 인정하기를 꺼려왔다. 사회주의는 사회의 화합과 동의어가 되었다. 생산수단의 사회화는 국가의 폐지 그리고 모든 형태의 불평등과 억압의 제거와 동일시되었다. 경제적으로 풍요한 사회주의는 희소성의 정치학과 경제학이 끝났음을 의미한다. 사회주의적 계획의 합리성이 시장의 불합리성을 대체한다. 집단적 계획이 생산자의 자주관리와 공존한다. 심지어는 새로운 사회주의적 인간이 낡은 자본주의적 개인주의를 대체함에 따라, 인간의 본성 자체가 변형된다.

이제 핵심은 사회주의자들이 이러한 것들을 믿어서는 안된다는 것이 아니라 그들의 사회주의가 그러한 믿음에 의존할 수 없다는 데 있다.

예를 들면, 새로운 사회주의적 인간은 위대한 혁명드라마의 순간들을 정기적으로 깨닫게 된다. 오웰은 혁명기의 스페인에서 (무정부주의라는 옷을 입고 있는) 사회주의적 인간을 발견하게 되었다.

> 혁명적 분위기는 내가 처음 느꼈던 그대로 남아 있었다. 장성과 민간인, 농민과 군인은 여전히 동등하게 만났다. 모든 사람이 동일한 급료를 받았고, 동일한 옷을 입었고, 동일한 음식을 먹었고, 다른 모든 사람들을 '당신' 또는 '동무'라고 불렀다. 수장(首將) 계급도, 천한 계급도, 거지도, 매춘부도, 법률가도, 성직자도, 아첨꾼도, 거만한 자도 없었다. 나는 평등의 공기를 숨쉬고 있었다.

그러나 오웰이 스페인에서 얻은 주요한 교훈은, 이 모습이 사회주의의 미래가 아니라 그러한 모습이 다른 사회주의, 즉 더욱 '현실적인' 종류의 사회주의에 의해서 너무도 빨리 그리고 무자비하게 분쇄될 수 있다는 것이었다.

그래서 사회주의자들은 자신들이 건설한 세계에서 살고 있는 것처럼 보이지 말고, 세계에 대해 잘 알고 있는 것처럼 보여야 할 필요가 있다. 비록 그들의 사회적 감정상 약간의 발전이 있기를 희망할지라도 인민들이 (다소간) 신뢰성 있는 사회주의를 인식할 수 있게끔 해야 한다. 정치생활은 이론과 조직이라는 영원한 문제를 제시하며, 그러한 문제들은 단순한 자본주의의 문제가 아니라는 것을 인식할 필요가 있다.

신뢰성 있는 사회주의는 집합 의사결정의 장으로서의 국가의 필요성, 그리고 그러한 결정이 이루어지는 기제와 절차의 필요성에 대한 인식을 동반한다. 신뢰성 있는 사회주의는 경제생활이 정상적이며 지속성인 특징인 희소성을 인식해야 하며, 한정된 자원을 가지고 경쟁하는 요구에 부응하기 위해서는 결정과 우선순위가 요구된다는 점을 인정해야 한다. 신뢰성 있는 사회주의는 사회주의적 경제계획의 합리성이 우수함을 과장하지 않을 것이고, 포괄적인 경제계획이란 기술적으로 가능하지 않을 뿐더러 현실적으로 바람직하지도 않다는 점을 인정해야 할 것이다.

이러한 측면에서, 신뢰성 있는 사회주의는 최소한 20세기 사회주의의 실제적 경험으로부터뿐만 아니라, 정치적·경제적 경험으로부터 배울 수 있는 능력이 있음을 증명해 보여야 할 것이다. 물론 사회주의는 과학이라거나 또는 미래를 예측할 수 있다거나, 사회주의의 도래가 불가피하다거나 역사의 수수께끼를 풀었다는 식의 주장은 하지 않게 될 것이다.

사실상 사회주의자들은 다소간 양자 모두를 알 (그리고 알게 되어야 할) 필요가 있다. 최소한 서구에서라도 사회주의자들은 자신들이 위에서 언급된 문제들을 이해하고 있을 뿐만 아니라, 서구 사회의 조건하에서 그럴듯한 사회주의 전략과 강령을 만들어내는 방식을 알고 있음을 보여주어야 할 필요가 있다. 이는 말처럼 쉬운 것은 아니다. 단지 사회주의적 미사여구에서만 쉬운 것처럼 보일 뿐이다.

던은 이러한 점을 잘 지적하고 있다. "선진 자본주의 사회에서 사회주의 정책에 대해 갖는 가장 심각한 정치적 의심, 즉 현재 사회주의 정치가 일정한 현실적 성공을 거둔 곳이라면 어디에서건 이들 사회 구성원들의 경험에 대중적으로 뿌리박혀 있는 의심은 사회주의 정부 스스로가 자신들이 무엇을 하고 있는가를 알고 있거나 알 수 있는가이다."

그러나 만약 그들이 견고한 토대를 가지고 서구 사회의 문제들에 대해 해결책을 제시할 수 있다는 것을 설득하고자 한다면, 그들은 자신들이 무엇을 하고 있는가를 분명하게 알 필요가 있다. 더구나 그들이 활동해야 할 무대는 자본주의가 단기간에 '사회주의'로 대체되는 데 반발하는 곳이다.

그렇지만 그런 곳은 사회주의로 대체되었다고 할지라도, 아마 최소한 자본주의 자체의 발흥과 맞먹을 정도의 역사적 시간이 걸리는 정치적 진보과정을 포함하고 있을 것이다. 그리고 결정적인 지점에 확실하게 도달했을 때, 그곳은 자신들의 지위와 특권의 상실에 직면하게 된 자본가들의 구체제로부터 가장 결정적인 형태의 저항을 받게 될 것이다.

이처럼 결정적이고 어려운 상황에서 사회주의가 미래를 갖고자 한다면, 사회주의자들은 더 많은 것을 깨달아야 한다. 그렇지만 또 다른 맥락에서, 사회주의의 신뢰성은 사회주의자들이 과거의 경험에 덜 의존하는 것에 달려 있다. 부분적으로 이는 다른 사람들이 진정으로 원하고 필요로 하는 것이나 그들의 '진정한' 이해에 대한 지식보다는, 표출된 이익에 대해 더 많은 '진정한' 지식을 획득할 필요를 포괄한다. 더 일반화하면, 이는 이론적이고 역사적으로 겸손함을 조장하는 것과 관련된다.

한때는 사회주의자들이 자신들은 모든 것을 이해하며, 모든 것을 설명할 수 있으며, 역사의 암호를 푼 독특한 뛰어남을 지니고 있다고 주장하는 것이 그럴듯해 보였을 것이다. 특히 이는 맑스주의 전통에서 습관적으로 해온 주장이었으며, 아주 짧은 기간이었지만 역사적 확실성이 받아들여졌던 기간 동안 그러한 주장이 가졌던 호소력을 설명하는 데 명확히 도움이 된다. 예를 들면, 1930년대에는 오직 맑스주의만이 상황이 어떻게 전개되고 있는가를 설명할 수 있었으며(파시즘과 스탈린주의가 고전적인 맑스주의의 가정에 끼친 손상을 돌이켜 생각해볼 때, 이는 참으로 기괴한 주장이다), 그러므로 공산주의자가 되는 것만이 역사와 진보의 편에 서는 것이라는 주장이 광범위하게 유포되었다.

스티븐 스펜더[4]는 "나는 자유주의자이기 때문에 공산주의자이다"라고 주장했다. 물론 그 특별한 신은 실패했지만, 그 배후의 사고관행은 깨어지지 않은 채 여전히 많은 사회주의자들에게 여전히 답습되고 있다. 그

---

4) Spender, Stephen(1909~) : 영국 시인이자 비판가. 초기에는 좌익의 관점에서 정치적·사회적 발전에 관한 내용을 담은 시를 발표했으나, 후기에 접어들면서 자유주의적 반공 잡지의 편집인이 되기도 했다. 후기 시는 명상적이고 서정적이며, 그의 이상주의적 인간주의와 정직이 작품에 배어있다고 한다.

들은 다른 어느 누구보다도 역사과정에 대해 더욱 많이 알고 있다(또는 그들이 알고 있다고 생각하는)는 인상을 주고, 그러한 지식을 통해, 비록 현상은 나른 식으로 나타난다고 할지라도, 자신들은 (대처주의와 같은) 어떤 특수한 현상이 진정으로 '의미하는' 그리고 '나타내는' 바를 정확하게 설명할 수 있다는 인상을 준다. 이를 통해 그들은 비록 이러한 궤도가 교육받지 못한 사람의 눈에는 직접적으로 명확하지 않을지라도, 역사는 여전히 궤도를 따라 진행중이라는 식의 자족적인 (내재적인 사회경향을 탐지할 수 있는 자신들의 특수한 능력에 기초한) 결론에 도달한다.

과거에는 이러한 우월한 지식을 보유하고 있다는 주장이 사회주의 힘의 원천으로 작용해왔다. 그러나 이제 더이상 어느 누구도 그러한 주장을 믿지 않으며, 또한 20세기는 특유한 이론적·역사적 지식을 지녔노라는 선언에 자신의 정치적 주장을 근거하고 있는 사람들에게 많은 교훈을 주었기 때문에 무력해져버렸다. 물론 이것이 사회주의가 생산양식의 분석을 통해 장기적인 사회적 인과관계를 파악하는 데 진전을 가져오지 못했음을 의미하는 것은 아니며, 그들의 정당한 주장을 다른 종류의 지식(형성중인 역사적 흐름을 실천과 행동을 통해 어떻게 조정할 수 있을 것인가에 대한 지식)으로까지 확대시켰다는 것을 의미한다.

그래서 전후 장기간의 경제호황과 이와 관련된 노동계급의 기대 붕괴가 좌파에 새로운 전망을 가져다줄 것이라는 믿음에는 상당한 분석적 근거가 있었다. 네오맑스주의자들은 자본주의가 주요한 '정당성의 위기'[5] 과정에 있다는 시나리오를 만들어냈다. 그 분석이 더욱더 예측하기 힘들었던 것은, 경제적 자유주의를 신(新)우익이 솜씨있게 정치적으로 재생시켰고, 신우익의 그리고 영국에서는 노동당이 지금이 뛰어들기

---

5) 위르겐 하버마스·임재진 역, 『후기자본주의 정당성문제』, 종로서적, 1983 참조.

적당한 때인가를 결정해야만 했다는 사실이다.

그러므로 사회주의자들은 과거에 그들이 증명해왔던 것보다는 더욱 더 역사적 우연, 행운, 의도하지 않았던 결과와 정치적 수완과 같은 문제들에 대한 이해를 도모할 필요가 있다. 이는 겸손함을 필요로 한다. 그러나 그들은 결국에 가서는 겸손함 이상의 것을 갖게 될 것이다.

그렇다면 20세기가 끝날 무렵에 사회주의는 불가피하다거나 전능한 것, 또는 단일한 것으로 간주되지는 않을 것이다. 오히려 이미 사멸한 것으로 간주되지는 않겠는가? 내일보다는 과거에 속하는 것이 되지는 않겠는가? 몇 가지 측면, 즉 역사적 코드를 깨부수리라는 추정, 사회변화에 대한 자신만만한 진보주의의 고수, 유사과학주의, 산업자본주의의 전성기에 형성된 계급을 변화의 주체와 동일시하는 것 등에서 볼 때, 사회주의는 분명히 19세기에 탄생했다는 흔적을 지니고 있다.

20세기에 이와 같은 19세기의 여행가방에나 들어있음직한 요소들이 있다는 것은 놀라운 일이 아니다. 한 견해에 따르자면, 이러한 사고는 전체 사회주의 설계에 치명적인 결과를 가져왔다. 사회주의는 현존 사회주의의 현대적 형태인 권위주의적 사회주의와 후기 산업자본주의가 전통적인 계급구조의 지주를 무너뜨리고 있음에도 불구하고, 분파적 이익의 방어를 위해서만 조직되어 있는 소극적 '노동자주의'로 특징지어지는 서구 노동운동 사이에서 좌초되었다. 보토모어는 다음과 같이 썼다.

"'사회주의'란 말은 권위주의정권, 중앙집중계획, 기술혁신과 경제성장에 대한 지나친 추구와 연계되어 이제는 20세기 후반의 해방운동의 목표를 묘사하기에는 더이상 적합하지 못할 정도로 심하게 부패했다."

그렇지만 서구에서 사회주의 사망신고가 아직 이르다고 믿을 만한 몇 가지 이유가 있다. 사회주의가 자본주의의 비판을 통해서 삶을 시작하고 공통의 실마리를 찾아나선 것이라면, 사회주의는 여전히 도래하게 될 위치에 있으리라고 보는 것은 진정한 의미가 있다(자본주의 비판을

'사회주의' 비판과 결부시키는 경우는 제외하고). 자본주의가 자신에게 가해졌던 전통적인 비판에 더이상 취약하지 않다는 사실을 믿지 않는다면, 사회주의 설계가 이미 소진되어버렸다고 생각할 이유도 없다.

19세기 초반이나 마찬가지로 20세기 후반에도, 경제적 생산수단의 사적 소유체계와 시장교환체계는 여전히 정당한 도덕적 원칙을 결여하고 있으며, 양 체계가 작동되어 재해와 불평등을 초래하는 경제조건과 분배결과를 계속 유지해가고 있다. 그러므로 자본주의는 여전히 사회주의적 가치와 사회주의자들의 분석에 취약하며, 사회주의는 대안적인 사회·경제적 조직체계가 형성될 수 있는 중심축으로 남아 있다. 부유한 자들이 자신들의 지위를 유지하기 위하여 취하는 행위로 인해, 가난한 자들은 가난한 채로 남아 있고, 불평등은 불공평하게 존재한다.

전지구적 관점에서 보면, 북반구 국가들이 자신의 부를 유지하기 위해 힘을 사용하기 때문에, 남반구 국가들은 가난한 채로 남아 있다. 국내적으로나 국제적으로, 자본주의는 이러한 문제들을 다른 민족에게 자신의 '형식'을 부여하는 것을 통해 해결하려 해왔으며, 경제체계로서의 자본주의는 무정부적이고 비계획적으로 계속 존재해왔다. 사회주의는 사회적 가치와 사회적 이성을 시험하기 위해 경제생활을 통제하려는 역사적 시도이다. 그러므로 사람들이 계속해서 자신들의 사회를 더욱 도덕적으로 만족스럽고 합리적인 형태로 만들려고 하는 한, 사회주의는 자신의 역할을 계속할 것이라고 생각할 근거는 충분하다.

그러므로 20세기 후반이라는 조건에서는, 사회주의가 덜 필요하다고 주장할 수 없다. 시장의 사적 결정에 무방비로 방치된다면, 기술의 변화가 엄청나서 가히 상상할 수 없을 재난을 가져올 경제·사회적 결과를 낳을지도 모른다. 이러한 상황에서 경제적·사회적 변화를 다루고자 하는 시도, 즉 노동과 비노동의 급진적인 재정의 및 재정의의 분배적 함의까지도 포함하는 시도는 가히 위협적이면서도 긴급하다. 안전하게 '시장에' 맡겨질 수 있으리라는 제안은 사실 섬찟한 것이다.

서구 사회들의 사회해체와 불안감은 인간공동체와 연대라는 진정한 전망을 제공해줄 수 있는 사회주의의 필요성을 제시할 만큼, 이미 충분히 민감하다. 이 점을 넘어서, 시장자본주의의 사적인 합리성과 보편적인 인간합리성 사이의 가장 명백하고 가장 위험한 갈등의 표지는 아마도 환경사회주의의 필요가 놀라울 만큼 뚜렷한 물리적 환경 자체의 영역일 것이다.

그러나 자본주의가 사회주의의 도덕적 주장과 경험적 이론에 취약한 채로 남아 있으며, 시장자본주의의 작용에 '사회' 질서를 부과해야 한다는 요구가 더욱 필수적인 것처럼 보여진다는 사실이, 그 자체만으로 앞으로 사회주의의 전망을 낙관할 수 있게 해주지는 않는다. 물론 사회주의가 그러한 근거들을 제공했다는 믿음이 바로 과거에 많은 사회주의자들로 하여금 허위적인 위안을 갖게 만든 근원이었다.

만약 (사회주의를 산물로서가 아니라 과정으로 간주하고 있는) 서구 자본주의적 민주주의 국가들 내에 사회주의적 방향으로의 발전이 나타난다면, 이러한 발전은 도덕적이고 물질적인 불만을 계속 발생시키는 자본주의의 능력뿐만 아니라, 상당부분 확실하고 믿을 만한 대안을 제공할 수 있는 사회주의자들의 능력에 의존할 것이다. 자본주의적 민주주의를 옹호하는 사람들의 일관된 주제가, 이를테면 대안은 존재하지 않는다는 주장이라는 점은 중요하다. 자본주의적 민주주의를 옹호할 때, 양자의 분리 불가능을 나타내기 위해 고안된 합성어 중에서 민주주의가 아니라 자본주의를 옹호한다는 점 또한 마찬가지로 중요하다.

쿄울이 1930년대에 지적했듯이 '대안은 없다'는 주장이 자본주의가 내놓을 수 있는 가장 좋은 카드였다. 역사적으로나 동시대적으로나 사적 소유에 기초하고 있는 대부분의 사회가 정치적으로 전제주의를 행사해왔다는 사실을 상기해보면, 비록 이런 주장은 상당한 정도로 많은 힘을 상실했다 해도, 여전히 강력한 이데올로기적 무기로 작용하기에는 충분한 힘을 지니고 있다.

사회주의자들은 단지 사회주의적 민주주의가 가능하다는 주장만을 할 수 있을 뿐인 데 반해, 자본주의적 민주주의는 주장이 아니라 사실이기 때문에 (그 불완전성에도 불구하고) 그 주장은 그러한 기능을 수행할 수 있다. 자본주의와 사회주의 모두가 자신들이 정치적 전제주의와 양립할 수 있음을 드러낸 반면에, 오직 자본주의만이 민주주의와 정치적 자유와도 양립할 수 있음을 보여주었다. 이러한 증거는 노동계급 거주민을 포함하여 모든 자본주의적 민주주의 국가의 거주자들에게 인식되었고, 그들이 이미 획득한 바에 안주케 하며, 그들이 그것을 획득하는 것이 가능할 때 최소한 사회민주주의적 형태에 안주케 하는 강력한 유인동기를 제공한다.

20세기 초 사회주의자들은 사회주의를 인간의 자유와 동의어라고 세상에 선포했던 반면, 반사회주의자들은 사회주의가 강제 및 전제와 같은 뜻을 가졌다고 경고했다. 20세기의 남은 기간 동안 사회주의자들의 주장이 강하게 부각될 것이라고는 결코 주장할 수 없다. 사실 자본주의적인 반사회주의자들의 목소리는 민주적 사회주의의 생존가능성을 부정하는 현존 사회주의의 공식적 목소리에 의해 보완되고 있다. 물론 양측 주장 모두 이러한 부정적 견해를 뒷받침하고자 하며, 다른 한편으로는 그만큼이나 실천상에서 나타날 반박에 두려움을 느끼고 있다.

이 모든 점들은 이제 동일한 책임이 사회주의에도 분명히 부여되고 있음을 의미한다. 예전에는 사회주의자들의 말을 문자 그대로 곧이곧대로 믿는 것이 당연한 일이었다면, 이제는 더이상 그렇지 않다. 그들의 많은 전통적인 주장은 철저하게 부정직한 발언으로 받아들여지는 상황에 처해 있으며, 이제 사람들은 사회주의자들이 가치절하된 통화를 사용하고 있는지를 검사하기 위해 당당하게 사회주의자들이 가진 돈의 색깔을 보여줄 것을 요구하고 있다.

그러므로 자본주의적 민주주의 국가 내에서 사회주의자들이 제시하고 있는 대안의 특징은 핵심적인 중요성을 갖게 되었고, 사회주의자들

230

은 대중을 설득해야 하는 힘든 임무에 직면하게 되었다. 만약 사회주의 자들이 몇 가지 어려움, 즉 이론적으로나 실천적으로 상당히 다른 종류의 사회주의가 많이 존재한다는 것을 인정해야 하는 어려움, 그리고 더 나아가 자신들이 주장하는 사회주의가 어떤 종류의 것인가를 구분해내야 하는 어려움을 인정하지 않는다면, 그들은 이 과제를 제대로 수행할 수 없을 것이다. 세계에는 이미 이데올로기적으로 혼합되어 있으며 상이한 정도의 혜택 또는 해악을 가져오는 많은 종류의 사회주의가 존재하고 있다는 증거가 있다.

이미 앞에서 설명해왔듯이, 사회주의는 항상 다양한 형태로 존재해왔지 단일한 형태가 아니었으며, 복수의 사회주의였지 단일한 사회주의가 아니었다. 그러므로 사회주의자들은 단지 일련의 부적합하고 불행한 역사적 재난으로만 파악되는 모든 현존 사회주의와 대비하여 어느 곳에도 존재하지 않는 '진정한' 사회주의를 주장하기보다는, 이러한 점을 많은 사람들에게 선전하는 것이 더욱 정직하고 정치적으로 현명한 일일 것이다.

그러나 서구 사회는 사회주의를 필요로 한다고 주장하는 것만으로는 충분치 않다. 사회주의자들은 또한 서구 사회의 시민들을 민주적으로 설득하여 원하도록 할 수 있는 종류의 사회주의를 제시할 수 있어야 한다. 이러한 사회주의는 원칙상 매력이 있어야 하며, 실천상 신뢰성이 있어야 한다. 이는 많은 요소들을 암시하고 있다.

첫째로 사회주의는 무엇보다도 우선적으로 일련의 일관성 있는 공공철학으로 통합되고 적용될 수 있는 사회주의 가치들을 발생시킬 수 있는 도덕적 이론임(물론 이것뿐만은 아니지만)을 인정하는 것, 특히 이는 원래 공동체와 형제애를 증진시킬 뿐 아니라 자유와 자율성을 진정으로 확장시킨다고 하는, 평등이라는 사회주의적 개념에 대해 설득력있게 설명해줄 것을 요구한다.

이러한 토대에 기초하고 있는 사회주의는, 자신만을 유일한 단일계급의 운동이라고 간주할 수 없고, 또한 자신만을 단지 한 계급의 이해라는 관점에서 정의내릴 수 없으며, 개별 인간들을 단순히 계급범주의 관점으로 한정지을 수 없다. 왜냐하면 이러한 주장들은 사회주의의 보편적 인간주의와 양립할 수 없기 때문이다. 사회주의가 전지구적 인간주의를 대표하기를 열망하는 한, 20세기 후반의 지구라는 주어진 상황에 비추어 불합리하지도 부적합하지도 않은 이 열망은, 그 이익이 모든 사람의 이익이 된다는 사실에 진정한 의미가 있다.

전지구적 인간주의는 원칙과 부합될 뿐만 아니라, 전통적인 노동운동의 안팎에서 진행되어온 급진 좌파의 주요한 여러 운동(예를 들면 여성운동, 평화운동, 녹색운동)의 발전에 반영되어 있다. 만약 어떤 한 종류의 사회주의가 그러한 발전에 대해 전통적인 노동운동의 매개변수로 해석하여 그 안에 구겨넣으려는 노력으로 대응한다면, 다행스럽게도 다른 종류의 사회주의는 그들로부터 그 매개변수들을 해방이라는 보편적인 운동의 방향으로 확장시킬 필요가 있음을 배우게 될 것이다. 클라우스 오페[6]가 말했듯이 "노동운동의 핵심적인 문제는 어떻게 노동운동 이상의 운동이 될 수 있는가"이다.

그러나 신뢰성 있고 매력적인 사회주의는 몇 가지 요소를 더 갖출 필요가 있다. 아마 무엇보다도 단순한 국가주의가 아니라 정치적·경제적 조직이론을 갖고 있음을 증명해보일 필요가 있다. 또한 새로운 형태의

---

6) Offe, Claus(1940~) : 베를린 태생. 그는 베를린 자유대학에서 사회학, 경제학, 철학을 공부한 후 많은 대학에서 정치학과 사회학 교수를 지냈고, 미국의 여러 대학으로부터 연구책임을 맡았으며 초청교수를 지냈다. 그의 저작은 사회학적 기능주의와 체계이론의 요소와 유연하고 비정통적인 프랑크푸르트학파의 맑스주의를 결합시키고 있다. 그는 구조적 모순과 후기 자본주의 사회의 위기 경향에 관심을 쏟고 있는데, 정통적 맑스주의(사회의 경제적 기초와 정치적 상부구조의 구별)에 반대하여, 후기 자본주의의 '자본주의 국가'를 국가와 경제가 얽혀 있는 것으로 묘사하고 있다(한상진 편, 『국가이론과 위기분석』, 전예원, 1988 참조).

사회주의적 집중을 가져오지 않으면서 자본주의의 권력과 소유의 집중형태를 폐지하는 방법을 알고 있음을 보여줄 필요가 있다.

경제의 측면에서는, 효율성과 소비자의 선택 양자를 위해, 소규모 소유형태와 자주관리를 더욱 우선시하면서 계획과 시장 사이의 조화를 분명하게 포함하고 있으며, 기업 소유형태에서 사회적 소유형태에 이르는 조화를 명백히 포함하고 있다. 정치체계의 측면에서는 정치적 책임 및 시민적 자유를 보장해주는 효율적인 일반적 기제들을 형성하는 것 이외에도, 지역적·기능적 위임형태에 기초한 사회주의적 다원주의의 형태를 통해 권력을 민주적으로 분산시킬 것을 포함한다. 보편적인 사회·경제적 목표와 부합되는 곳에서 그리고 부합될 때, 사회주의는 개별적 개인과 집단의 자율성을 강화시키도록 고안된 방식을 통해 권력과 소유를 재분배하는 ‘권한을 가진’ 국가가 될 것이다.

사실상 보편적인 사회·경제적 목표들이 사회적 기술적 변화에 발맞추어 (앙드레 고르쯔가 ‘이중 사회’라고 칭했던 그러한 사회를 지향하여) 적극적으로 이러한 정책을 요구할 것이라는 주장이 갈수록 그럴듯해 보인다. 유토피아는 냉정한 사고로부터 비롯된다.

그렇지만 유토피아는 또한 자신의 발을 땅에 뿌리를 박을 필요가 있다. 여기에서 묘사된 사회주의는 정치적 진열대에서 선택되어야 할 뿐만 아니라, 정치적 실천을 통해 건설되어야만 한다. 만약 이러한 종류의 사회주의가 자신이 나아가야 할 곳을 알고 있다면, 또한 그곳에 도달하는 과정에서 마주치게 될 어려움에 대해서 어떠한 환상도 갖지 않을 것이다. 사회주의자들은 분명히 훌륭한 이론이 필요하지만, 또한 동시에 성공적인 실천(‘프락시스’보다는 덜하지만)을 긴급하게 필요로 한다. 사상은 실례를 통해 작용하며, 금세기에 보여졌던 사회주의와 관련된 많은 실례들은 사상에 많은 해악을 끼쳤다.

만약 영국에서 사회주의를 위한 최선의 주장이 전국적인 ‘공공 의료 서비스’라고 한다면, 굴락[7]은 전체 사회주의 설계에 어두운 그림자를 드리워왔다. 사회주의는 시정에 있어서의 사회주의 주도권의 측면이나, 노동자 협동의 측면에서, 공공기업 측면에서 그리고 일반적 정책 면에서 더욱 많은 성공을 거둘 것이 요구된다. 마찬가지 이유로 사회주의 정당과 조직들은 더 폭넓은 사회에 도입하고 싶어하는 과정과 관계들이 당연히 그들의 내부생활에서도 실현될 것을 충분히 기대할 수 있다. 형제애를 약속하지만 형제살해를 자행해온 정당들은 신뢰성 문제를 당연히 의심받을 것이다.

마지막으로 사회주의 사상과 운동의 역사를 돌아볼 때, 여기에서 묘사해온 사회주의의 소재는 민주사회주의 전통 내에서 주로 찾을 수 있다. 중요한 면에서, 민주사회주의는 권위주의적 공산주의와 소심한 사회민주주의 사이에서 짓눌려 있던 소수의 전통이었다. 하나의 전통으로서 민주사회주의는 민주주의가 문제가 될 때 자신을 비민주적인 사회주의와 구별하기 위해 사회주의에 '민주적'이라는 수식어를 덧붙였다는 상당한 정도의 역사적 특징을 갖는다. 그러나 민주사회주의는 민주사회주의와 사회민주주의 사이의 관계가 문제될 때, 자신을 사회민주주의보다 민주사회주의를 우선시하는 것으로 더욱 확실히 구별했다.

만약 사회민주주의자들이 사실상 자유주의자들이라면, 민주사회주의자들은 진정으로 사회민주주의자들이라고 할 수 있다. 민주사회주의는 분명히 비맑스주의적 흐름이 압도적이기는 하지만, 반드시 반맑스주의적이지는 않다. 민주사회주의가 민주주의를 단지 방어할 뿐만 아니라 새로운 방향으로 확장시키기를 원했던 사람들이 고향처럼 여기는 곳이 되어왔다는 사실에서 그 명칭이 갖는 또 다른 측면이 존재한다.

많은 점에서, 최근 몇십 년 동안 좀더 경쟁상대인 사회주의 블록의 약화로 말미암아 그간 무시되어왔던 소수파의 전통을 향한 좀더 일반

---

7) Gulag : 스탈린치하의 강제노동수용소를 말한다(알렉산드르 솔제니친·김학수 역, 『수용소군도』, 열린책들, 1988 및 로이 메드베제프, 황성준·안광국 역, 『역사가 판단하게 할라 1·2』, 새물결, 1991 참조).

적인 개방의 일부로서 이와 같은 민주사회주의에 대한 지지자를 확대되어왔다. 이것은 대단히 환영할 만한 일이지만, 다른 몇몇 측면에서는 발전가능하고 일관된 민주사회주의적인 정치적 실천을 더욱 힘들게 만들었다. 노동당이 속류 노동자주의와 속류 맑스주의의 결합효과에 의해 마비되어버렸고, 이론적으로나 실천적으로 믿을 만한 민주사회주의를 발전시킬 수 없는 영국에서는 이러한 측면이 특히 두드러지게 나타난다.

이러한 민주사회주의는 국가사회주의와 복지자본주의 사이의 제3의 길을 보여준다. 민주사회주의는 또한 지도자와 지지자 양쪽 모두에 상당한 정도의 정치적 기교와 실천적 상상력을 요구한다. 민주사회주의는 자신의 도정에 많은 실패와 오류를 갖고 있으며, 더구나 궁극적인 성공이나 최종적인 승리에 대한 어떠한 보장도 없는 기나긴 여정을 앞에 두고 있다. 민주사회주의는 자체의 자원들로 생존해가야 한다. 아뉴린 베방이 지적했듯이 이러한 의미에서 민주사회주의를 정치적 중도노선으로 묘사하는 것은 상당히 잘못된 것이다.

민주사회주의는 자본주의와 공산주의 사이의 중간적 길이 아니다. 만약 민주사회주의가 단지 중간적 길이라면, 민주사회주의는 출발부터 실패할 운명에 처한 것이라고 할 수 있다. 민주사회주의는 차용된 활력으로 살아갈 수 없다. 민주사회주의의 추동력은 자체의 원칙과 그러한 원칙으로부터 나오는 에너지에서 나와야 한다. 민주사회주의는, 자유로운 인간은 만약 그러한 기회가 주어진다면 당시 직면하고 있는 사회적·경제적 문제들을 해결하기 위해 자유로운 제도를 이용할 수 있다는 신념에 기초하고 있다.

열린 사회주의 닫힌 사회주의

▨

펴낸날 (1쇄) 1997년 3월 25일
          (2쇄) 1998년 2월 28일

▨

지은이 안토니 라이트
옮긴이 임현진·정일준·이승협
펴낸이 장두환
펴낸곳 **역사비평사**

▨

등록번호 제 1 - 669호 (1988. 2. 22)
서울시 종로구 계동 140 - 44
전화 02) 741 - 6123~24 (영업)·741 - 6125 (편집)
팩시밀리 02) 741 - 6126
인터넷 주소 *yukbi@nownuri.net*

▨

값 10,000원

* 잘못된 책은 구입하신 서점에서 바꾸어드립니다.

ISBN 89 - 7696 - 229 - X